● Japan's Automobile History
日本自動車史

日本のタクシー自動車史

Automobile Historian & Author
自動車歴史考証家
Isao Sasaki
佐々木 烈

MIKI PRESS
三樹書房

地域タクシー業界のこれまでとこれから——本書の刊行によせて

（一社）鹿児島県タクシー協会会長

羽仁 正次郎

　今般は『日本のタクシー自動車史』のご出版、おめでとうございます。永年のご交誼をいただいている一人として大変うれしく思います。

　私自身のタクシー会社経営は昭和51年からでした。自家用車もまだ多くない頃に鹿児島のこの業界に参入したのです。その頃は需給が規制されていて、そのためにタクシー営業権も高騰していた時代でした。

　しかし、26年後の平成14年2月に小泉行政改革が始まり、タクシーの営業も許可制となり、新規参入事業者が多くなってタクシーの台数も過剰になってしまいました。併せて、その後の長引く不況、軽自動車を含む自家用車の普及等もあり、タクシー利用者は減少、業界もスタッフの高齢化、乗務員の不足などもあり、この40年でタクシー業界の状況は大きく様変わりしました。

　105年前、新橋でタクシー営業が開始された大正元年当時は、自動車（T型フォード）は高嶺の花の時代でした。運賃は高額でも人々は自動車（ハイヤー、タクシー）に乗る時代であり、自動車、運転士（当時はこう呼ばれていました）、そして運転免許に価値のあった時代です。当時のタクシー運転士は収入も高く、多くの若者にとってドライバー（ショーファー）は花形の職業でした。

　国民一人当たりの自動車保有台数が2台以上という100年後の今、タクシーという交通機関は当時よりさらに進んだ、大衆に認知された大事な公共交通機関であります。このことが、より国民の皆さま方に周知されるよう、私ども業界側が認識し、そして政府側にもしっかりと、タクシー公共交通機関事業の大切さと重要性、必要性を働きかけていければと考えます。私どもタクシー業界は、その安心、安全、そして確実性に基づき、顧客の目的が的確に果たされるべく、国土交通省にも、公共輸送の専門集団である"プロの世界の存在"を周知していただければと思います。

　現在では、ライドシェアーのウーバー等による配車サービスなど、海外を含めて新しいタクシーサービス業態が始まってきています。私ども業界関係者としましては、日本でのその展開と参入には、まだ同意できない現状です。一方で、タクシーの次のサービス、即ち排ガスの少ない次世代車輌（EV車他）や禁煙タクシーの導入、老人・障害者向け専用車やタクシー定期券といった高齢化社会に対応した新サービスの数々の導入など、社会や地域に貢献する新しい技術や仕様車の登場が課題となっています。また、外国人への観光案内・「おもてなし」サービス等、次の時代のニーズにも合わせて、私どもの業界も変化を恐れず、英国のロンドンタクシーにも負けない乗務員のプライドや見識を持つべきと考えております。

鹿児島県タクシー協会会長・羽仁正次郎氏
経営するハニ交通本社前にて

　こうした現況の下での本書『日本のタクシー自動車史』の刊行はまことに時宜を得たものであり、広く購読が期待されます。著者の佐々木烈先生はハイヤーの運転手から研究者への道を歩まれるという、日本は言うに及ばず世界でも稀な経歴を有しておられ、本書の著者として、他に勝る者のない最適な方であることは言を待ちません。本書が交通業界関係者にとどまらず、多くの方々に読まれるべき書物として、永く語り継がれることを深く願う所以であります。

　最後に改めて、私どもとしましてはタクシー業が"公共交通"としての事業者責任を有する第一のものであることを再認識し、その公共交通担当者としての自負を持ち続けるとともに、「安心、安全、確実」の最大限の追求について、今後とも業界全体で取り組んでいくことをここにお誓いして、本書の刊行にあたっての言葉とさせていただきたいと存じます。

目　次

地域タクシー業界のこれまでとこれから──本書の刊行によせて

第1章　世界最初のタクシーとハイヤー ………………………………………………… 3
　　　　人力車の里数計　3／賃金自働測算機　4／タクシー・メーターの発明者ブルーンと
　　　　「タクシー」の語源　4／世界最初のタクシーとハイヤー　5

第2章　明治末年当時のわが国の自動車事情 …………………………………………… 11
　　　　「自動車業の盛況」　11／国内の自動車関連産業の状況　11／自動車運転手の不足　13

第3章　当時の貸切自動車業者と運送料金 ……………………………………………… 15
　　　　大日本自動車製造合資会社　15／山口勝蔵商店自動車部　15／当時のタクシーと他の
　　　　乗り物の料金比較　15

第4章　タクシー自動車株式会社の設立 ………………………………………………… 21
　　　　米田穣ともう一人の出願者　21／設立趣意書と望月小太郎　23／使用車種はフォード
　　　　T型　24／フォードT型の日本への輸入　24／目論見書の作成と西村正雄　27／初代
　　　　社長・長晴登と専務取締役・森山守次　27／試乗会と開業　29
　　　　コラム1　「自動車」と「自働車」　22／コラム2　「セール・フレザー商会」か「セール・フ
　　　　レーザー商会」か　25

第5章　運転手の重大事故と裁判 ………………………………………………………… 43
　　　　相次ぐ交通事故　43／運転手・渡辺文吾　43／修理工・島田光衛　43／経営陣の辞任
　　　　続出と山口恒太郎　46

第6章　タクシー自動車株式会社の関西地方進出 ……………………………………… 49
　　　　イヅミヤ自動車商会から大阪タクシー自動車株式会社へ　49／アカエス自動車から名
　　　　古屋タクシー自動車株式会社へ　49／神港タクシー株式会社の設立　50

第7章　運転手になるまで ………………………………………………………………… 55
　　　　運転手の養成　55／「自動車物語」　55／発動機協会から東京自動車学校へ　56／女性
　　　　運転手第1号渡辺はまと水野千花尾　57

第8章　東京駅開業と馬車、人力車、タクシー業者 …………………………………… 63
　　　　東京駅開業　63／タクシーの大衆化と料金の分化　64

第9章　タクシー運転手の実態 …………………………………………………………… 67
　　　　大正4年の運転手調査　67

第10章　全国2番目のタクシー会社、京都に設立される ……………………………… 69
　　　　時代は明治から大正へ　69／京都自動車の経営状態　69

第11章　日本フォード自動車会社と日本ゼネラル・モータース会社の設立 ………… 73
　　　　日本フォード自動車株式会社　73／日本ゼネラル・モータース株式会社　73

第12章　五大都市における1円均一タクシーの出現 …………………………………… 83
　　　　大阪市におけるタクシーの現況　83／京都市におけるタクシーの現況　84／神戸市に
　　　　おけるタクシーの現況　84／名古屋市におけるタクシーの現況　85／東京市における
　　　　タクシーの現況　85

第13章　タクシー会社の争議、東京で発生 …………………………………… 89
　　　　競争の激化と労働運動の高揚　89／タクシー自動車株式会社の争議始末書　89

第14章　新聞・雑誌に見る円タクと世相 ……………………………………… 91
　　　　円タクの東京伝播　91／スキヤ橋ガレージ主・細川清の談話　93／その他の円タクに関する新聞・雑誌記事　94

第15章　大阪市内のタクシー業者の状況 …………………………………… 103

第16章　円タク以後のタクシー業界の混乱──相互組織、車輛主組織、名義貸し営業へ … 113
　　　　「区域制均一料金と相互組織の発生」　113

第17章　石油消費規正と東京地区企業合同の機運 ………………………… 121
　　　　東京におけるタクシー業界の状況　121／第1次消費規正　122／第2次消費規正　122／切符制の実施　123

第18章　戦時統合による東京地区タクシー会社の再編 …………………… 133
　　　　第1次統合　133／第2次統合　136／第3次統合　138

第19章　大阪地区におけるタクシー業界の統合 …………………………… 145
　　　　一元統制への念願　145

第20章　国際自動車を通して見る終戦直後のハイ・タク業界 …………… 151
　　　　終戦直後のハイ・タク業界　151

第21章　大和自動車社長・新倉文郎の論考 ………………………………… 157
　　　　「この頃のタクシー問題」　157

第22章　朝日新聞に報じられた「神風タクシー問題」……………………… 169
　　　　「神風タクシー」　169

第23章　新聞記事に見る個人タクシー営業認可問題 ……………………… 177

第24章　話題になったタクシー運転手2題 ………………………………… 183
　　　　高校の校長からタクシー運転手に転身した豊岡邦太郎氏　183／幻の黄綬褒章、無事故無違反50年の個人タクシー運転手・鯉島昭雄氏　184

第25章　筆者のタクシー自動車史研究余滴──結びにかえて …………… 189
　　　　「タクシーの日」　189／「前者の轍を踏む」　190／「運転手派遣業」　190／「東京のハイ・タク運転手」　191／「起こし屋」　192／「雲助裁判とわたし」　192／「雲助を生んだ政治の欠陥」　193／「運転手という職業にプライドを」　194

あとがき……………………………………………………………………………… 195

年表　新聞記事にみるタクシー業界の出来事（大正14年（1925）から平成15年（2003）まで）
　………………………………………………………………………………………… 197

参考資料……………………………………………………………………………… 221

　＊　本書における資料類の引用表記に際しては、旧字体の漢字は新字体に改め、カタカナ書きのものはひらがなにした。また、数字については基本的に算用数字を用いることとした。

日本のタクシー自動車史

第1章　世界最初のタクシーとハイヤー

人力車の里数計

　明治10年（1877）8月17日の東京日日新聞（現・毎日新聞）に、「新発明里数計付人力車馬車」というイラスト入りの広告が出ている（図1-1）。

　此の里数計は其の形時計の如く人力車馬車并に装置して道路の町間を早見する器械也車輪転輾するに従て針動き尺度を用ひて量るが如く里数町間に至る迄一目して瞭然たり夫れ当時両車の乗賃たるや皆な相対其の価を定むと雖も到底其の里数は判然ならざるを以て或は乗客欺かれ挽者欺騙せられ其間苦情を生ること甚だ多し今此の器を用れば里数判然童幼婦女と雖も聊か疑ふことなく挽者は道路の迂直を熟知し徒らに労する憂なく実に双方便益を開くの器械なり依て今般官許を蒙り私店に於て製造し極廉価に販売す御望の諸君続々来て御購求あらんことを希望す

　　　　東京銀座4丁目11番地
　　製造販売人　　　秋葉　大助敬白
　　　同　元岩井町17番地
　　　　寄留三重県士族
　　発明人　　　　　松波　林三郎

　明治10年に、走行メーターが取り付けられた人力車が発売されたというのは驚きである。もちろんわが国では最初で、もし当時わが国に特許制度が制定されていたなら発明者松波林三郎は特許をとったに違いないが、わが国に特許制度ができたのは明治18年（1885）だから、彼は特許はとっていない。当時、人力車は相対料金（当事者の交渉で決定する料金）だったから、乗客が乗るときは、必ず「いくらで行くか」「へい、これこれで行きましょう」「高いな、もう少し安くしろ」「道が悪うございますし、坂道でございますので」「このあいだは、これこれで行ったぞ」などと乗

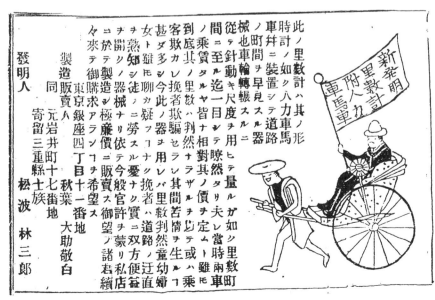

図1-1　里数計付人力車の広告（東京日日新聞明治10年8月17日付）

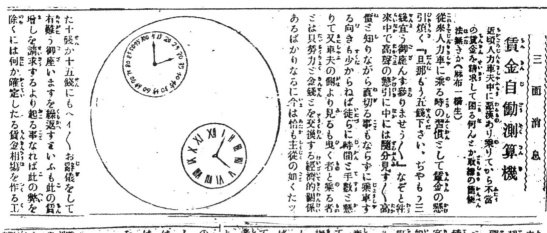

図 1-2　賃金自働測算機の新聞記事（読売新聞明治 40 年 2 月 21 日付）

る前に値段の交渉をするのが当たり前であった。しかし里数計が付けてあれば、「料金はメーターに出ますので、どの車に乗っても同じでございます」ということになる。

しかし、その後、人力車や馬車にこの里数計が付けられたという記事は出ていない。普及しなかったようである。里数計どころか、明治末に上記の秋葉大助商店が、それまでの金輪の人力車を自転車のようにニューマチック・タイヤに改善して売り出したら、曳き子たちが、借り賃がその分高くなって生活が苦しくなるから止めさせてほしい、と代表者を選出して警視庁に嘆願したというから、余計な金のかかるものは敬遠されたようである。日本だけでなく、後述するようにドイツでも最初のタクシー・メーターを製造したブルーンという男は、割増料金が取れなくなったとして馬車業者たちから迫害を受けた、ということである。

賃金自働測算機

明治 40 年（1907）2 月 21 日の読売新聞には、「賃金自働測算機」という見出しで、イラスト入りの記事が出ている（図 1-2）。

記事中に「外国にては仏蘭西や独逸あたりにても辻馬車に賃金自働測算機ともいふべき図の如き機械備りて車軸の運転に由りて距離に応ずる賃金と時間とを乗客に示す仕組みになり居れる由なるが」とあるが、欧米でもタクシー・キャブの出現はそれほど早くはない。明治 29 年（1896）頃からドイツやイギリス、フランスなどに出現し、間もなくアメリカに渡って、アメリカでは電気自動車のタクシー・キャブが東海岸の大都市で流行した。

タクシー・メーターの発明者ブルーンと「タクシー」の語源

交通評論家の岡並木氏は「タクシーの日」が制定された翌年、昭和 61 年（1986）8 月 26 日の東

京交通新聞に「タクシーの日に思う」という評論を載せているが、その中で氏はタクシー・メーターの発明者について次のように述べている。

　ブルーン（Bruhn）こそタクシー・メーターの発明者であり、タクシー・メーターのドイツ商品名「タクサ・メーター」の名付け親だった。これがタクシーの語源になった。つまりタクシーに使うメーターだからタクシー・メーターではなく、タクシー・メーターを備えたキャブ（辻馬車）という意味の「タクシー・メーター・ド・キャブ」が、次第に略されて「タクシー・キャブ」あるいは、「タクシー」と呼ばれるようになったのだ。だから厳密に言えば、メーターのない円タクや、ゾーン制運賃のワシントンのタクシーは本来のタクシーではないことになる。

　ブルーンはハンブルクの住人。時間距離併用の「タクサ・メーター」を発明したのは1891年（明治24年）だった。長い間、辻馬車の御者の雲助的な言動が市民の悩みのタネで、ブルーンはその問題を解決しようとこれを発明した。タクサはラテン語「タクソー」から転じたドイツ語で、値段などの評価といった意味だ。これとメーターを組み合わせて「タクサ・メーター」にした。しかし水増し運賃をとれなくなって怒った御者たちはフランクフルトで彼を捕えマイン川に放り込む騒ぎになった。

　タクシー・メーターは各国の辻馬車に普及して行くが、ロンドンでは1906年（明治39年）にフランスからタクシー・メーターをつけたルノーのモーター・キャブ500台が輸入されたときが最初だった。

世界最初のタクシーとハイヤー

　『世界最初事典』（パトリック・ロバートソン著／大出健訳、講談社）によれば、世界最初のタクシーとハイヤーについて次のように書かれている。

最初のタクシー

　1896年（明治29年）ドイツ・シュツットガルトのデューツという男が2台8千マルクで2台のベンツを購入、この2台のベンツで、タクシー稼業を開始したのが最初である。翌1897年5月には、フリードリッヒ・グライナーが競争会社を設立した。パリの1社を除いて他の都市にはタクシー会社がまったく無かったころに、シュツットガルトでは2社が営業していた。「モートル・ワーゲン」誌の当時の記事によれば、グライナーのタクシーは1日平均70キロも走ったという。初めて料金メーターを取り付けたのは、グライナー社のタクシーであったから、最初の本当のタクシーと呼べるのは、同社のタクシーかもしれない。パリのタクシーはソシエテ・アングロ・フランセーズ社のロジェ＝ベンツ1台だったが、1896年11月に営業を始めたものの、数ヵ月も続かず姿を消してしまった。

　英国では1897年8月19日、ロンドン市内とウエストエンドでタクシーの営業が始まった。ランベス・ジャクソン・ストリートのロンドン・エレクトリック・キャブ社が、3.5馬力のバーシー電気自動車12台を使って始めたものである。平均時速は9マイル（約14キロ）、走行可能な距離は30マイル（約48キロ）までだった。同社は他にも運転手付き1日25シリングのハイヤーを数台持ち、1897年の年末までには合計25台の車を動かしていた。

　翌年にはさらに50台が増車され、黄色と黒に塗られたタクシーは、車を持たない一般大衆の注目の的になり、「ハチドリ」のニックネームを頂戴した。かの「パンチ」誌もさっそく漫画で採りあげた。その図柄では、ボロを着たいたずら小僧がタクシーの背中に不正乗車をきめこんでいて、1人の見物人が運転手に向かって「ムチをあてろ」と叫んでいる。小僧は「やれるものならやってみろ、ムチなんか有る訳ないだろ」とわめいている。

　タクシー業はうまく行きそうに見えたが、2年もたつと、どうしようもない程不経済なことが明らかになり、廃業に追い込まれた。子供が死亡したハックニーでの事故や、ポンド・ストリートでのタクシー運転手の飲酒運転など、タクシーに対する人々の信頼が薄らぐ事件も重な

った。1900年はじめ、エレクトリック・キャブ社は、完全な車36台、不完全な車41台を売り払って、持ち車を処分してしまった。

ロンドン警視庁はその後1904年5月まで、タクシー免許を1件も交付しなかった。このときになって、英国最初のガソリン自動車のタクシーに免許がおりた。この車はロンドン・エキスプレス・モーター・サービスのプルネル・ハンサムで、ハックニー車両ナンバー・プレート1万5831の交付を受け、辻馬車を手本に改良した変わった車で、シャフトの位置にエンジンと運転席があった。車体の製作に当たったのはホランド・パークのヘンリー・ウイットロック社、2気筒12馬力のアスター・エンジンを備えていた。

1904年の終わりごろまでには、ガソリン車のタクシーが3台営業するようになった。運転手は1日5ポンドの売り上げを挙げていたといわれ、会社が要求した週10ポンドの売り上げを大きく上回っていた。料金は1マイル8ペンス、ガソリン1ガロン分の値段でもあった。これに比べると辻馬車の料金は1マイル6ペンスと安かった。タクシーの常連はロンドンで夜遅くまで過ごしてオールダーショットの兵営に戻る士官たちだったという。

ロンドンを流すタクシーは1905年（明治38年）末の19台から1910年には5070台へと急増した。とは言え、馬に曳かせた乗合馬車がバスの出現に伴い1年足らずで街から姿を消したのに対して、辻馬車や4輪馬車はタクシーに対抗して可なりの期間を持ちこたえた。1928年（昭和3年）になっても認可を得た辻馬車が200台も健在だったし、最後に残った辻馬車の駅者が免許を返上したのは1947年（昭和22年）のことだった。つまり丁度50年間ものあいだ、タクシーの猛撃の中を生き延びたわけである。

さらに同書は、「最初のハイヤー」という項目に次のように述べている。

最初のハイヤー
　最初のハイヤーは1896年（明治29年）1月に「パリ自動車クラブ」が始めたのが最初で、クラブ・ハウスの前に6台の車がプールされ、運転手付きで1時間3フラン、1日30フランでいつでも借りだすことができた。自動車クラブは自動車普及のためにこの制度を始めたのだが、翌月にはパリのダーム街52番地の「フィアクル・オートモビル株式会社」が完全に営利を目的とするハイヤーを発足させた。これはベンツ車のフランス代理販売業者のエミール・ロジェのアイデアだった。彼は1888年（明治21年）に営利目的に製造されたガソリン自動車第1号を買った男でもあった。ロジェの料金はパリ自動車クラブより安く、1時間につき2フランでベンツ車を貸し出した。

明治3年（1870）に人力車が発明され、自転車が流行し、明治5年（1872）に新橋―横浜間に汽車が走り、明治7年（1874）には2階建て馬車（オムンボス）が新橋―浅草間を走り、国民が交通の文明開化を謳歌する時代になった。そして明治10年（1877）に、人力車に付ける距離計が発明された。料金の計算機能はないが、走行距離の計算はできる、簡単で画期的な機械であった。当時特許制度があったなら、おそらく特許を取得していたことだろう。

しかし、そんな文明の利器を人力車に付けたら、今までやってきた相対料金の「うま味」が無くなり死活問題だと、人力車夫たちから敬遠されて普及しなかった。文明の利器も貧しい人力車夫たちにとっては、生活を脅かす道具だったようである。

図1-3 フランス製「ゼネラル」タクシー・メーター

図1-4 ブルーン型タクシー・メーター

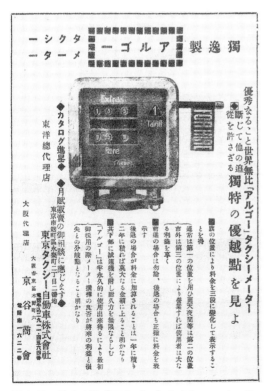

図1-5 ドイツ製「アルゴー」タクシー・メーター

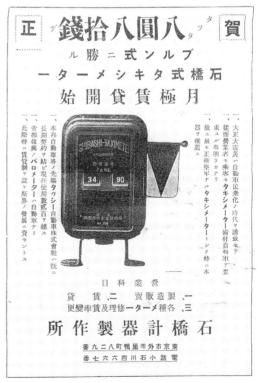

図1-6 日本製「石橋式」タクシー・メーター
大正時代に入ると国産石橋式が登場し、次第に国産品が外国製に取って代わっていく

表 1-1　大正末期から昭和初期にかけてのタクシー会社と使用車種等、使用メーター（村上一夫「タクシーの常識」『モーター』第 150 号、大正 15 年 7 月）

會社名及所在地	使用車	最初半哩料金	繼續して10銭に相當する		使用メーター名
			哩數	待ち時間	
第一貸用自動車會社（以下東京）	シトロエン十馬力	70銭	$\frac{1}{4}$哩	5分	セネラル
第一貸用自動車會社（東京）	シトロエン五馬力	50	$\frac{1}{4}$	5	〃
第二貸用自動車會社（東京）	フォード	60	$\frac{1}{4}$	5	石橋式
小型タクシー自動車會社（東京）	プジョー	70	$\frac{1}{4}$	5	
ツーリング自動車會社（東京）	ビュイック オバーランド等	70	$\frac{1}{8}$	4	アルゴー
平和タクシー會社（東京）	ビュイック クライスラー等	70	$\frac{1}{8}$	4	アルゴーブルン
武蔵野タクシー會社	フォード オバーランド等	50	$\frac{1}{8}$	4	石橋式
末廣タクシー會社	シトロエン十馬力	90	$\frac{1}{8}$	4	ブルン
日之出タクシー	オバーランド	$\frac{1}{2}$哩50銭	$\frac{1}{8}$	4	ブルン
大阪タクシー會社（以下大阪）	フォード	〃 90銭	$\frac{1}{8}$	4	和製
大阪小型タクシー會社	シトロエン十馬力 五馬力	30哩迄一圓均一	$\frac{1}{4}$	5	セネラル
中央タクシー會社	ルノーフイアット	10哩迄50銭 30哩迄一圓	$\frac{1}{4}$	5	アルゴー
日本タクシー會社	オバーランド	1圓	$\frac{1}{4}$	5	アルゴー
阪南タクシー會社	フォード	30哩迄1圓	$\frac{1}{8}$	5	アトコ
大型均一タクシー會社	フォード	舊大阪市内一圓均一	區域外倍額	5	アルゴー
均一タクシー會社	トローシヤシ	10哩迄50銭 舊市内1圓	區域外10哩50銭	5	アルゴー
松本タクシー會社	フォード	舊市内1圓	區域外倍額	5	東京計器

図 1-7　世界最初のタクシー、ダイムラー
運転手の後ろにタクシー・メーターが見える（矢印）

図 1-8　フランスのルノー 8CV タクシー「タクシー・ド・ラ・マルタ」
第 1 次世界大戦初期の 1914 年 6 月 7 日夜間、フランス軍はこのルノー 8CV タクシー 700 台を総動員して 6 千人の兵隊をマルタの前線に送り込み、パリを目指して進軍してきたドイツ軍を撃退した

図 1-9　ドイツでの初期のタクシー
メーターの設置位置と大きさに注目

第2章　明治末年当時のわが国の自動車事情

　わが国最初のタクシー会社である「タクシー自働車株式会社」の創業に関しては、明治44年（1911）11月28日、東京市京橋区南水谷町7番地の米田穣外1名が、警視総監安楽兼道宛てに営業許可願いを提出し、同年12月16日に許可されたことに始まる。

　そこで、本論に入る前に、まず当時のわが国の自動車事情について、東京日日新聞と『工業雑誌』の記事を取り上げることにする。いずれも明治末のものであるが、新聞や雑誌という公刊物の文章であり、それほど読みにくくはない。むしろ読んで当時の世相の現実味が感じられるので、原文のままに引用する。

「自動車業の盛況」

　明治44年4月29日付の東京日日新聞に、「自動車業の盛況」というタイトルで次のような記事が出ている。

　　自動車の激増　我が国に於ける自動車の使用は、昨年秋ごろまでは余り目立たざりしも、其の後使用者急激に増し、実業家側より次第に華族社会に及び、重に此の方面に需要が拡がる勢いを見せるのみならず、最近に至りて各階級を通じて其の使用の必要を認め居るものゝ如くなれば、今後引き続き著しき増加を告ぐべき模様なり、而して現に市内にある自動車数は既に警視庁の検査を受けたるもの130台にして、此の外未だ免許を受けず、目下手続き中のもの30台程あるを以て、合わせて160台の多きに達し、昨年末頃に比して急に2倍するの盛況を示せり、東京以外に於いても近来著しく其の需要を増加し、横浜に約40台、大阪は20台、京都は10台、神戸は15、6台を有するに至れり。

　　運搬用の自動車　自動車の使用は左の如く急激なる進歩を示すも、商業用の運搬又は荷物運輸用としては未だ遅々として振はず、現に帝国運輸自動車会社ありて其の業に従事しつゝありと雖も、最初の計画を誤ちたる為め、其の使用車12台の内運転し得るものは僅かに1台に過ぎずして、これも逓信省に賃貸し居るものにて、殆ど瀕死の境に沈淪せる由、尤も内国通運会社にては市内貨物の運搬用として右の運輸自動車会社に代わりて大いに活動せんとし、某自動車会社に対し10台許りの買受け契約を為せる由なれば、今後亦た此の方面の発達を見るべきものあらん。

　　製造業と輸入業　各種自動車の需要の増加に伴い、これが製造業者も次第に増加せり、目下其の重なるものとしては、製造業に於いては大倉喜七郎氏の経営に係る日本自動車会社を始め、後藤勝蔵氏の築地自動車製作所、米山銀行の経営せる芝自動車製作所等にして、輸入業においては右の日本自動車、大倉組、三井物産、セールフレザー等なるが、此の外修繕業としては日本自動車を除きて田中製作所其の他2、3ありて、相当に繁忙を付け居る由、尤も日本自動車会社は早くより製造、輸入、修繕其の他自動車に関する一切の業務を経営せるものにて、其の他は昨年末の需要の激増に伴い本年に入りて勃興したるものなるが、若し需要の方面が今日までの如き勢いを以て増加するものとせば、製作及び輸入に於いて今後益々競争者を生ずべきは免れ難き趨勢なりと（以下略）

国内の自動車関連産業の状況

　次に、『工業雑誌』明治45年1月10日号は次のように述べている。

自動車の内地製作 に就いては、心ある人々が目下苦心の最中で、自転車製造専門の宮田製作所宮田栄助氏なども既に数年此の研究に費やしている。又近い所では橋本増治郎氏の経営になる快進社自動車工場が、ヒーリング商会の別動隊と見るべきこれも自転車専門店スイフト商会と特別の連絡を計った結果、スイフト自動車の輸入を取り扱う一方に於いて盛んに内地の理想的製作に向かって研究の意であるらしいが、同工場も初回の輸入を見てから2、3ヶ月を経たに過ぎぬ為め、同氏の研究も漸く緒に就いたか就かぬかの状況で、結果はもとより今後に俟つの外はない。

これと同時に「特許自働車製造」とか云う呼び声が至る所に耳につき目に見るようになっている。果たして呼び声ほどの盛んに、しかも真実にやられているかどうかは疑問であるが、日本自動車合資会社では現に工場を設けて、修繕の外に全部の製作もやっていると云う。株式会社東京自働車製作所、東京自働車合資会社、築地自動車製作所でも同様ということだ。この他東洋に於ける自動車製作の鼻祖を標榜する芝自動車製作所もあれば、田中自動車製作所というのもある。

斯く数え立てれば、数限りないことであろう。要するに製作に於いては漸く緒に這入ったまで、と見るのが現状に適して居るようだ。前途遼遠であるが、それだけに希望もある訳だ。

乗合と貸自動車 地方における乗合自動車の計画だが、これは数年前からチョクチョク勃興熱が萌して居ると見て然るべきだ。今その一、二の地方を挙げるならば、越後の小千谷・来迎寺間、福島の富士自動車会社、山形の新庄・鶴岡間、群馬の渋川、伊勢の参宮自動車、伊予の松山・堀江間、島根の今市・浜田間、讃岐の乗合自動車、信濃の豊野・平穏間等がある。就中乗合自動車に対する企業熱が最も盛んなのは信州で、殆んど至る処に此の計画を見るが、南信自動車の如きは、山形の鶴岡自動車と共に、近来いささか良績を挙げて来たという事だ。愛媛の如きも昨年下半期に6、7台の自動車を需要したということであるが、其の後の経過が果たしてどうかはちょっと分からぬ。

処で、これまでは何故に地方の乗合自動車が余り芳しい成績を挙げなかったかというと、其の最大の原因は小資本を投じて、比較的多数の車台を運転し、早くも利廻りを見ようと焦った遣り口に負う処が少なくない。現に此れ等企業の多くが包蔵している目論見書を指摘しようものなら、僅か数千円の資本を以て少なくも数台を得ようとするのが皆然だ。此の結果や、もすれば無理な車体を押し付けられ、1年経つか経たぬのに、頓でもない代物を背負わされることになる。尤も車体の新しい、1年やそこ等は有利事業として算盤も採れよう、又面白いほど儲かりもしよう。けれども1年経つともう駄目になる。其処で、立派な車台を惜しげもなく整え、利益を永遠に期する方法でやるか、左もなくば内地の自動車製造がもう一歩進んで、此の点から多大の便宜を与へられるようでなければなるまい。

自動車の企業 に就ては、現今最も現われているものは貸自動車だ。これが地方にあっては多く乗合自動車であるが、市内では貸自動車の形をとっている。尤も東京市でも近来、電車だけでは交通設備に不十分を免れぬ次第となったとして、新橋・上野間等の所謂幹線に向けて市営乗合自動車の計画中である。また民間にあっても本郷3丁目から駒込富士前町、下谷車坂町から浅草田島町、花川戸から吉原、本所石原町から亀戸、深川富岡門前町から須崎等の区間に対する補助的の交通機関として、資本金は少なくとも10万円くらいの乗合自動車の創立計画がある。未だ許可にならないから何とも云えないが、計画によると以上の区間に6人乗りと12人乗りとを2台づつ、全部で20台の自動車を動かし、1区5銭くらいの見積もりでやって行くと云う事だ。

この外、代議士米田穣氏、セール・フレザーの岡田秀男氏等を中心とする資本金百万円のタキシー自動車の計画もある。元来タキシー・メーターと云うのは、欧米で一定の料金を以て乗合自動車、若しくは貸自動車を行ふもので、走行につれて車台に設けたメートルに料金の現わ

れて来る装置となっているものだ。伝えられる所によると、此のタキシー自動車は4人乗り及び5人乗りの2種類を各々20台ずつ用意して、賃金は1哩以内65銭、1哩を増す毎に13銭を増し加へる予定とかで、既に昨年末この自動車を以て4人で試乗した結果、警視庁から錦町に立ち寄り、大塚まで行って引き返した所が、料金は2円32銭で済み、これを4分すると58銭で、案外安くあがったから、これなら平民的、少なくとも人力車代用くらいには使えるとの観念を強くしたという事だ。この計画も未だ具体化する処までは至っていないから、何とも今に於いては云ひ兼ねるが、こういふ計画の頻りに現はるるに至った次第は記すべしである。

若しそれ貸自動車に至っては近来益々増加するに至ったようだ。前掲各社の殆ど全部が貸自動車部を設けているのは言うまでもないこと。それ以外にも築地精養軒ホテルに自動車部を用意すれば、運送業専門の宇都宮回漕店までが、貸自動車部を経営する趨勢となった。

我が国で比較的古い処では日本自動車会社や東京自働車会社の外に山口勝蔵商店自動車部もある。東京自動車は2月に這入ってから組織変更を見て、前重役の石井氏以外数氏の合資会社となったが、目的には普通一般の各種自動車の製造、輸入、販売、修理、保管の外に自動車を運転して新橋、上野の停車場らの乗降客及び市内乗客の需要に応じて貸切又は時間限りの貸付けを為すことを併せている。

ここで一言付け加えておくべきは、昨年7月の関税改正が、我が国自動車界に及ぼすべき影響である。即ち改正前は5割という殆んど禁止的関税であったものが、3割5分に軽減された結果、だいぶ輸入の趨勢に便宜を与へたようだ。と同時に内地製造の苦心が同業者の開発を促している事情もある。

自動車運転手の不足

さらに、東京日日新聞の明治44年10月13日付と9月26日付に「自動車運転手の欠乏、200台の車に100名の運転手」という記事があり、次のように報じている。

　自動車が余り日本で急速の発達をしないのは運転手の悪いのに原因することが多い、今日も尚一昨年制定された規則で警視庁も自動車を取締り、運転手も何うやら斯うやら自動車を動かし得さへすれば免状を与える始末とて、東京で現在警視庁の届け出が163台、皇族、大公使館、陸海軍のを入れて約200台しかない処へ、比較的熟練な運転手とては僅かに100人あるかなしかだから、運転手が慢心して、更に技量の向上を図らずに威張っている。自動車の中でも、ハンバー、ロイド、ウーズレー、リーガル、デームラー、フォード（去る5日の紙上に最下等と記せしは誤聞）、ダラック、フィアットなど約20余種類あるが、何れも車体は如何に改革しても運転手の良好なのに乏しいのに苦心している。

自動車の輸入関税が5割から3割5分に引き下げられ、自動車の販売価格が安くなった。とはいえ、当時まだ自動車を買える人といえば官界、財界の名士たちであった。自動車を買っても運転手がいない。これは警視庁の運転免許試験が厳しいからだ、というので、日本自動車倶楽部員の面々が警視総監に、免許試験の合格緩和の圧力をかけた。その結果、自動車学校がないのに、自動車数よりも運転手の数のほうが多くなった。

大正2年（1913）8月、『モーター』という自動車雑誌が創刊された。その10月号に、「運転手が自動車よりも超過する」という記事が掲載されている。また、同誌には運転手に関する話題が多く掲載された。例を挙げれば、日本自動車倶楽部秘書高田琢雄「運転士諸君へ」、同「運転手の養成」、『モーター』誌主幹山本愿太「自動車運転手となる順序と方法」、在米生「米国の運転手は如何にして養成されるか」、警視庁技師原田九郎「運転手が悪いか主人が悪いか」、福島水月「日本ショフワー交友会の設立」などであった。

第3章　当時の貸切自動車業者と運送料金

　本章では当時の貸切自動車業者（ハイヤー事業者）である東京市京橋区木挽町4丁目9番地の大日本自動車製造合資会社と、京橋区銀座2丁目15番地の山口勝蔵商店自動車部の2社について述べてみたい。タクシー会社が設立される直前で、いずれもハイヤーである。

大日本自動車製造合資会社

　大日本自動車製造合資会社は明治42年（1909）11月21日、大倉喜七（大正元年に喜七郎と改名）が2万3千円、吉田真太郎と石沢愛三がそれぞれ1千円ずつ出資して設立した会社であるが、吉田真太郎が製作した国産吉田式自動車がまったく売れないので、大倉喜七は自動車製造をあきらめ、輸入車の販売と修理、ハイヤー業に切り替えた。

　このことに不満をもった吉田真太郎は、明治43年（1910）7月23日退社する。吉田が退社すると大倉喜七は直ちに石沢愛三を社長にして、吉田の持ち分を譲り受けた野田寛治と石沢に各4千円、門野重九郎、大倉發ら身内に5千円ずつ持ち分を与え、社名を日本自動車合資会社と改称し、本店を芝区琴平町2番地に移転させ、欧米車の輸入販売を積極的に行った。

　さらに大正3年（1914）8月15日、資本金4万5千円の日本自動車株式会社に組織変更し、本社を赤坂区溜池町30番地に移転した。

山口勝蔵商店自動車部

　山口勝蔵商店自動車部は機械の輸入商であるが、明治43年（1910）5月9日、2代目山口勝蔵を継いだ森光は自動車の輸入販売を始める。車種はイタリア製フィアット、フランス製アルジル、英国製デムラー、米国製リーガルなど多彩であった。商才のある勝蔵は自動車の輸入販売と同時に、築地や銀座の料亭や旅館を顧客にしてハイヤー業を始めた。これはなかなか評判が良く、顧客は自動車を注文するとき単に自動車を回してくれ、と注文するのではなく、「デムラーさんを回してください」とか「リーガルさんを持ってきてください」と車名を指定したという。

　またフィアットはオランダ公使館が月極めで自家用車のように使用し、リーガルは陸軍技術審査部が使用した。当時わが国最初の飛行家として有名な日野熊蔵大尉や徳川好敏大尉、奈良原三次などが、代々木練兵場や所沢飛行場などで飛行訓練をしたが、何しろ飛んだら必ずと言っていいほど落ちる。落ちたらもちろん怪我をするという時代だから、訓練のある日には山口勝蔵商店の自動車を雇って、医師を自動車に乗せて、飛行機を追い掛けさせたのである。これもいい料金になった。

当時のタクシーと他の乗り物の料金比較

　日本自動車会社も山口勝蔵商店も、料金は自動車の馬力と乗客数、それに走行マイルによるもので、例えば明治43年（1910）8月15日の大日本自動車製造合資会社の広告による貸自動車の料金は、

　5人乗り40馬力車＝1マイル（約1.6キロ）1円、
　　　　　　　　　半日（10マイルまで）15円
　　　　　　　　　1日（30マイルまで）30円
　4人乗り15馬力車＝1マイル60銭、
　　　　　　　　　半日（同上）10円、
　　　　　　　　　1日（同上）20円
　2人乗り12馬力車＝1マイル50銭、
　　　　　　　　　半日（同上）7円50銭、
　　　　　　　　　1日（同上）15円
であった。

表 3-1　大日本自動車製造合資会社から日本自動車株式会社への登記

大日本自動車製造合資会社（設立）
　本店　　　東京市京橋区東豊玉河岸 20 番地
　目的　　　自転車及其付属品を輸入、製造、販売又は修繕を為す営業
　設立年月日　明治 42 年 11 月 21 日
　社員の氏名住所出資の価格及責任
　　　金 2 万 3 千円　　無限　　東京市赤坂区溜池葵町 3 番地　　大倉喜七
　　　金 1 千円　　　　有限　　同市芝区芝公園地 7 号地 8 番　　吉田真太郎
　　　金 1 千円　　　　有限　　同市小石川区関口台町 72 銀地　　石沢愛三

大日本自動車合資会社（変更）
　社員吉田真太郎は明治 43 年 7 月 23 日、持分全部を左の者に譲渡して退社し、左の者は之を譲受けて入社す
　　　金 1 千円　有限　東京市芝区芝公園地第 5 号地 14 番地　　野田寛治

大日本自動車製造合資会社（変更）
　社員大倉喜七は其責任を有限、社員石沢愛三は其責任を無限と、各明治 43 年 8 月 4 日変更す
　社員大倉喜七は明治 43 年 8 月 4 日、其持分の内金 4 千円宛を社員石沢愛三、同野田寛治に金 5 千円宛を、門野重九郎、大倉發身に譲渡して出資額を左の如く変更し之を譲受けたる社員石沢愛三、同野田寛治は其の出資額を左の如く変更し、門野重九郎、大倉發身は同日入社す
　　　金 5 千円　　　　　　　大倉喜七、石沢愛三、野田寛治
　　　金 5 千円　有限　東京市赤坂区新坂町 30 番地　　門野重九郎
　　　金 5 千円　有限　同市小石川区関口台町 72 番地　　大倉發身

大日本自動車製造合資会社（変更）
　明治 43 年 8 月 26 日、商号を左の如く変更す
　　　商号　　　日本自動車合資会社

日本自動車合資会社（変更）
　明治 43 年 12 月 10 日、本店を左の所に移転す
　　　本店　　　東京市芝区琴平町 2 番地

日本自動車株式会社（設立）
　本店　　　東京市赤坂区溜池町 30 番地
　目的　　　自動車、自動自転車、自動船、飛行船、飛行機及其部分品付属品及之に関連する物品を輸入、製造、販売、修理し又自動車に関する各種保険代理引き受け及賃貸保管をなす営業を以て目的とす
　設立年月日　大正 3 年 8 月 15 日
　資本の総額　金 4 万 5 千円
　1 株の金額　金 50 円
　各株払込額　金 50 円
　取締役の住所氏名　　東京市麻布区本村町 43 番地　　　　大倉喜七郎
　　　　　　　　　　　同市　赤坂区丹後町 37 番地　　　　石沢　愛三
　　　　　　　　　　　同　　麻布区市兵衛町 2 丁目 27 番地　蜷川　包
　監査役の住所氏名　　東京市赤坂区新坂町 30 番地　　　　門野重九郎
　　　　　　　　　　　同市　小石川区関口台町 72 番地　　大倉　發身
　　　　　　　　　　　同市　芝区芝公園地第 5 号地 14 番地　野田　寛治

乗　　物	所要時間	運賃	摘　要
人力車	2時間30分	1円30銭	神田駅から
乗合馬車	2時間	60銭	同上
鉄道（上等）	1時間	77銭	上野駅から
タクシー（4人乗り）	1時間15分	4円80銭	有楽町から

また、明治45年（1912）8月における、東京―大宮公園間の各種乗物の所要時間と料金の比較は、上表のようである（尾崎正久『日本自動車発達史（明治篇）』オートモビル社、1937年による）。

表のように、所要時間が一番短いのは鉄道で、以下タクシー、乗合馬車、人力車の順であるが、鉄道や乗合馬車は最寄りの駅や乗り場まで行くのに時間がかかった。料金で見ると、一番安いのが乗合馬車で、次いで鉄道、人力車、タクシーとなるが、タクシーは4人乗りなので、1人当たりにすれば1円20銭で人力車より安くなったし、車内で乗客同士が歓談しながら目的地に行ける長所があり、その点では最も有利な乗り物であった。

図3-1　明治42年2月、小石川区関口台町の石沢邸にて大倉發身のロンドンからの帰朝祝を兼ねて新年会記念撮影
後列向かって左より石沢愛三、1人おいて大倉喜七郎、後列右端大倉發身

図3-2　大日本自動車製造合資会社から日本自動車株式会社まで
上：大日本自動車製造合資会社として設立当初の社屋　中：大正3年8月15日、資本金4万5千円の日本自動車株式会社に組織変更、本社を東京市赤坂区溜池町30番地に移転した　下：大正14年に新築した本社と輸入部

図 3-3　山口勝蔵商店自動車部全景
上：左端より倉庫・自動車置場・事務所（平屋の部分）、最右端（三階建）は置場および陳列場　中：自動車陳列場の内部　下：事務所入口

図3-4　山口勝蔵の日本一周ドライブ
ハンドルを握っているのが山口勝蔵
明治44年（1911）7月、山口勝蔵はフィアットに新聞記者らを乗せて全国一周ドライブに出発した。山口から山陰道に入り、島根県と鳥取県の県境で事故を起こして全国一周は達成できなかったが、日本人による最初の長距離ドライブであった

図3-5　山口勝蔵の日本一周ドライブを報じる新聞記事（東京日日新聞明治44年7月）

第4章　タクシー自動車株式会社の設立

米田穣ともう一人の出願者

　明治44年（1911）11月28日、東京市京橋区南水谷町7番地の米田穣他1名によって、タクシー自動車営業の許可願いが警視庁に提出された。社名を「タクシー自働車株式会社」（「自働車」は当時使われていた表記。以下本書では、直接の引用等の場合を除き、「自動車」とする。次頁のコラム1参照）という。他1名が誰であるかについて、尾崎正久著『日本自動車発達史（明治篇）』（前掲）には佐竹作太郎と書かれている。しかし警視庁その他いろいろと調べてみたが、資料は見つからなかった。第2章に取り上げた『工業雑誌』の記事から推測すると、フォードの特約販売店セール・フレザー株式会社の岡田秀男ではないかとも考えられるが、いずれにしても確証は得られないので、ここでは佐竹作太郎としておく。

　佐竹作太郎は東京電燈株式会社（現・東京電力株式会社）の第7代社長で、明治35年（1902）の第7回総選挙に山梨県の甲府1人区に壬寅会派から立候補して当選、翌年の第8回総選挙には中正倶楽部から立候補して当選、明治37年（1904）の第9回、明治41年（1908）の第10回、45年（1912）の第11回には政友会派から立候補していずれも当選している。当時の政財界の実力者であった。また明治42年（1909）には渋沢栄一を団長とする米国実業視察団に参加してベーカー電気自動車を購入して帰国した。電気自動車を乗り回した最初の日本人であり、その後、社用としても6台の電気自動車を購入している。タクシー自動車株式会社の有力な出資者である。

　米田穣らが提出した営業許可願いによれば、本社を東京市麹町区有楽町3丁目1番地におき、鉄道の新橋駅をはじめ品川、目黒、巣鴨、飯田橋、上野、両国、亀戸、南千住の各駅構内と、日本橋、京橋、神田橋、水道橋、采女橋、浅草橋、吾妻橋、永代橋、赤羽橋、麻布三ノ橋、麹町2丁目、日比谷、赤坂見附、市ヶ谷見附、茅場町、築地明石町、九段坂下、牛込天神地、護国寺前、霊南坂下、麻布六本木、新吉原町、須崎、内藤新宿の各辻々に営業所や待合所を設け、欧米で流行しているような「自動料金計算器付き自動車で乗客輸送を行う事業」というものであった。上記の中に東京駅が入っていないのは、未だ建設中で完成していなかったからである。

　出願者米田穣は石川県選出の衆議院議員であったから、彼はこの許可願いを直接警視総監安楽兼道に手渡して「許可を頂いてから会社設立までには、設立趣意書の作成、株式の募集、自動車の購入、本社や営業所、待合所の建設などいろいろと時間がかかるので、なるべく早い許可を頂きたい」と要望した。その甲斐あってか、許可は同年12月16日付けでおりた。

　米田穣は元治元年（1864）1月12日、現在の石川県松任市茶屋町に米田与左衛門の長男として生まれた。幼名は吉三郎。父は米穀、肥料商であった。父が政治家と交流が深かったので、吉三郎も成長するに従って政治運動に熱を入れ、金沢の元代議士遠藤秀景が創立した武強主義の政治結社「盈進社（えいしん）」に入って政治運動に傾倒した。

　明治17年（1884）町会議員となり、その後松任町長になるが、明治22年（1889）町長を辞職して上京し、立憲自由党創設に参加、北陸鉄道民設運動に活躍する。26年（1893）友人の紹介で横浜居留地にあったフランス系貿易商社オッペネメール・フレール商会（社長イザイ・オッペネメール、本社パリー市クレリー町21番地、支店横浜市山下町13番地と神戸市旧居留地28番地）に入社し、船舶の荷揚げ業務部門で業績を挙げる。

明治28年（1895）、農商務大臣、内務大臣を歴任した品川弥次郎の勧めで、吉三郎を穣と改名する。明治29年（1896）4月、オッペネメール・フレール商会から独立して、翌年京橋区三十間堀3丁目19番地に、米村伊三郎、土肥平三郎らと資本金10万円の貨物運送、倉庫業「日本通運合資会社」を設立し監査役に就任する。その頃、住所を京橋区南水谷町7番地に移し、京橋区山城町の料亭「福本」の女将奥田ヤスと結婚、34年（1901）11月長男・与一が生まれる。

同じ明治34年、郷里松任に加越能新聞社を設立して社長になり、41年（1908）5月、第10回総選挙に石川県郡部から戊申倶楽部推薦で立候補して初当選する。明治43年（1910）5月、政友会派代議士28名の出資で合資会社中央新聞社を設立、米田も出資して参加、その後政友会派に移る。明治44年（1911）8月、彼が主唱して松任町に内国産業博覧会を開催する。北海道はじめ全国からの出品者1,032人、出品総数3,569品という大盛況で県内商工業の発展に寄与する。明治45年（1912）の第11回総選挙には政友会派から立候補して当選した。

『石川県人名鑑』には「武強主義の政社として盈進社の名は天下に謡はれたり、君は年少気を負ひ昂然、盈進社の一壮漢を以て自ら任じ、人触るれば人を斬り、馬触るれば馬を斬るの概ありき、のち身を産業界に転ずるに至り、案外にも優しき人となれり」と評されている。

またある雑誌には「憲法発布の日［明治22年2月11日──筆者註］鍛冶橋の監獄にあり、囚人をして万歳を唱えさせた人だけに肝っ玉も据わっていれば同時に拳も早い、先の帝国議会で同県人の最寄鉄五郎と鉄道誘致案の意見の相違から殴り合って、議場の神聖を汚したと幹部から大目玉を頂戴した、などは確かに昔取った杵柄を偲ばしめる」と書かれている。

タクシー自動車株式会社設立直後の大正元年（1912）11月9日には、東京市京橋区西紺屋町5番地に、西田仁之助、飯沼繁、山田敬徳らと資本金1万円の横浜市街自動車株式会社を設立して監査役となる。大正4年（1915）3月に行われた第12回総選挙は大正維新といわれた改革選挙で、

コラム1 「自動車」と「自働車」

全国の「自動車営業取締規則」や「乗合自動車営業取締規則」について調べてみると、明治36年（1903）8月20日に制定した愛知県が全国で最初であるが、それには「乗合自動車営業取締規則」と「自動車」となっていて、その後に続く各県では、ほとんどが「動」であるが、明治40年（1907）2月19日、21番目に制定した東京警視庁は「自働車取締規則」と「働」となっている。その後は「働」が多くなるが、それでも「働」と書いているのは、他には山口県や北海道などを含めて15道府県だけである。つまり、当初から「自動車」のほうが圧倒的に多いのである。

その影響があったためかどうかは不明であるが、東京有楽町に設立されたタクシー自働車株式会社の社名は「自働車」と「働」になっている。ところが、明治44年（1911）11月28日に、営業を許可した警視庁では「自動車営業ノ件許可ス」と「自動車」と書いている。警視庁では取締規則では「働」で、許可書では「動」としているのである。警視庁がそんなふうであったから、当時は新聞記事でも公文書でも「動」と「働」が混在している。

政府は、公文書の統一をはかるため、大正8年（1919）1月11日付で、全国を統一した「自動車取締規則」を公布した。それ以後は「自動車」に統一されたわけである。しかしそれでもまだ、タクシー自働車会社では、新聞広告に「タクシー自働車株式会社芝浦工場」と広告している。

したがって、あまりこだわらなくてもいいことではあるが、本書内ではある程度統一する必要があると考え、現在の通常の表記である「自動車」とすることとした。

政友会派は大惨敗し米田穣も落選する。

翌大正5年（1916）5月、同7年（1918）に総理大臣になる原敬の推薦で大阪新報の主務理事となり経営再建にあたり、同年8月、勲4等瑞宝章を授与される。同9年（1920）5月の第14回総選挙には最高点の当選を果たして返り咲くが、翌10年（1921）12月2日、胃潰瘍がもとで死去した。享年56であった。

大正15年（1926）4月、中橋徳五郎、野田卯太郎、床末竹二郎、元田肇、山本悌二郎らの発起

で、松任町願念寺に彼の顕彰碑が建てられた（図4-3）。

碑の表面には「嗚呼斯人」という中橋徳五郎の筆、左側には「無量寿の隔世に照る紅葉かな」という野田卯太郎の句、右側には「君さまはいよいよまつこと多き世に石ふみたつる秋ふけにけり」という床末竹二郎の吟書が刻まれている。

設立趣意書と望月小太郎

営業許可が下りたので、米田らは所属政友会派の代議士らに声を掛け、発起人を集めるとともに、設立趣意書の作成に取り掛かった。これを引き受けたのは、当時西洋通の第一人者と自他共に許す山梨県選出代議士望月小太郎であった。小太郎が書いた趣意書は次のようなものである。

　近時、自動車の流行日を遂ふて盛んならんとするも、多くは一部富豪の私用に属し、一般公衆の其の利便に浴し得ざるは一大恨事なり、之を欧米の都市に見るに自動車は到る処に馬車を駆逐して交通界を独占しつつあり、倫敦の如き、馬車の数七千七百余台に減少せるに対して自動車は既に六千三百台の多きに達し、紐育の如き今や殆ど馬車は其の影だも止めざるに至れり。蓋し文明社会が一に此の軽捷利便なる交通機関を要求するもの深きものあるに因る、我が東京の如き亦一躍自動車時代に突入せんとする気運に会せり、吾人が茲に率先して公衆用自動車供給の業を営み、聊か文明の促進に貢献せんとするのも一に時代の自然趨勢に出づ。是に於て吾人は既に主務官庁に出願して東京市内及東京府下に於ける之が営業の許可を得、又東管所管上野、両国、亀戸、南千住各駅並に中管所管新橋、品川、目黒、巣鴨、飯田橋各駅及市内枢要の街衢三十箇所に駐車場を設くることの許可を得たるを以て、茲に株式会社を設立し、人力車よりも遥に低廉なる賃銭を以て間断なく車台を運転する方針の下に此の有望なる創始的事業を経営せんと欲する。其開業の暁には汽車乗降客を始めとし市内外にて用務又は娯楽の為に、殊に団体的旅行を為さんとするものにして、腕車の遅緩と電車の雑踏とを厭ふるものより熱烈なる歓迎を受くべきを確信す。切に同志の士の賛助を望む

この趣意書を政界、財界はじめ各方面に配布して賛同者、発起者を募集した。趣意書を書いた望月小太郎であるが、彼は慶応元年（1865）11月15日、山梨県巨摩郡身延村（現・身延町）に父望月善右衛門、母もんの三男として生まれた。家は貧しい農家だったので、身延小学校を卒業してしばらくは父を助けて農業に従事していたが、父が亡くなると、村人の中に彼の才能を惜しんで援助する者があり、明治14年（1881）給費生として甲府の山梨学校（現・山梨大学）に入り、16年（1883）同校中等師範科を卒業した。明治20年（1887）に上京して翌年、慶應義塾に入り、「グラッド・ストーン伝」や「英国議会法」の翻訳、論評を行った。これが元老院議官中井弘（桜州）の注目するところとなり、総理大臣山県有朋の推挙を得て23年（1890）に渡英した。ミドル・テンプル大学法院、さらにロンドン大学でも学び、ケンブリッジ大学でも受講した。国費留学期間は2年間だったので、「日英実業雑誌」を発刊して、それで得た資金で留学を続け、バリスター・オブ・ローの資格を取って帰国した。

明治29年（1896）5月、ロシア皇帝ニコライ2世の戴冠式に大使山県有朋の随員として列席。翌30年（1897）には英国ヴィクトリア女王の即位60周年記念式典に特使伊藤博文の随員として参列した。

小太郎はその後政治家をめざした。明治35年（1902）8月の第7回総選挙に政友会派から出馬して当選し、翌36年（1903）3月の第8回も同じく当選、37年（1904）3月の第9回は無所属で当選、41年（1908）5月の第10回は猶興会派から出馬したが次点で落選し、45年（1912）の第11回には出馬しなかった。その後大正4年（1915）3月の第12回選挙には立憲同志会からトップで当選、同6年（1917）4月の第13回、9年（1920）5月の第14回、13年（1924）5月の第15回総選挙には憲政会から立候補していずれも当選し、都合7回の当選をした。彼は政治派閥的には慶應義塾の先輩尾崎行雄と行動を共にしていた。

そして昭和2年（1927）5月19日、病に倒れて生涯を終えている。

先の米田穣が壮士上がりのバンカラ党であったのとは対照的に、小太郎は松本君平、菅原伝とともに国会議員中のハイカラ三羽烏といわれた男であった。嘉代子夫人はミッション・スクール麻布女学校を卒業してカナダのトロント大学に留学して家政学を学んだ英才で、夫の事業である「英文通信社」の原稿は夫に代わってほとんど夫人が執筆していたという。

山梨県身延山竹之坊に建っている彼の顕彰碑は火災にあってほとんど字が読めないが、題字は尾崎行雄、碑文は若槻礼次郎、碑文の字は身延山83世望月日謙法主である（図4-5）。

使用車種はフォードT型

趣意書ができると次は、購入する自動車の車種選定と何台購入するかであった。それによって資本金が決まる。特に車種の選定は経営を左右する重要な問題であった。欧州車は堅牢だとの評判だったが、中級車でも7千円から8千円もする。アメリカ製には安い車もあるが、自家用と違ってタクシーは朝から晩まで一日中走り回るのだから、堅牢で安く、しかも4人乗り以上でないと営業用としては使えない。

また何台購入するかについては、これも認可された市内33か所の営業所に3台ずつ配置するには100台が必要であったが、とりあえずは50台程度を購入して、主要な駅に何台か置いて需要状況を見て追々増加することになった。

わが国始まって以来の大タクシー会社が設立されるという噂を耳にすると、ビュイックの販売会社三井物産、フィアットの日本自動車合資会社、リーガルのアンドリュース・ジョージ株式会社、フォードのセール・フレザー合名会社、ハップモビルの東京自動車合資会社、ロイドの内山自動車商会、クリットの合資会社高田商会、ランブラーの山口勝蔵商店自動車部、ルノーの水嶋商会、ローリン・クレメントのケー・ジェー・ホラ商会、ページの藤原自動車部、スチュードベーカーの日本販売人中村嘉寿などの社長やセールスマンが、創立委員宅や株主のところに押し寄せた。これらのなかで最終的には、大量生産方式による価格の低廉さと故障修理がやりやすい部品の画一性などが認められて、セール・フレザー社の販売人岡田秀男と、フランダースとE.M.F.のスチュードベーカー日本販売人中村嘉寿の一騎打ちになった。

中村嘉寿はスチュードベーカーの日本販売代理人として来日すると、同社の販売車フランダース20馬力と、E.M.F.30馬力の2台を使って九州一円の宣伝旅行を試みたり、帝国ホテルを根城にして、やまと新聞社に販売代理店になってもらい、明治45年（1912）5月から15回にわたって、両車の写真入り宣伝文を掲載して販売に勉めていた。

さて、岡田秀男のフォードか、中村嘉寿のスチュードベーカーかの決戦は最終選考の結果フォードに軍配が上がり、使用車種はフォードT型に決まった。フォードT型は、当時ようやく大量生産システムが軌道に乗り、販売価格の値下げに踏み切ったため、T型1台、部品付きで3,500円という低価格を提示できたのである。岡田は発起人の米田穣や大株主の大阪商船社長・中橋徳五郎らと生まれが同じ石川県であったことも有利に働いた。

フォードT型の日本への輸入

岡田秀男は安政3年（1856）7月13日、石川県士族岡田弥市郎の次男として生まれた。明治2年（1869）加賀大聖寺藩から貢進生に選ばれて大学南校に学び、さらに東京帝国大学に進みフランス法学を修めて卒業した。明治35年（1902）東京市京橋区弥左衛門町15番地に、都野井幸八、岡田実らと鉄道、船舶用機材、電機機械、塗料などの販売会社、合資会社三峰商会を設立して社長になり、同時にセール・フレザー社の顧問をしていた。

ここで、すこし横路に逸れるが、フォードT型のわが国への輸入について述べてみよう。自動車工業会が出版した『日本自動車工業史稿』には次のように書かれている。

　セールフレザー商会といえば、フォードの販売で著名な米国系商社であり、現在のフレザー国際（日本）株式会社の前身に当たる。予

第4章 タクシー自動車株式会社の設立

コラム2 「セール・フレザー商会」か「セール・フレーザー商会」か

　第4章の「セール・フレザー商会」と「セール・フレーザー商会」であるが、両者ともいろいろなところで書かれていて、どちらをとるべきか迷うところである。もちろん同社は、英国人セール氏のセール商会と米国人フレ（ー）ザー氏のフレ（ー）ザー商会が合併してできた会社である。

　昭和40年（1965）11月に自動車工業会が発行した名著『日本自動車工業史稿』には「フレーザー商会」と書かれている。そのため、今日では「フレーザー」と書く人が多いが、明治32年（1899）7月29日の商業登記簿を見ると、「フレザー商会」、横浜市居留地200番地、代表取締役亜米利加合衆国人民イブェレット・フレザーとなっているし、大正3年（1914）に発行された『日本自動車倶楽部年鑑』の役員名簿にも、会長大隈重信、委員長イー・ダブリュ・フレザーとなっているから、フレザーが良いようである。つまりセール・フレザー株式会社である。

　米国人の日本語での表記であり、これもどちらでもよいことかもしれないが、上のような歴史的経緯から、本書では「フレザー」をとることにした。

　備知識として同社の性格とフォード販売までの経過から述べておこう。話は古くさかのぼるが、アメリカのペリー提督が艦隊を率いて浦賀に入港したのは1853年（嘉永6年）の昔であるが、翌1854年（安政元年）再度ペリーは来日して徳川幕府と和親条約を締結した。その際ペリー提督に随行して来日した人にニューヨークの貿易商フレーザー・エンド・カンパニーの初代ジョージ・フレーザー氏がいた。彼は当時の日本がまだ政治情勢の安定を欠き、貿易開始には時期尚早であったので、直ちに手を付けず、その後7年経った慶応3年（1867）になって横浜にフレーザー商会を設け、初めて貿易業を開始した。経営は娘婿に当たるリンズレー氏に実務を担当させた。このフレーザー商会は明治10年、皇室に最初のエジソン製電燈をつけ、明治24年にはジェー・ジー・ブリル社製の電車を輸入して東京電燈株式会社に納品するなど、開国後の日本文化の発達に画期的な事績を残した。明治37、8年の日露戦争後、ジョージ・フレーザー氏の甥にあたるE.W.フレーザー氏がフレーザー商会の経営に当たり、東京に進出して機械貿易業を拡大伸張し、一方には当時横浜で金融業を営む英人C.V.セール氏と合併して東京にセール・フレーザー商会を設立し、両社の事業を継承した。その創立年月日は明示し難いが、日露戦争後のことであった。

　これがセール・フレーザー商会であり、自動車の輸入販売に力を入れたのはE.W.フレーザー氏である。同社は麹町区八重洲1丁目1番地、当時1丁ロンドンと呼ばれた丸ノ内馬場先門前通りのオフィス街、赤煉瓦ビル三菱5号館にあった。ひと頃は貿易面で三井物産と肩を並べる貿易商社といわれたほどである。

　セール・フレーザー商会は明治43年（1910）、フォードの輸入販売を開始したのであるが、フォードの代理権は前に述べたように三共商会が最初に得て、放棄したことがあり、また一説には東京の新聞「萬朝報」の黒岩周六（涙香）氏が、米国視察旅行の途次デトロイトのフォード自動車会社を見学し、フォード数台を購入して帰国し、傘下の広告代理店「萬瓣社」に販売させる計画をたて、月賦販売の広告を萬朝報に掲載したが、実際にはなかなか売れず、仕方なく黒岩社長はセール・フレーザーに渡りをつけ、フォードの輸入販売を勧めたという説もある。それはともかく、E.W.フレーザー氏は1年の半分は米国で暮らした人で、それらとは無関係で、独自にフォード会社と交渉して、代理権を得たとみるのが正しかろう。

　同商会はともかくその代理権を得ると共に、本社に自動車部を設け、三島八喜蔵、岡田秀男の両氏が主幹となり、その傘下にフォード自動車会社で研究を積んで帰国した秋口久八、姫野理吉の両氏が補佐となって輸入販売に携わり、また同商会大阪出張所にも自動車部を設置し、高津平兵衛氏がその任に当たった。同商会が扱ったフォードはアメリカで初めて大量生産に移した安価優秀で、前後20年間にわたり一世を

風靡した名車T型であったこと、また必要に応じて各地にサブデーラーを設けて、販売の積極的拡張を計ったことで、大成功を収めることとなった。

登記簿上で調べてみると、フレザー商会の設立は明治32年（1899）7月29日で、営業所は横浜市居留地200番地、設立者はアメリカ人ジョン・リンズレーとイブェレット・フレザーで、株式会社セール商会の設立は1年遅れて明治33年（1900）1月24日、本店が横浜市山下町94番地、支店が神戸市播磨町46番地、資本金40万円、設立者は英国人C.V.セール、FW.セール、J.セールとなっている。また両者が合併してセール・フレザー株式会社を設立したのは明治37年（1904）12月30日で、資本金を80万円に増資し、本店を横浜市山下町167番地、支店を東京市京橋区銀座4丁目2番地、3番地としている。

同社はさらに明治38年（1905）9月1日、支店を東京市麹町区八重洲1丁目1番地に設立、さらに同月21日に米国のニューヨーク市ウォール街63番地と英国ロンドン市イー・シー・オールドブロード街54番地に設立、明治42年（1909）11月15日に本店を横浜から東京支店の東京市麹町区八重洲町1丁目1番地に移転し、アメリカ・ニューヨーク市チャーチ・ストリート50番にも支店を設置している。

黒岩周六が広告代理店の「萬瓣舎」に販売させたフォードT型であるが、これについては明治43年（1910）12月17日付と同18日付の萬朝報紙にT型フォード・ロードスターの写真入り販売広告が出ている（図4-6）。広告文は次のようなものである。

新式完全なる自働車・予約販売広告
フォード会社製自働車が米国に於て実用上第一に推さる、ことは隠れも無き事実に御座候、当舎は此たび時勢の必要に応ぜん為め同社代理店に特約し左の方法を以て50台限り予約販売致候

米国フォード会社製自働車モデルTロードスター
△駆者共3人乗△発動力20馬力△速力1時間60哩、予約申込期日は44年1月25日限り、実物引渡同5月初

右日本に於ける売価3,250円の所予約50名限り500円を割引し1台2,750円にて提供

△払込期日は予約申込の際350円△1月2月3月各末日300円宛△5月初実物引替に1,500円

△予約申込希望の御方は当舎に御来臨、実地御乗試みの上△其堅牢、其安全、其乗心地、其速力等の如何に優秀にして振動の如何に少きやを御確認被下度候

△又駆者の儀は車夫又は馬丁をお遣し被下候はゞ実物来着の期限までに当舎に於て熟練の駆者御仕立申上ぐ可く候

△猶付属品1式（売価約300円）を予約者に限り無代進呈可仕候

自働車を斯くの如く軽便に買入る可き機会は他に之れ無かる可しと存候

至急御申込有之度願ひ上げ奉り候　謹言
　　　　　　　　　東京京橋弓町　萬瓣舎
　　　　　　　　　電新3013　口座12000

また、製薬会社の三共が販売したT型フォードについては、『三共・思い出の四十年』という本に「自動車フォードと僕」という項があり、社長塩原又策の次のような回顧談が掲載されている（図4-7参照）。

明治41年の頃、高峰博士が久方ぶりの帰朝のみやげに僕は珍しいフォード車を貰った。当時帝都には僅か10台位の自動車が動いて居っただけで、僕の貰った其車には16号の番号札が掲げられることになった。

僕は薬屋になってからも少年時代に関係した緑茶と羽二重の輸出事業のことが頭に残り、日米貿易に心を向けていたせいか、此の自動車を販売の目的で取り寄せようと考え、試みにデトロイトのフォード社へ数台を注文して其の代理店となり、時事新報に車の絵を入れて広告をした。新聞に自動車の広告はこれが最初である。

馬越恭平翁は最初の買い手であったが、肝心の運転手がどれもこれも経験に浅かったので、日毎に破損の個所を生じ、其の修理に持込まれたものだが、部分品もなく修繕設備も勿論整って居なかったゝめ、折角の此の先端的な営業も閉口頓挫してしまい、薬業に熱中している折柄こんな商売は断念し、代理権を放棄してしまった。此の僕の自動車にはこんな思い出がある。これは其の頃清朝の皇族載貝殿下が渡米の途次日本を訪れ、宮内省は国賓待遇で接待し、其の接待用として僕の自動車1台を借り上げたい、と当局から達しがあった。僕は博士からお土産に貰った其の車を宮内省に貸し上げたことがあった。

又此の車を不馴れな僕自身で運転して麹町の齋藤満平君を訪ふた時、思わず大失態を演じたことがある。齋藤薬局の前に物見高い大勢の見物人が集まり、立ち帰らんとしてハンドルを取ったまでは良かったが、黒山の見物人をよける刹那にブレーキがとめきれず、処もあろうに向かい側の古い木造の教会堂に突入し、多数の人夫にやっと引き出して貰ったという失敗を演じてしまったが、幸い怪我はせずに済んだものゝ其の教会堂の一部と車は大破してしまった。それ以来僕は懲り懲りし、今日まで自分でハンドルに手を出さずじまいである。（中略）自動車に手をやいた僕であったが、発動機車に縁があり、後に子会社の興東貿易でハーレー・ダビットソンと称へるモーター・サイクルの代理店を引き受けることになり、これが今では陸王内燃機会社とまで進展し、軍用車の製造にまで発展して居る。若し僕が当年のフォード代理店を継続して居ったならば、日本の自動車界に僕も当然一旗揚げる機運に乗っていたかも知れぬ。

目論見書の作成と西村正雄

ちょっと横路に逸れたが、さて、購入する車種や価格が決定したので、次は目論見書の作成であった。これも中橋徳五郎と懇意であった西村正雄が主体となり、セール・フレザーの柴山安らが協力して作成した。

西村正雄は明治29年（1896）、高知県内務部職員となり、牧野伸顕伯爵に認められて内務省に抜擢されて大臣官房付き職員になった。明治38年（1905）10月『最新事務法』を実業之日本社から出版（大阪商船社長・中橋徳五郎、後藤新平序文）、さらに後藤新平が満鉄総裁に就任すると一緒に渡満し、南満洲鉄道株式会社遼陽支部経理主任となり、さらに満洲日日新聞が創刊されると編集長兼副社長になった男である。そのときの社長が森山守次であった。前記のように西村は行政学の権威者で、後藤新平が内務大臣になって帰国すると、彼も森山守次と共に新聞社を辞職して帰国し、タクシー会社が設立されて、森山守次が専務取締役に就任すると、西村正雄も監査役に就任した。

彼らが作成した予算案は表4-1のようなものであった。

つまり、運転手は1日7回乗客をとり、平均100キロ走り、自動車は3年で償却する。株主には2割の配当を出す、という目論見であった。

初代社長・長晴登と専務取締役・森山守次

明治45年（1912）7月10日、新橋倶楽部において創立総会が開かれた。読売新聞によれば、もちろん出席者のごく一部であるが、東京電燈会社社長・佐竹作太郎、第一銀行取締役・日下義雄、四国水力電気会社社長・福沢桃介、前山形県代議士・小倉信近、台湾製糖会社副社長・山本悌二郎、博多電燈会社社長・山口恒太郎、大野瓦斯マントル会社社長・山田敬徳、武相貯蓄銀行支配人・新藤新平、千住軽便電気鉄道株式会社社長・森山守治、セール・フレザー会社顧問・柴山安などの名前が挙げられている。

総会では、株式は発起人で満株になったので一般株は募集しない、と報告された。経営陣の人選では社長に山形県選出代議士・長晴登、専務取締役に森山守次、取締役に柴山安、米田穣、山口恒太郎、山口勝蔵、新藤新平、監査役に岡田秀男、望月小太郎、西村正雄の諸氏が就任した（表4-2）。

社長に選ばれた長晴登は、慶応2年（1866）8月22日、山形県東置賜郡赤湯村（現・南陽市）に、父堅雄、母富乃の長男として生まれた。明治

表4-1　タクシー自動車株式会社の予算目論見書

収入	
1日1台の車が7回乗客を乗せて60マイル走るとして	
初乗りが1マイル60銭で、それを7回とすれば	4円20銭
爾後走行距離53マイルとすれば1マイル16銭として	8円48銭
待時間と小荷物料等の雑収入が	2円
1台の収入	14円68銭
之を1ヶ年360日運転するときは	5千284円80銭
支出	
1日1台の客にて60マイル走るとして	
揮発油代	1円10銭
機械油代	15銭
運転士給料	日給　1円
掃除夫給料	日給　20銭
修繕費並にタイヤ元価償却	3円
合計	5円45銭
これを1年間360日として運転するときは	1千962円
差引	3千322円80銭
これを50台運転するときは、総収益	16万6千140円
営業費1年分	1万8千円
差引収益	14万8千140円
払込済資本金　　　25万円に対する年2割の配当金は5万円	
自動車55台を3年で償却するとして、その償却積立金	6万3千800円
法定積立金（純益金の100分の5）	7千407円
別途積立金（障害弁償等に備える）	1万円
緒税金	5千円
火災保険料（22万円に対し年2分）	4千400円
後期純益金	7千533円
合計14万8千140円	
創業費目予算（資本全額の2分の1の払込金）	25万円
自動車1台3千500円を55台購入するとして	19万2千500円
タクシー・メーター1個300円それを55個購入するとして	1万6千500円
車庫並に事務所建設費（家具、備品代を含む）	1万円
修理道具購入費	2千円
開業費を含む流動資金	2万7千800円

表4-2　タクシー自動車株式会社の登記簿

商号	タクシー自動車株式会社	
本店	東京市麴町区有楽町3丁目1番地	
目的	当会社は自動車を以て旅客の運送を為すことを目的とす	
設立年月日	明治45年7月10日	
資本の総額	金50万円	
1株の金額	金50円	
各株に付き払込みたる株金額　　金12円50銭		
公告を為す方法	本店所轄の裁判所の登記事項を公告する新聞紙を以て之を為す	
取締役の氏名住所	東京市本郷区元町1丁目3番地	長　　晴登
	同市　赤坂区青山南町2丁目52番地	森山　守次
	東京府豊多摩郡渋谷町上渋谷135番地	柴山　　安
	東京市京橋区南水谷町7番地	米田　　穣
	福岡県福岡市橋口町26番地	山口恒太郎
	東京市京橋区銀座2丁目15番地	山口　勝蔵
	横浜市南太田町1916番地	新藤　新平
監査役の氏名住所	東京府荏原郡品川町南品川236番地	岡田　秀男
	同府同郡大井町字鹿島谷3.131番地	望月小太郎
	高知県土佐郡地蔵寺村大字地蔵寺94番屋敷	西村　正雄

13年（1880）米沢中学校を卒業して上京し、中村正直の同人社に入って漢学、英語を学び、翌年慶應義塾に移って勉学、さらに共進文学社に移って、19年（1886）に中学校及び師範学校教師の免許試験に合格して郷里に帰った。しかし教員にはならず、さらに米沢興譲館に入って高名な神道家北畠道龍師について宗教学を学び、師と共に各地に布教活動を行った。明治24年（1891）重野謙次郎、戸狩権之助らと山形自由クラブを結成し、28年（1895）県会議員となり、37年（1904）3月の第9回総選挙に政友会派から立候補して初当選。さらに41年（1908）の第10回総選挙にも立候補してトップで当選する。

明治43年（1910）5月の政友会結成10周年記念祝賀会には院内幹事に推薦され、45年（1912）5月の第11回総選挙にも当選して、末は大臣と嘱望された。

また実業界の経歴としては、明治27年（1894）に赤湯町に設立された金融会社丹泉株式会社の監査役に就任し、同30年（1897）、岐阜県選出代議士・匹田鋭吉らと東京神田三崎町に東京質屋株式会社を設立、32年（1899）には山形県南村山郡平清水村に平清水陶器株式会社を設立して社長に就任、さらに35年（1902）重野謙次郎らと山形日日新聞を創立して主筆兼副社長に就任する。

専務取締役に選任された森山守次は、佐賀県の納富介次郎の次男に生まれたが、祖父の実家である長崎の森山家に養子に行き、森山家を継いだ。森山家祖父多吉郎はわが国最初の外交官で、嘉永元年（1848）、漂流外人マクドナルドに英語を学び、安政元年（1854）ペリーが来航したとき通訳に当たった人である。ペリーは「日本遠征記」の中で森山を最も信頼できる日本人である、と高く評価している。安政4年（1857）、ハリス領事が来日すると通訳にあたり、文久元年（1861）の遣欧使節団には福沢諭吉、福地源一郎らが選任されるが、英国領事オーコックの強い要望で森山多吉郎も同行している。

森山家を継いだ守次は明治32年（1899）、東京大学法科を卒業すると、欧米諸国を視察旅行に出かけ、そのとき知り合った後藤新平と意気投合して師弟の契りを結んだ。後藤が満鉄総裁に就任すると、森山も後藤に呼ばれて、40年（1907）渡満して満洲日日新聞社を設立して社長に就任する。そのときの副社長が西村正雄である。しかし後藤が桂内閣の内務大臣となって内地に引き上げると、守次も西村正雄と一緒に内地に引き上げる。明治45年（1912）3月10日、森山は京橋区日吉町1番地に千住軽便電気鉄道株式会社を設立して社長に就任するが、河川敷問題が隘路となってなかなか工事に着手できず、結局工事に至らずに解散している。彼はタクシー自動車株式会社が設立されると専務取締役に就任した。

試乗会と開業

会社創立総会を終えると、数寄屋橋内の元南町奉行所跡地に本社を新築して（図4-15）、いよいよ開業に向けて準備に取り掛かった。会社では開業を大正元年（1912）8月15日と定め、ジャパン・タイムズはじめ東京の各新聞に広告するとともに、開業に先立って11日、新聞各社の記者20名を7台の自動車に乗せて本社前から大宮の氷川神社まで試乗会を行った。試乗した読売新聞の記者は次のように報じている。

　　自動車はフォードの4人乗り、全体が緑色で、ドアには金でタクシーの「T」に鷲の翼をあしらった紋章が付いている。運転手はカーキに縁の飾りを付けたドイツ風の粋な制服を着ている。運転手の右側に料金計算器があって「FORE HIRE」と書いた赤い金属製の小旗が立っている。出発に際しそれを横に倒すと、直ちに60銭という初乗り料金が表示される。以後半マイル走る毎に10銭加算で、宮城前の凱旋道路を過ぎると70銭と出た。神田神保町で1円になり、巣鴨の電車終点で1円60銭、板橋で2円、氷川神社に到着した時には4円80銭であった。3人で乗れば割り勘で1人1円30銭にしかならない。有楽町を出発したのが午前11時55分で、到着したのが午後1時10分だったから所要時間は1時間15分で、上野からの鉄道とほぼ同じである。東京の郊外や埼玉県の速度制限は時速10マイル（約16キロ）だが、途中30キロを出したところもあるが、逆

にS字の下り急坂があったり、荒川上流の木橋が狭くて車幅すれすれで冷や汗のところもあって、そんな所はスピードが出せなかった。

いよいよ、大正元年8月15日、自動車は本社に1台、新橋駅に3台、上野駅に2台の計6台で開業した。

1週間後の中央新聞大正元年8月21日付には開業したタクシーの営業状況が次のように報じられている。

辻待ち自動車には遊覧客が多い 数寄屋橋内のタクシー自動車は開業から未だ1週間と経たないが、料金の廉いので乗用者が非常に多く、差し当たり6台しか車が無いので、新橋へ3台、上野へ2台、数寄屋橋の本社に1台と備え付けて置くが、各所共に目の廻る程忙しい。朝は夜の白々から夜は11時締切りにしてあるが、車の還って来るのはどうしても1時、2時、場合に依ると3時過ぎに成って、遂々徹夜してしまう様なこともあるそうだ。

矢張り西洋人 先づ開業以来この6日間に乗った人々の顔振れは何んな者かと聞いて見ると、最も多いのは矢張り新橋方面で、帝国ホテル、精養軒、日比谷ホテル等の宿泊人、殊に西洋人が今の処では主なお客様なそうだ。女のお客は比較的少ないが、但し好い人と相乗りで待合へ浸け込む芸妓共も尠なくないが、先ず最も多いのは遊覧客で、此処のところ急用の為に一寸辻待ちの自動車を召ぶと云ふ向きはまだ尠い。又、備へ付け車輌も極めて少ないのだから、そういう需要が有ったとしても到底其の総てに満足を与えることが出来ないのは甚だ遺憾だ、と同社員はこぼして居た。

贅沢な素見（ひやかし） 然しながら2人、3人と同乗が出来るのと、料金の廉いのと、人力車の様に疲れないので、一寸遊びに出掛けようと云ふには3人連れ位で、一つ自動車を奮発しようなどと云ふ向きも尠くない。殊に吉原や洲崎へ自動車で素見（ひやかし）に出掛ける連中もある。最も多かった日には吉原へ7回も行ったとは驚いたものだ。

自動車1日の収入は、と聞いてみると、平均1日1台の自動車で、30円乃至35円位には成って居るが、今の処では之れが辻待自動車の1日の収入額と云ふことが出来ない。車輌が増加して従って辻待自動車が盛んに利用し得るようになったら、実際、幾か程の収入があるかちょっと判らない、との話。最も困るのは遠距離の申込みで、市内の乗客さへ満足が出来ない処だから、遠い処まではとても行けない、と云ふ訳ではないが、先ず市内を主として、成るべく遠距離は断っているそうだ。

また、8月28日の日本新聞は「辻待自動車の繁昌」という見出しで、

タクシー自動車株式会社経営の辻待自動車は未だ試験的時代ではあるが、非常に好成績で、1台1日30余円の収入があるが、会社側の計算に依ると、1日1台13円50銭の平均収入があれば優に1割の配当が出来る勘定であるそうなのが、既にそれ以上の成績を示している。

それで、同会社では先日重役会議を開き、明年末までに500台を運転すること、営業開始の第1着として100台を外国に注文する事に決し、取りあえず箱型5人乗りのランドレー型というのを米国に100台注文した。それで、50台は11月20日までに到着、1月1日から運転すべく、愈々明年1月1日からは100台の自動車が30ヵ所の駐車場に客を待ち、同時に月極めの送り迎え其の他の割引きもするそうである。

従って安価に自動車に乗れる訳で、尚同会社と外人との共同事業で運転手の講習所を設ける計画で、警視庁当局者と数回交渉を重ね、ほぼ同意を得たので、是れも近く校舎建築に着手するそうだ。

と報じている。まさに上々の滑り出しで、2割配当は文句なく可能な状況であった。

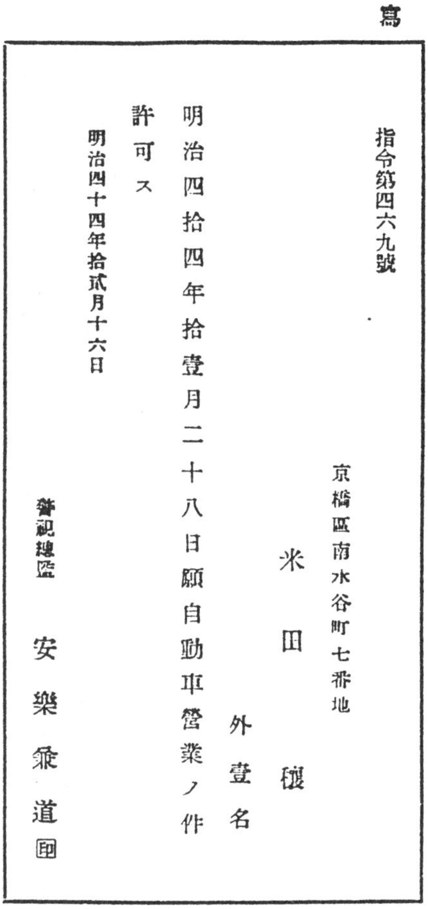

第4章 タクシー自動車株式会社の設立

写

指令第四六九號

京橋區南水谷町七番地

米田　穰
外壹名

明治四拾四年拾壹月二十八日願自動車營業ノ件

許可ス

明治四十四年拾貳月十六日

警視總監　安樂兼道㊞

図4-1　米田穰外1名が明治44年11月28日に出願したタクシー営業の許可書
同年12月16日付で許可された

図4-2　タクシー自動車株式会社設立の出願者・米田穰一家
長男・与一とその生母・奥田ヤス

図4-3　石川県松任市願念寺にある米田穰顕彰碑

図 4-4　望月小太郎と夫人・嘉代子(左)、姪(中)

図 4-5　山梨県身延山竹之房にある望月小太郎顕彰碑と筆者

図4-6　萬辧舎のフォードT型販売広告（萬朝報明治43年12月18日付、17日付）

図4-7　三共合資会社社長・塩原又策に高峰譲吉が贈ったフォードN3人乗り
運転席は塩原又策

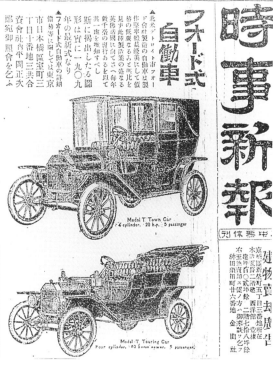

図4-8 時事新報のフォードの広告（明治42年3月9日付）

図4-9 フレザー商会のフォードの広告
（『日本自動車倶楽部年鑑』大正3年）

図4-10　西村正雄（左側の着席している人物）　　図4-11　長晴登と長男・多一（向かって右）、三男・宏（同左）
（府中市小柳町・有森眞子氏提供）

図4-12　山形県南陽市赤湯の長晴登の生家

図4-13　新橋駅前に並んだ3台のフォードT型タクシー

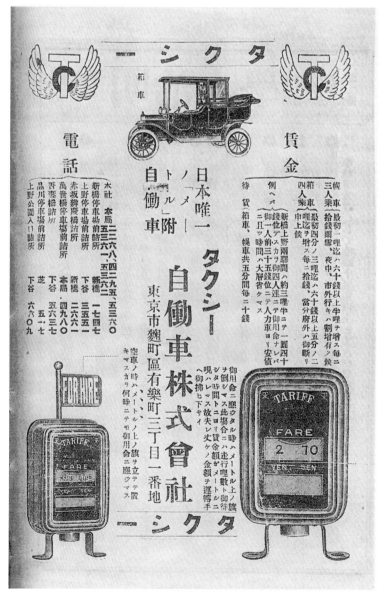

図4-14　大正3年5月発行「東京大正博覧会要覧」掲載のタクシー自動車株式会社広告

第4章　タクシー自動車株式会社の設立

表4-3　大正4年4月1日現在の東京・警視庁管内の自動車ナンバー（『全国自動車所有者名鑑』東京輪界新聞社、大正4年4月より一部抜粋）

番号	住所	所有者
二七九	京橋區新富町六ノ一	ツバメ自動車商店
二八〇	麻布區木村町一八九	阿川彦七
二八一	芝區櫻川町一一	桂川二郎
二八二	荏原郡目黒村下目黒二〇〇	鹽屋益次郎
二八三	赤坂區溜池町三〇	日本自動車株式會社
二八四	赤坂區溜池町三〇	日本自動車株式會社
二八五	日本橋區佐内町三	内國通運株式會社
二八六	日本橋區鳥居坂町五	末延道成
二八七	麻布區鳥居坂町五	金子秀吉
二八八	日本橋區西河岸七	岩倉具高
二八九	麹町區表霞ヶ關三	小川鈉吉
二九〇	麻布區本村町一四四	株式會社臺灣銀行
二九一	日本橋區呉服町一	葛城益三
二九二	下谷區竹町一二	清水揚之助
二九三	麹町區一番町六	林　博太郎
二九四	芝區愛宕下町一ノ三	諸戸清六
二九五	豊多摩郡澁谷下澁谷一五一五	同
二九六	同	同
二九七	同	タクシー自動車株式會社
二九八	麹町區有樂町三ノ一	同
二九九	麹町區有樂町三ノ一	同
三〇〇	麹町區有樂町三ノ一	同
三〇一	麹町區有樂町三ノ一	タクシー自動車株式會社
三〇二	京橋區西豊玉河岸三九號地	西澤德一郎
三〇三	麹町區上二番町三八	中野一太郎
三〇四	本所區綿糸町一四七	汽車製造株式會社
三〇五	麹町區上二番町三八	山本達雄
三〇六	赤坂區福吉町一	黒田長成
三〇七	麹町區八重洲町一ノ一	三菱合資會社
三〇八	麹町區八重洲町一ノ一	三菱合資會社
三〇九	牛込區市ヶ谷仲町五	小池國三
三一〇	京橋區木挽町九ノ二	箕田長四郎
三一一	小石川區林町五〇	莊田平五郎
三一二	豊多摩郡千駄ヶ谷原宿一七〇	藤原俊雄
三一三	赤坂區溜池町三〇	日本自動車株式會社
三一四	同	同
三一五	同	同
三一六	麻布區仲ノ町二二	福澤捨次郎
三一七	京橋區築地一ノ三	杉田幸五郎
三一八	京橋區築地一ノ三	杉田幸五郎

この後の頁でも、339番〜345番、353番〜358番がタクシー自動車株式会社の所有となっており、予定の50台までどんどん車輛を増やしていることがわかる

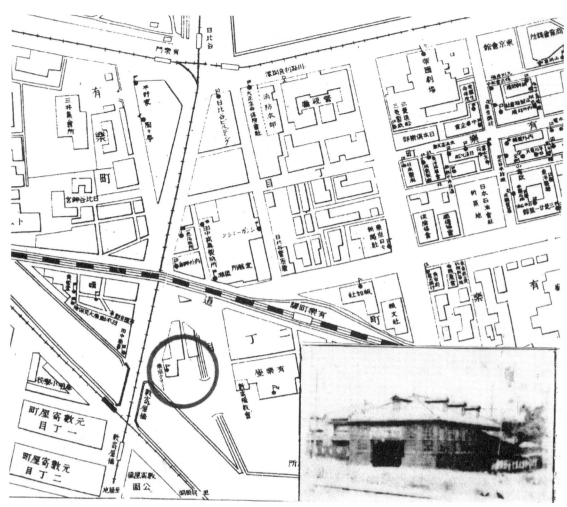

図 4-15　タクシー自動車株式会社（東京市麹町区有楽町 3 丁目 1 番地、明治 45 年 7 月 10 日設立）本社の地図と建物

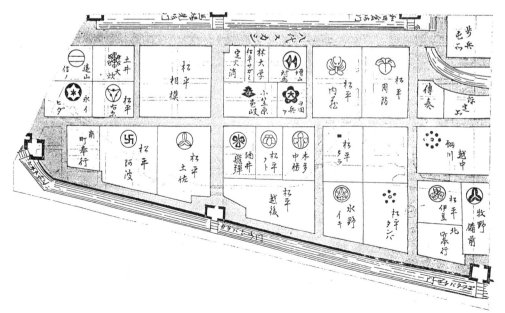

図 4-15（付）　タクシー自動社本社付近の幕末時点の大名屋敷等配置図（慶応 3 年高井蘭山図写）
左下角が数寄屋橋、その内側の南町奉行所跡地に本社が置かれた

図 4-16　タクシー自動車株式会社創立時の記念撮影
本社の塀をバックに事務員たちと　前列左から 4 人目が社長・長晴登、その右が岡田秀男、さらに隣が米田穣

図 4-17　創立翌年の正月、本社の中庭にて
バックにフォード T 型、運転手の左前にタクシー・メーターが見える　向かって左端が山口恒太郎

図4-18（1） タクシー自動車株式会社、各地の営業所の紹介写真（1）（「タクシー自働車株式会社　記念絵はがき」交通博物館提供（以下、図4-18（4）まで同じ））
上・左：東京駅案内所　上・右：品川駅駐車場詰所　下・左：神田和泉町車庫　下・中：東京駅駐車場　下・右：品川駐車場

図4-18（2）　同（2）
上・左：浅草吾妻橋詰所　上・右：赤坂弁慶橋詰所　下・左：浅草吾妻橋駐車場　下・中：飯田町駐車場　下・右：赤坂弁慶橋駐車場

図 4-18（3） 同（3）
上・左：浅草日本堤詰所　上・右：本郷白山坂上詰所　下・左：永楽町修理工場　下・中：新橋駅詰所　下・右：新橋駅駐車場

図 4-18（4） 同（4）
上・左：新宿駅詰所　上・右：上野駅詰所　下・左：永楽町修理工場　下・中：同修理工場内部　下・右：上野駅駐車場

図 4-19　タクシー自動車株式会社創立 5 周年記念写真
大正 5 年（1916）8 月、皇居前に従業員と車輌 93 台を集めた。車輌はこれ以外にも多数あった

図 4-20　東京タクシーキャブ会社、有楽座の正面に所有の自動車が整列

第5章　運転手の重大事故と裁判

相次ぐ交通事故

　開業して20日後の大正元年（1912）9月8日午前8時半、運転手の大塚佐七が本郷区龍岡町を通行していた埼玉県人を轢く人身事故を起こした。これがタクシー会社最初の交通事故であった。さらに小石川区上富坂でも62歳の日雇い労務者が轢かれて両足に負傷をした。次いで大正2年（1913）4月5日、浅草区永住町で市電と並行して走っていたタクシーが、電車から降りた車掌を引き倒して足を挫傷させる事故を起こした。

　これらはいずれも重傷ではなく、示談で済んだが、大正2年1月18日午後1時頃、渡辺文吾運転手が丸ノ内凱旋門付近で起こした人身事故は大きかった。相手は高等商業学校（現・一橋大学）に通う本科2年の学生で、足部の脛骨を骨折して完治する見込みがなく、弁護士を立ててタクシー自動車会社社長・長晴登を相手取り慰謝料請求の訴訟を起こした。その額は何と5,800円という巨額であった。

　会社側も弁護士・中野勇次郎を立てて争ったが、判決は慰謝料として3,000円を支払えというものであった（次頁の判決文参照）。

運転手・渡辺文吾

　事故を起こした渡辺文吾については、業界誌『自動車之日本』第3巻第7号（昭和2年7月号）に「自動車の昔噺・渡辺文吾氏を訪ふ・タクシーの思い出」という記事がある。その一部を取り上げてみよう。

　　渡辺氏は横浜で生まれ、明治44年（1911）に横浜山下町7番館で自動車輸入と修繕、保管業を営んでいたホラー商会に就職した。ホラー氏はボヘミアの工学士で、ホラー氏が輸入したのはフランス製ローリング・クレメントであった。商会には電気応用機械や修理用機械も総て揃っていた。勿論自動車には一通りの部分品は付属品として付いて来たので、修理に不自由はなかった。ローリング・クレメントは東伏見宮家や岩倉侯爵家などが購入された。当時の自動車はオープンカーで、ボアー・ホーンは真鍮のピカピカ光る蛇腹式が付いていて、蛇の口から真っ赤な舌を出しているのが立派で、このホーンはエキゾーストでも、手押しでも鳴るようになっていた。岩倉侯爵は現在は自動車学校に在勤されているが、当時はお屋敷の車庫で、油で汚れた作業服で自動車の手入れをされていた。

　　当時横浜でも自動車は未だ20台ほどしか無く、フォードはフレザー氏の他に2、3人が所有していたが、当時の米国車はほとんどロー・テンション・マグネットだったが、欧州製は既にほとんどがハイテンションだった。東京にタクシー会社が出来て運転手を募集していたので、ホラー商会を辞めてタクシー会社に入社した。フォードは特殊な車であったが、タクシーの運転手は、お客さまを乗せて運転中に故障を起こしたら、すぐ工場に電話して来てもらうようじゃあ一人前の運転手とは言えない。多少の故障くらいは自分で治すくらいでなければ営業用自動車の運転手は務まらないと言っている。

修理工・島田光衛

　大正11年（1922）にタクシー自動車株式会社に入社し、芝浦工場に勤務した島田光衛という人がいる。この人は2年ほど勤務して、関東大震災後フォードの代理店秋口自動車株式会社に移り、昭和6年（1931）2月、シボレー自動車の販売店大洋自動車株式会社、さらに東京トヨタ自動車創

自動車の殺傷

東京地方裁判所判決

東京府荏原郡南品川三丁目百九十九番地
谷文治方

原告 藤本頼介

右訴訟代理人辯護士 野口本之助

東京市麹町区有楽町三丁目一番地
タクシー自動車株式会社
右法律上代理人取締役社長　長晴登

被告

右訴訟代理人辯護士 中野勇次郎

損害賠償要償事件

（二）九二七號、三、二、五日言渡

主文

被告は原告に對し金三千圓を支拂ふべし、訴訟費用は被告の負擔とす

事實

原告訴訟代理人は原告の負擔とす被告の負擔と申立て其他に被告會社の自動車を通行人に衝突せしめ、因て負傷せしめ、而して其負傷の程度が、足部の脛骨腓骨を挫折し、關節部の運動に障害を來し、治療困難に陥り、而して負傷者が負傷當時二十五歳にして、高等商業學校本科二年生たる社會上の地位を有するときは、自働車會社は負傷者に對して慰藉料として三千圓を支拂ふ義務あるものとす

自動車運轉手の過失に因り、自動車を通行人に衝突せしめ、因て負傷せしめ、而して其負傷の程度が、足部の脛骨腓骨を挫折し、關節部の運動に障害を來し、治療困難に陥り、而して負傷者が負傷當時二十五歳にして、高等商業學校本科二年生たる社會上の地位を有するときは、自動車會社は負傷者に對して慰藉料として三千圓を支拂ふ義務あるものとす

右當事者間の大正二年の（ヲ）第九二七號損害賠償要償事件に付き當裁判所は判決すること左の如し

原告訴訟代理人は原告其餘の請求は之を棄却す、訴訟費用は被告の負擔とすの判決を求むと申立て其請求の原因たる事實の要旨に、大正二年一月十八日午後一時頃、原告は麹町區丸ノ内凱旋道路を南北より北方へ通行中、該道路と馬場先門通路との交叉點附近に於て、被告會社の使用人渡邊文吾が、前方より被告會社の自動車を疾走せしめ來りたるを見て、左側砂利の露出せる部分に逃避したるに係らず、渡邊文吾は進路を左方に轉ぜんとしてハンドルを反對

の方向に轉じたる爲め、自動車を原告に衝突せしめ、原告をして一時人事不省に陥らしめ、右足下腿下部を粉砕したり、前額部及右前搏部外敷個所に打撲傷を負はしめたり、原告は爾來同年六月九日迄、築地林病院に於て、專心治療を受けたるところ、足部の屈伸の骨折は漸く接合するに至りたるも、右足關節部に於て正坐することに能はず、撞木杖により左足を用ひて歩行することを得たるも、而も如此不具の狀態に、到底回復の見込なきに至りたり、原告は負傷當時二十五歳にして、東京高等商業學校本科二年に在學し、將來身の大半は作爲に提げざる所あらんとしつゝありしに、今や其希望の大半は抛擲せざるを得ざるに至り、精神上忍ぶべからざる苦痛を蒙りたるを以て、被告に對し慰藉料金五千八百圓の支拂を求むることゝし、立證として甲第一號乃至第六號證を提出し、證人長沼吉平、遠藤直之助の證言並に鑑定人茂木藏之助の鑑定の結果を援用し、乙第一、二號證の成立を認めたり。

被告訴訟代理人は、原告の請求を棄却するとの判決を求め、其答辯して、其職務の日時場所に於て、原告訴訟代理人主張の日時場所に於て、被告會社使用人渡邊文吾が、其職務の執行中操縦に係る被告會社の自動車を原告に衝突せしめ、原告の足部に負傷し、大正二年六月九日迄林病院に入院治療を受けたること、並に原告が負傷當時二十五歳にして、東京高等商業學校本科二年に在學中なりしことは、總て之を認むるも、右衝突が前記渡邊文吾の過失に基くものなることは之を否認し、渡邊文吾の過失に基くものなる否定し、渡邊文吾の過失に基くものなることはを否認し、同人は明治四十四年十月以來自動車の運轉術を練習し、大正元年八月七日更に警視廳より運轉手の免許を得、爾來何人の素行性格等に付、充分なる調査を爲すとも乙第一、二號證を提出したりと調督に任ずとも非常同人に對し、警視廳令其他運轉上に關する諸般の心得を訓戒し居たるものなるを以て、事實の監督に付ても、亦相當の注意を爲したるものなりと謂ふにあり、立證として乙第一、二號證を提出し、證人森山守次の證言を援用し、甲各號證の成立を認めたり。

理由

案するに原告主張の日時場所に於て、被告會社の使用人渡邊文吾が、職務の執行として其操縦に係る自動車を原告に衝突せしめ、之れが爲めに原告は足部に負傷し、大正二年六月九日迄林病院に入院治療を受け、東京高等商業學校本科二年に在學當時二十五歳にして、目下衝突が渡邊文吾の過失に基くものなることは甲第五號證の供述に基くものなることは甲第五號證に徵するに、同人が被告會社の藤本頼介に疎介して同人に對相當の注意を與へたる常事者間に爭ひなく、右衝突當時原告藤本頼介に對相當の注意を與へたる常事者間に於て、同人が被告會社の自動車に對に於て、自動車の進路を左方に避けたるが、渡邊文吾の自動車を操縦して、凱旋道路を廻轉したる旨の記載あるも、未だ以て右事實を認むるに足らざるが故に、被告の抗辯として茂木藏之助の鑑定及乙第二號證を綜合すれば、原告は右衝突に因り右足の脛骨及腓骨を挫折せしめられ、其後醫療に依り右骨折は正當なる位置に癒合することを得たるも、右足關節部の運動に障害を殘したるに至らしめ、右關節部の歩行及正坐に困難を感ずるに至らしめ、或は長時間の歩行及正坐に困難を感ずるに至らしめ、其後骨折部に骨成形術を施して骨に正しを正す位にも復すれば、或は右障害を矯正し得ること能はず、仮令醫療に依り全快するとせんも、又尚ほ長き時日を要する旨の記載あり、原告は右衝突に因り右足の脛骨及腓骨の骨折により、右足關節部の運動に障害に依り癒合に因し、及腓骨を挫折せしめられ、其後醫療に依り癒合することを得たるも、今右骨折及腓骨部の挫折に因る正當なる結果として斯かる苦痛を蒙りたることを認むるを以て、原告の右負傷の程度及原告が負傷當時二十五歳にして、東京高等商業學校本科二年生たる事實を綜合すれば、被告が原告に對し慰藉料として金三千圓の支拂ふ義務あるものと認め、原告の蒙りたる精神上の損害に對し、金三千圓を以て相當の慰藉料と認むるを以て、高等商業學校本科二年生たる事成形術を施して骨折の部分を正當なる位置に復すれば、成績は右に説明するが如き障害を除き骨折に依り癒合することは正當なる結果にして、苦痛を蒙りたる部分を正當に回復することは能はざるを以て、原告の本訴請求は金三千圓に對する部分を以て正當なるも其餘の慰藉料に關する部分は失當と認むるを以て、民事訴訟法第七十三條第一項を適用し、主文の如く判決したり

東京地方裁判所第三民事部
裁判長判事　三瀦忠彦
判事　椎津盛一
判事　三宅正太郎

大正2年1月18日の事故の判決文（『交通世界』大正3年4月5日）

立と同時に常務取締役兼営業部長に就任。戦後の21年（1946）12月に埼玉トヨタ自動車株式会社を設立して社長になった人であるが、著書『クルマ人生65年』（埼玉トヨタ自動車株式会社、1989年7月刊）の中で、タクシー自動車株式会社時代について、次のように述べている。

図5-1　修理工・島田光衛
後に埼玉トヨタ株式会社社長になる

　大正11年（1922）4月、タクシー自動車株式会社に入社し、修理部に配属された。修理部は芝浦、現在のヤナセ本社の近くにあり、社内では芝浦工場と呼んでいた。
　本社は麹町区有楽町3丁目1番の数寄屋橋畔に設立された、わが国最初のタクシー会社で、資本金は50万円だった。当初の計画ではフォード55台で営業する予定で、私が入社した大正11年頃にはすでに50台を越えていたようだ。この会社が他のハイヤー会社と根本的に違っていたのは、料金算定に自動計算機、すなわちタクシー・メーターを装備したことであった。
　私の配属された芝浦工場には、このタクシー・メーターの故障を直す「いずも（出雲?）さん」という人がいた。私より年配の方で、タクシー・メーターはこの出雲が独りで直していた。毎日大変忙しそうであった。私は、フル稼働するタクシー車をひたすら修理することに追われた。目の回るような忙しさだったが、それでも仕事に楽しみがあった。修理の終わった車を試運転できるからだった。当時誰でも好きな時に出来るわけではない。
　面白い話を披露すると、明治44年10月の東京における自動車運転士の数は九十余人、これに対して自動車総数は12月末で188台と、自動車の方が多かった。うち一般向けが160台、残りが官庁、外国公館用だった。大正2、3年頃になると運転士養成所や自動車学校（註・大正5年以後）が相次いで設立された。私事で言えば、タクシー自動車会社が運転手養成機関であった。
　自動車に興味がわき、早稲田大学付属工手学校機械科に学んだのだが、最初はクルマをいじってみたい、という気持ちが強かった。そうはいってもタクシー会社の仕事は重労働だった。車両修理のフル稼働が続く。その頃のタクシー利用者は、現在のように学校に遅刻しそうになると利用するといった手軽なものではなく、ごくごく限られた人たちだけが利用した。それでもタクシーの車両が少なく、いつでもタクシーはフル稼働だった。修理は短時間に、効率的に、確実に行わねばならなかった。しかし修理が完了すると必ず試運転をして営業所に持って行く。芝浦工場の周囲は、埋立地で何もない。試運転をするにはもってこいの場所だった。試運転のハンドルを握ると晴れ晴れしい気持ちになり、修理しているときも、早く試運転したくて修理に懸命に取り組んだ。こうして、仕事は日を追って楽しいものになった。
　しかし、同社は大正12年9月1日の関東大震災を境に、東京の道路交通環境の整備と相まって、競争激化のウズに巻き込まれ、従来のような営業ではお客さまを確保するのがなかなか厳しくなった。私自身もいつまでも修理と試運転をするよりも、自分でハンドルを握りたい、という気持ちが徐々に強くなるのを抑えることが出来なくなった。
　昼休みに、もう一息だと思いながら仕事に熱中していた。と突然、ドッスーンという音とともにグラグラときた。地震だ。なかなか揺れが止まらない。……大正12年9月1日、午前11時58分に起きたあの関東大震災だ。入社1年半、21歳の私は仕事にすっかり慣れ、仕事が楽しくて仕方がなかった時代だった。

（中略）関東大震災の混乱がまだ残っていた大正13年4月、秋口自動車に移った。しかし、運転免許証がない。さっそく、運転免許証を取ることにした。運転には自信がある。警視庁の本庁に行った。その頃警視庁の本庁は、関東大震災で庁舎が焼け落ちたので、仮庁舎だった。そこに出願して、試験官が私の脇に座った。コースは皇居一周、それが出来れば合格だ。当時皇居一周には信号がひとつもない。今考えると簡単な試験だった。法規の試験もなかったと思う。あったとしても難しいものではなかったようだ。その後、皇居一周から明治神宮の裏の方に試験場が移り、いまの試験の原型ができた。（以下略）

もとに戻って、再びタクシー会社と事故について述べてみよう。大正2年4月4日にも、市電の車掌を轢いて重傷を負わせる事故を起こしている。この件については『大正民報』が「タクシー車掌を轢く」という見出しで、次のように報じている。

　一昨日午後8時半頃、上野行き電車422号が浅草区永住町48先を進行中、車掌原島源（32）が乗客の切符を検め、車掌台より飛び降りた刹那、電車と併行し来りし麹町区有楽町3の1タクシー自動車301号に轢き倒され右足腿部を挫折して人事不省に陥りたるよし、運転手八巻珠重は取調べ中

また翌年12月12日にも電車と衝突する事故を起こしている。その件について東京毎夕新聞は「自動車電車と衝突して運転手は人事不省」として次のように書いている。

　今午前零時30分、麹町区有楽町タクシー自動車会社自動車353号が日本橋区通3丁目、丸善前を疾走中、同所の電柱に衝突し、タンクを破壊して進退の自由を失いたる処へ上野発三田行きの最終電車1380号運転手菅野清作（32）車掌花村幸吉（22）が進行し来り、斯くと見てブレーキを絞りたるも惰力にて衝突し、自動車は転覆し、同運転手太田良吉（26）、助手賀川武雄の2人は地上に投げ飛ばされ、良吉は右足及び後頭部を打ちて人事不省となり、下榎町の花岡医院に担ぎ込まれたが、一時は非常な騒ぎとなりしと

経営陣の辞任続出と山口恒太郎

　これらの人身事故の高額な賠償は経営陣に大きなショックを与えた。まだ営業開始してから半年も経っていなかったし、既に米国に100台の追加注文を出している。これから車両が50台、100台と増車したら、このような事故はさらに頻繁に起こる可能性がある。とすれば、営業成績は順調でも、このような事故による賠償のため会社が窮地に陥ることは避けられない、と経営陣の多くが憂慮し、辞任する者が続出した。

　大正2年4月20日、副社長・森山守次が辞任し、同年5月16日監査役・新藤新平が辞任、翌年5月20日、取締役・米田穣と山口勝蔵が同時に辞任、さらに同年7月10日、監査役・望月小太郎が辞任した。

　取締役、監査役10人のうち半数の5人が相次いで辞任した。さらに大正5年（1916）8月25日、社長の長晴登が脳溢血で急死した。政友会の幹事として、大臣を目前にしての彼の死は、前年の大正4年（1915）3月25に行われた第12回総選挙にまさかの落選を喫したショックに原因があったと噂された。

　山形日報大正5年8月29日付は「長晴登氏逝く」として次のように報じている。

　東京市本郷区龍岡町34番地前本県選出代議士、政友会所属、勲2等長晴登氏は25日、午後3時頃より発病し、午後5時20分心臓麻痺にて逝去せり、行年51、氏は東置賜郡赤湯村出身明治27年初めて代議士となり、昨年度まで引き続き選出され、現にタクシー自動車株式会社社長たり、3男2女あり、氏未だ老いたる死にあらず、大志を抱きて逝く、悼むべし

　タクシー自動車株式会社の株主や経営陣には政治家が多かった。選挙には多額の運動費がかか

る。彼らは選挙運動資金を会社の売上金から流用していた、と業界誌『モーター』大正4年5月号の中で、主筆氏がすっぱ抜いている。

　主筆氏はその記事の冒頭に「ここに記載した人物や会社については、当人の信用を重んずる趣旨から秘密を守って明らかにしないが」と前置きして、タクシー会社の営業成績は順調に行っているのに、なぜか会社の財政状態が四苦八苦なことを不思議に思って調査してみると、大正4年3月に行われた第12回の衆議院議員選挙は、憲政史上未曾有といわれる民衆の憲政擁護運動が激しく、大正維新ともいわれるものであった。そのため大株主や経営陣に政治家が多いタクシー会社役員の中には、会社の公金を選挙運動に流用した者がいることが判明した、と述べている。経営陣の辞任は、交通事故だけが原因ではなく、彼らの選挙資金流用の問題があったようである。

　死去した長晴登に代わって、暫定的に取締役・山口恒太郎と岡田秀男の両人が代表取締役に就任した。山口恒太郎は明治6年（1873）2月10日、福岡県人山口兵三郎の長男として和歌山県牟婁郡新宮町（現・新宮市）に生まれた。同23年（1890）に家督を継いだが、上京して英吉利（イギリス）法律学校（現・中央大学）に入学し、卒業すると国民新聞の記者となり、日清戦争後福岡日日新聞の経済部長、次いで主筆となった。同39年（1906）退社して博多電燈株式会社社長、次いで九州電燈鉄道株式会社常務取締役、東邦電力株式会社取締役となり、博多湾鉄道株式会社、北九州炭鉱株式会社、豆州金山会社の各取締役に就任、さらに大正10年（1921）、松永安左衛門の後を受けて第8代博多商工会議所会頭に推された福岡実業界の重鎮である。また政治家としては大正6年（1917）、13年（1924）、昭和3年（1928）と総選挙に当選し、政友会本部総務として活躍した。

　山口恒太郎は代表取締役に就任すると、関西地方に進出を計画して、大正5年（1916）10月3日、社員山口福則を支配人に選任して大阪梅田駅構内に、大阪最初のタクシー会社・大阪タクシー自動車株式会社を設立し、次いで大正12年（1913）には名古屋西区に名古屋タクシー自動車株式会社を、さらに大正14年（1925）には神戸タクシー自動車株式会社を設立して、関西地方に進出した。

図5-2 島田光衛が入社して勤務したタクシー自動車株式会社芝浦工場の広告

図5-3 社長・長晴登の死去により取締役・山口恒太郎、岡田秀男の2人が代表取締役に就任、その際の記念写真
前列向かって左から4人目が西村正雄、5人目が山口恒太郎、その右が岡田秀男（府中市小柳町・有森眞子氏提供）

第6章　タクシー自動車株式会社の関西地方進出

イヅミヤ自動車商会から
大阪タクシー自動車株式会社へ

　明治45年（1912）6月、大阪市東区豊後町の福島喜蔵という人が大阪梅田駅の西隣構内に「イヅミヤ自働車商会」を設立して、単独で3万円を出資、米国製EMFとハップモビルなど4台を購入して、自動車販売とハイヤー業を始めた。

　自動車の魅力にとりつかれた彼は、経営などそっちのけで、岐阜を振り出しに神戸から山口、さらに九州に渡って福岡方面まで宣伝を兼ねたドライブを挙行した。八幡筋竹尾町の馬車屋佐保を専属ボディー工場として、当時としては珍しい横乗り前向き8人乗りにボディーを改造したりして、各地の新聞に広告を出して派手に宣伝した。

　しかし、そうした経営を度外視した彼のお祭り騒ぎにより3年間で資金を使い果たし、西区高砂町の元市会議員金井金市に自動車4台と修理道具など一切と営業権を7,000円で売り渡して解散してしまった。

　譲り受けた金井金市は事業を受け継ぐ気持ちはなく、東京のタクシー自動車株式会社の柴山安や山口恒太郎に、大阪にもタクシー会社をつくらないか、と相談を持ちかけた。梅田駅の構内という好適な立地条件のうえ、営業権をそのまま委譲できるというので、山口恒太郎は大正5年（1916）10月3日、金井金市を取締役に引き入れて資本金8万円の大阪タクシー自動車株式会社を設立した（表6-1）。

　この計画は成功して、大阪タクシー自動車株式会社は、やがて東京を凌駕して日本最大のタクシー会社となった。さらに山口恒太郎は大正12年（1923）10月26日、名古屋にも進出して名古屋タクシー自動車株式会社を設立する。

アカエス自動車から
名古屋タクシー自動車株式会社へ

　愛知県最初のタクシーは、大正3年（1914）頃に名古屋市中区入江町3丁目6番地の加藤五兵衛が個人経営で始めたアカエス自動車であった。彼はその後の大正7年（1918）5月15日、事業を拡大して資本金10万円の株式会社組織にしてアカエス自動車株式会社を設立、自動車を9台に増車して（車種はフォード1台、ビュイック7台、プロトス1台）、名古屋駅構内営業の許可をとっ

表6-1　大阪タクシー自動車株式会社の設立登記

本店	大阪市北区梅田町大阪駅構内
目的	自動車を以て旅客の運送を為す事、自動車其付属品及運転用品等の販売並に賃貸
設立年月日	大正5年10月3日
資本の総額	金8万円
1株の金額	金50円
各株払込額	金12円50銭
取締役の住所氏名	東京市赤坂区青山南町5丁目51番地　　柴山　安
	福岡市橋口町26番地　　山口恒太郎
	東京市芝区三田台町1丁目30番地　　岡田　秀男
	大阪市西区高砂町2丁目9番地　　金井　金市
	大阪市北区上福島中4丁目236番地ノ4　　島田　三郎
監査役の氏名住所	東京市本所区相生町4丁目17番地　　中野勇治郎

表6-2 アカエス自動車株式会社の設立登記

本店	名古屋市西区玉屋町1丁目17番地
目的	自動車及自動自転車の賃貸
設立年月日	大正7年5月5日
1株の金額	500円
各株払込額	125円
取締役の住所氏名	名古屋市中区入江町3丁目6番地　加藤五兵衛 同市　西区花車町11番地　猪飼鉄太郎 同市　西区小舟町1丁目13番地　長谷川真之助 同市　東区富沢町4丁目6番地　梅沢辰蔵 同市　中区入江町3丁目6番地　加藤五郎
監査役の住所氏名	名古屋市東区富沢町4丁目4番地　梅沢岩吉 同市　東区堅代官町1番地　船橋忠五郎 名古屋市西春日井郡杉村大字杉村230番戸　犬飼弘

表6-3 名古屋自動車工業株式会社の設立登記

本店	名古屋市西区東柳町74番地
目的	新古自動車売買及其仲介、自動車付属品及部分品輸入、製造販売、自動車製造及改造、自動車用油類販売、諸機械器具並に工業用材料の販売製造、右に付帯する業務、必要に応じ前項の事業を他と共同経営し、又は之れに投資し、若しくは前項の事業を目的とする会社を設立する為め其の発起人と為ることを得
設立年月日	大正9年4月5日
資本の総額	10万円
1株の金額	50円
各株払込額	12円50銭
取締役の住所氏名	名古屋市中区梅園町24番戸　神谷啓三 同市　西区東柳町74番地　丸井真之助 同市　西区東柳町74番地　尾崎鉄之助 同市　西区北米町14番地　早川致一 同市　東区板屋町19番地　佐藤雅 同市　西区六旬町92番戸　神谷誠一 同市　東区車道東町160番地　山田平十郎 同市　中区東角町15番地　柴田一
会社を代表すべき取締役の氏名	神谷啓三
監査役の住所氏名	名古屋市東区西魚町1丁目3番地　加藤寛三 同市　中区旅籠町50番戸　河津友吉 同市　西区船入町1丁目28番地　上田広吉 同市　中区若松町16番地　松井藤一郎

てタクシー業も始めた（表6-2）。これが愛知県内最初のタクシー営業であった。

次いで翌大正8年（1919）1月20日には尾崎鉄之助が名古屋市西区東柳町74番地に個人経営の名古屋自動車商会を設立し、彼も翌年4月5日、神谷啓三らと資本金10万円の名古屋自動車工業株式会社を設立した（表6-3）。

その後、アカエス自動車株式会社は名古屋自動車工業株式会社と合併して解散し、さらに名古屋自動車工業株式会社は営業不振で、大阪タクシー自動車株式会社に買収され、名称は名古屋タクシー自動車株式会社となる。その経緯を登記簿に示す（表6-4）。

神港タクシー株式会社の設立

山口恒太郎はさらに大正14年（1925）4月10日、神戸の運送会社・自動車運送株式会社の代表取締役に就任する。この会社はもともと大正10年（1921）12月21日、当時小林有文が社長、本社が神戸市相生町2丁目21番地に「神戸自動車運輸株式会社」として設立された会社で、大正11年（1922）1月15日に社名を「自動車運送株

表 6-4　アカエス自動車→名古屋自動車工業→名古屋タクシー自動車の登記

アカエス自動車株式会社の解散登記
　　大正 9 年 11 月 14 日、名古屋市西区東柳町 74 番地、名古屋自動車工業株式会社へ合併

名古屋自動車工業株式会社の変更登記
　　大正 9 年 11 月 14 日、名古屋市西区玉屋町 1 丁目 17 番地、アカエス自動車株式会社を合併したるにより資本を左の通り増加す
　　増加したる資本の総額　　10 万円
　　資本増加決議の年月日　　大正 9 年 7 月 20 日
　　各新株に付き払込額　　　12 円 50 銭

名古屋自動車工業株式会社の解散登記
　　株主総会の決議により大正 12 年 8 月 8 日解散す
　　清算人の住所氏名　　名古屋市西区本町 3 丁目 5 番地　　　安田量之助
　　　　　　　　　　　　同市　中区南辰巳町 62 番地　　　　　塚本　俊吉

名古屋タクシー自動車株式会社の設立登記
　　本店　　　　名古屋市西区東柳町 74 番地
　　目的　　　　自動車を以て乗客の運送をなすこと、自動車其付属品及運転用品等の販売並に賃貸、熱力発動機及之に関連せる品目一切の製作、修理、改造、輸入販売、委託売買、賃貸、保管預、海運業、以上各号に関連する事業の請負等一切の業務
　　設立年月日　大正 12 年 10 月 26 日
　　資本の総額　金 30 万円
　　1 株の金額　金 50 円
　　各株払込額　金 12 円 50 銭
　　取締役の氏名住所　　山口恒太郎　　福岡市橋口町 26 番地
　　　　　　　　　　　　山口　福則　　愛知県宝飯郡八幡村大字平尾字中郷 75 ノ 3
　　　　　　　　　　　　岡田　秀男　　東京府荏原郡大崎町字上大崎 807 番地
　　監査役の氏名住所　　今井長之助　　大阪市西区江戸堀南通 4 丁目 8 番地

式会社」と改称したが、経営難で、大阪タクシー自動車株式会社社長・山口恒太郎に会社再建を申し出たものである。

　山口は代表取締役に就任すると、山口福則、金井金市を取締役に就任させ、社名を「神港タクシー株式会社」と改称した。その後、神戸市街自動車株式会社の社長吉井鉄四郎から合併の申し入れがあったことから、昭和 2 年（1927）11 月 5 日、同社と合併した。その際、登記簿上は、神戸市街自動車が（新）神港タクシーに社名変更して存続し、（旧）神港タクシーが解散した形をとっている。当時の事情は明らかではないが、非常に珍しいケースであり、その経緯は非常に複雑であるから関係会社の登記簿を別に示す（表 6-5）。

　こうして、東京のタクシー自動車株式会社社長・山口恒太郎は、山口福則、金井金市とともに大阪タクシー自動車株式会社、名古屋の名古屋タクシー自動車株式会社、神戸の神港タクシー株式会社を設立して、関西のタクシー界に進出した。

表6-5　神戸市街自動車、神戸自動車運輸から神港タクシーに至る登記

神戸市街自動車株式会社の設立登記
- 本店　　　神戸市多門通5丁目102番屋敷
- 目的　　　市内全線乗合自動車及び貸し自動車、タクシー自動車、瓦斯倫防火貯蔵場、メーター販売、自動車に関する技術者の養成、自動車製造販売、修繕及び之に付随する一切の事業、其の他前各項に関連する総ての事項
- 設立年月日　大正10年9月17日
- 資本の総額　金200万円
- 1株の金額　金50円
- 各株払込額　金12円50銭
- 取締役の住所氏名
  - 兵庫県有馬郡道馬場村塩田50番地　　　　山脇　延吉
  - 同県　神戸市中町通3丁目124番地　　　　西村徳三郎
  - 同県　同市　多門通5丁目102番屋敷　　　丸上　貫一
  - 同県　同市　葺合吾妻通1丁目20番屋敷　　島田　鶴吉
  - 同県　同市　中町通2丁目9番屋敷　　　　歳安　誠一
  - 兵庫県武庫郡本庄村深江字急島825番地　　松井善太郎
  - 同県　美方郡射添川会村238番屋敷　　　　谷　　襄
- 監査役の住所氏名
  - 兵庫県神戸市都由乃町2丁目14番屋敷　　　勝岡　厚
  - 同県　同市　松水通5丁目38番屋敷　　　　西村　義則
  - 同県　同市　多門通5丁目4番屋敷　　　　丸上　博康

神戸自動車運輸株式会社の設立登記
- 本店　　　神戸市相生町2丁目21番屋敷
- 目的　　　自動車貨客の運輸及賃貸並に売買、修繕、委託販売、其他之に付帯する一切の業務
- 設立年月日　大正10年12月21日
- 資本の総額　金20万円
- 1株の金額　金50円
- 各株払込額　金12円50銭
- 取締役の住所氏名
  - 兵庫県神戸市平野雪御所町30番屋敷　　　吉井鉄四郎
  - 同県　同市　相生町2丁目9番地　　　　　小林　有文
  - 同県　同市海岸通2丁目14番屋敷　　　　　戸田　宗吉
  - 同県　同市兵庫四番町3丁目5番地　　　　安井　忠治
  - 同県　同市　栄町通6丁目23番地　　　　　秋山　斧助
  - 同県　同市　東川崎町1丁目2番地　　　　鈴江満二郎
  - 同県　同市　水木通3丁目22番屋敷　　　　喜来亀太郎
- 会社を代表する取締役　吉井鉄四郎、小林有文
- 監査役の住所氏名
  - 兵庫県神戸市橘町4丁目216番屋敷　　　　河井平次郎
  - 同県　同市　生田町2丁目40番屋敷　　　　森川保三郎
  - 同県　同市　元町通5丁目35番地　　　　　船井　長治

神戸自動車運輸株式会社の変更登記
- 大正11年1月15日、商号を自動車運送株式会社と変更す
- 取締役にして代表取締役小林有文、同吉井鉄四郎、取締役戸田宗吉、同秋山斧助、同鈴江満二郎、同喜来亀太郎は大正14年4月10日辞任し、同日左記の者新たに就任す
- 取締役
  - 山口恒太郎　　福岡県福岡市橋口町26番地
  - 山口　福則　　愛知県宝飯郡八幡村大字平尾字中郷753番地
  - 金井　金市　　大阪市南区久左衛門町58番地
- 会社を代表すべき取締役　山口恒太郎、山口福則
- 同日、監査役森川安三郎、同船井長治、河戸平次郎は各辞任し、同日左記の者新たに監査役に就任す
- 監査役　片桐　貞央　東京市小石川区茗荷谷町64番地
- 同日商号を　神港タクシー株式会社　と変更す

神港タクシー株式会社の解散登記
- 昭和2年11月5日、神戸市多門通5丁目102番屋敷、神戸市街自動車株式会社と合併したるに依り解散す
- 同日、神戸市街自動車株式会社は、商号を左記の如く変更す
- 商号　神港タクシー株式会社

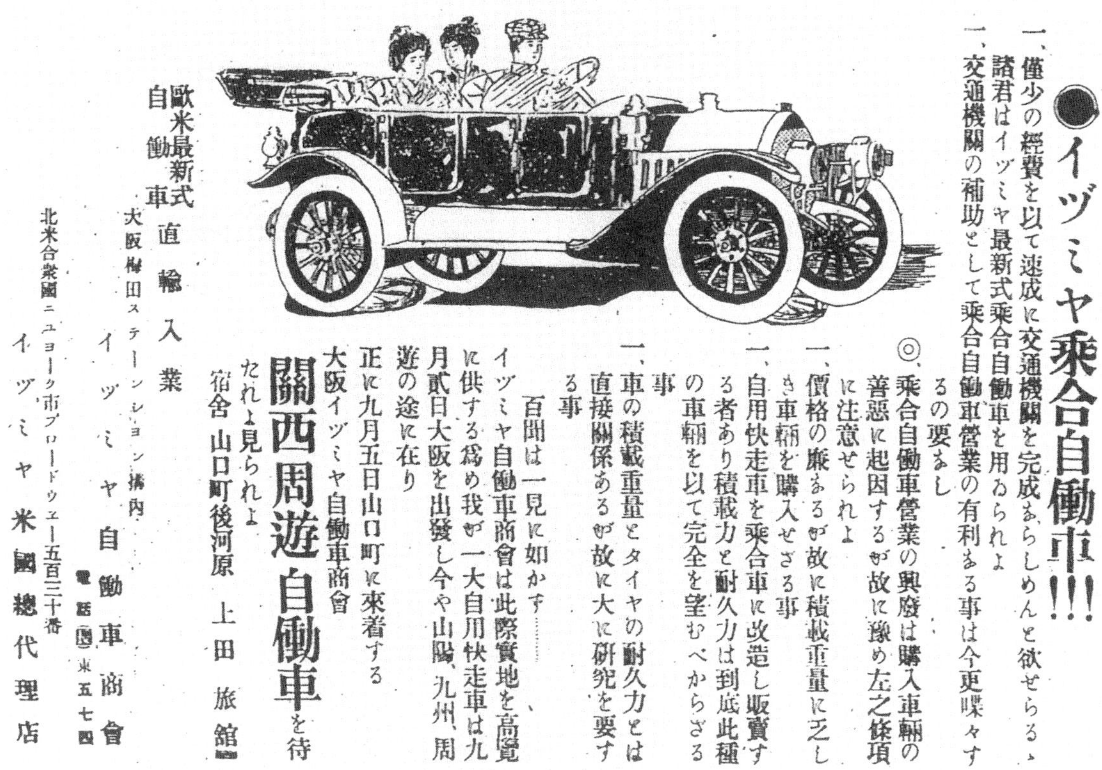

●イヅミヤ乗合自働車!!!
一、僅少の經費を以て速成に交通機關を完成ならしめんと欲せらるゝ諸君はイヅミヤ最新式乗合自働車を用ゐられよ
一、交通機關の補助として乗合自働車營業の有利なる事は今更喋々するの要なし
◎、乗合自働車營業の興廢は購入車輛の善惡に起因するが故に豫め左之條項に注意せられよ
一、價格の廉なるが故に積載重量に乏しき車輛を購入せざる事
一、自用快走車を乗合車に改造し販賣する者あり積載力と耐久力は到底此種の車輛を以て完全を望むべからざる事
一、車の積載重量とタイヤの耐久力とは直接關係あるが故に大に研究を要する事
百聞は一見に如かず……イヅミヤ自働車商會は此際實地を高覽に供する爲め我が一大自用快走車は九月貳日大阪を出發し今や山陽、九州、周遊の途に在り正に九月五日山口町に來着する
大阪イヅミヤ自働車商會
關西周遊自働車を待たれよ見られよ
宿舍 山口町後河原 上田旅館
歐米最新式自働車直輸入業
大阪梅田ステーション構内
イヅミヤ自働車商會
電話（西）東五七四
北米合衆國ニユヨーク市ブロードウエー五百三十番
イヅミヤ米國總代理店

図 6-1　大阪タクシー自動車の前身、イヅミヤ自動車商会の広告

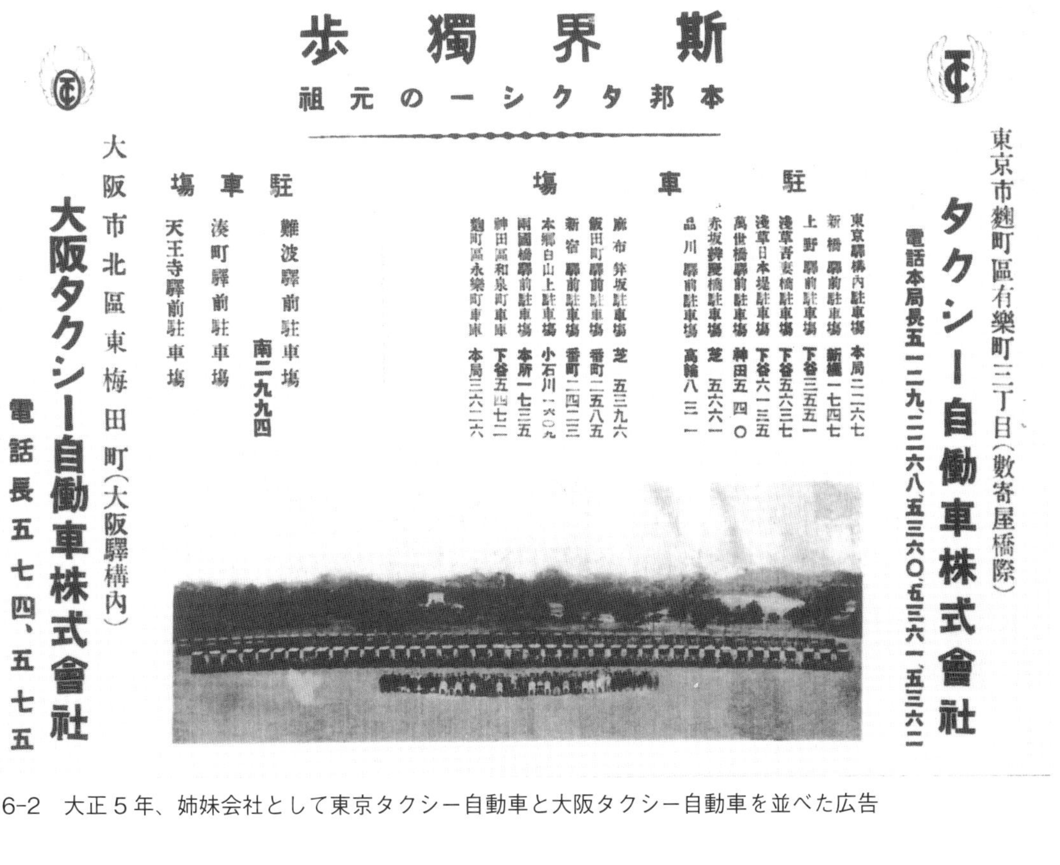

斯界獨歩
本邦タクシーの元祖
東京市麹町區有樂町三丁目（數寄屋橋際）
タクシー自働車株式會社
電話本局長五一二九、二一六八、五三六〇、五三六一、五三六二
駐車場
東京驛構内駐車場 本局二一六七
新橋驛前駐車場 新橋一七四七
上野驛前駐車場 下谷三五五一
淺草吾妻橋駐車場 下谷五六三七
淺草日本堤駐車場 下谷六一三五
萬世橋驛前駐車場 神田五四〇
赤坂辨慶橋駐車場 芝 五六六一
品川驛前駐車場 高輪八三一
麻布笄坂駐車場 芝 五三九六
飯田町驛前駐車場 番町二五八五
新宿驛前駐車場 番町二四二三
本郷白山上駐車場 小石川一六〇九
兩國橋驛前駐車場 本所一七三五
神田區和泉町車庫 下谷五四七二
麹町區永樂町車庫 本局三六二六
駐車場
難波驛前駐車場 南二九九四
湊町驛前駐車場
天王寺驛前駐車場
大阪市北區東梅田町（大阪驛構内）
大阪タクシー自働車株式會社
電話長五七四、五七五

図 6-2　大正 5 年、姉妹会社として東京タクシー自動車と大阪タクシー自動車を並べた広告

図6-3　大阪タクシー自動車株式会社本社

図6-4　大阪タクシー自動車は繁華を極める大阪駅前に本社を構えた

第7章　運転手になるまで

運転手の養成

　さて、その後のタクシー自動車株式会社の経営は順調で、会社は大正5年（1916）までにフォード箱型車を100台に増車したが、それでも需要に追い付けないので、増車をはかることとした。そのためには多くの運転手が必要であったが、しかし自動車学校などない時代で、運転手を募集しても思うように集まらなかった。そこで会社では東京駅前の永楽町に修理工場をつくると同時に、修理工や運転手、助手を独自に養成した。この整備工場は後に芝区芝浦町2丁目1番地に移って運転手の養成の他に修理やボデーの架装なども行った。

　本章では当時の運転手事情について述べてみよう。大正5年までは自動車学校がなかった。では、運転手になるにはどうしたらよかったのだろうか。

「自動車物語」

　読売新聞の大正2年（1913）3月15日付から14回にわたって「自動車物語」という連載物が掲載されているが、その第3回（3月17日付）と第4回（同18日付）に運転手志望者が免許を取るまでの涙ぐましい苦心談が載っているので、ここで紹介しよう。

▲無駄働きの見習　試験々々の世の中でチョイと困って俥夫（人力車夫）にならうとしても其処にも簡略ながら服装や土地に関する試験があり、ましてや何千円とする代物を激しい往来の間に自由自在に動かさなければならない自動車の運転手に試験除外の御目こぼしがあるわけがない

▲横暴を防ぐ　而して三百余台の自動車に対する運転手の数は警視庁の台帳に依れば東京自動車会社の西田君を始めとして総て394名で、孰れも警視庁の試験にパスし免許証を有する天下の運転手様である、警視庁では運転手の横暴を制する為め数の増加をはかる方針を採って居るので、その為め今日の試験は極く容易なものだ相だが、若し欧米の自動車運転手の修業なるものを聞けば、今に日本でもそんなになるかと驚くばかりのものがある、欧米の学校案内記にも自動車学校が其の数頁を占領して居るので、運転手希望者は先ず履歴書と紹介状を懐中にして自動車販売店乃至は貸自動車店へ志して行かねばならぬ

▲多すぎて困る　此の紹介状は志望者が多すぎるため、それを制限する道具で、職業紹介所の店頭貼り出しにも運転手の文字は見えない、それは此の供給過多の為めである、店主は多数の希望者の中から鍛冶屋、機械工、大工等の経験のある者をホンの僅かづゝ採用して予備運転手とするので、セール・フレザー会社、タクシー会社等では之等を常に30名ほど仕込ませている、尤も何処でも此の予備運転手に規則正しい組織だった教育を与える所はないので、就業中は衣食住費から小遣い銭まで総て自分持ち、社主からは1銭1厘も支給されない、而して厭なら出て行って呉れといふ気の強さを見せている

▲男泣きに泣く　就業中の仕事は朝の8時頃に出勤して油差しから洋燈掃除、自動車掃除、修繕の手伝いと日の暮れるまで高麗鼠の如くに働き、厳冬の季節には冷たい鉄器を握り凍った油を持つため手の先の感覚を失う程である、真夏に際しては油の混じった汗が気味悪く顔や手を流れて多くの人からは汚ながられ、意地の悪い運転手や技師からは仕事の鈍さを罵倒され、殆ど人間の対面を粉砕されるから、或ひは自動車

の陰で男泣きに泣く事もあるそうだ

▲狭くなった　斯くして機械の性質、組立を記憶し運転の仕方を覚えて自動車運転手試験所の晴れの場所に立つのである。月謝にしては高い此の無駄働きを半年乃至1年は続けねばならぬ、其の代わり免許付きとなった暁は無駄遣いの出来る多額の収入があるのだから、修業時代はそれを前途の光明として、朝に晩に未来の営業を夢見つゝ働いて居るのである、然し近来は人間が狡猾になった、此の下っ端の苦労を抜きにして最初から運転台へ助手として乗り込み、ブレーキの掛け方と把手（ハンドル）の廻し方を呑み込む丈けで免許証を射落とそうと謀らむ者が多くなったそうだ

▲口頭試験はお揃で落第　赤煉瓦の警視庁を北側から入ると長椅子の待合室があって、其の右が交通課、其の左の奥が技術官室である、運転手受験者は交通課に出願して技術官室の技師原田九郎氏、近藤高瀬の両技師から試験を受けなければならぬ

▲君は手僕は者　試験は日曜を除いた午前中で、原田技師が便宜上作製した免許下付願の書式に従って、住所氏名を明記し、履歴書と一緒に安楽警視総監宛てに差し出す、但し貸自動車店の運転手は「手」で、華族や富豪の御抱え運転手は手と書いてならぬ、必ず運転者と「者」と認めて差し出すのである、交通課にはキチンと小倉袴を着けた受付と警部補1名、背広2名のお役人が壮士芝居の舞台然と控えて、彼等の願書と履歴書を白い眼でチラリと瞥見した上、技師官室へ廻す、技師官室では技師や技手が之に目を通して、サテ愈々試験となるのである、尤も以前は口頭試験を行ったが、来る者来る者が碌々人間並みの口を利かないので、操車試験のみに改めた、此の残らず口頭試験に落第という現象は要するに運転手に無学の者の多い証拠である

▲世界一の試験場　それが仮令高等文官や外交官試験であろうとも、受験者が堂々と自動車で乗り込む事は珍しい、然るに流石は運転手志望だけあって、何れも立派な自動車で駆け付けるから面白い、而して其の自動車が試験用に供さ れ、受験者が把手を握り、試験官が助手席に着いて警視庁の石段を離れる、▲チョイとここで原田技師の談話を挿入して置きたい、巴里では警視庁内に立派な試験場があって、急坂の上下、全速力の疾走と完全なる試験を行ひ得るに反し、日本では経費の点から是れ等の設備がない、天下の往来、即ち公道を試験に当てているので、不熟練な受験者先生が時に人間や電車に衝突して一大惨劇を演ずる事も珍しくないのは甚だ遺憾だというのである、▲其の如く試験場は広い広い而して長い道路で、疾走場等は試験官の胸の中に畳んであるのだ

▲恐ろしい御面相　ブーブー、ゴトゴトと音響器や発動機の音は一人前の運転手付自動車と変わりが無いが、動かす人の顔付きで慣れた者には想像がつく、及第か落第の瀬戸際、而も試験官との同乗では良い気持ちになれ様筈がない、手は堅く把手に膠の如くくっ着き、眼は正面を切ったまま努力と興奮とで恐ろしい面相と化す、併し試験官の方も呑気では居られず、運転振りを熟視しつつ疾走方向を指示する忙しさ、其の方向は常に一定しては居らぬが、濠端の人通り稀な大道路を取締規定1時間10哩以上で走るのを最初とし、九段坂、三宅坂の上下、電車、荷車、人間の緒が如き須田町付近を一巡して再び警視庁の石段へ横付けとなる、是れでスラスラ運転してしまった者は及第の印に長さ2寸、幅1寸の警視庁の焼き印を押した免許証をガチャリと投げ与えられる、及第者は急に春めいて、今度は運転手台へ反身となり自分の会社、商店等へ差してブーブー、ブーと

発動機協会から東京自動車学校へ

大正3年（1914）に鈴木靖二が、東京市京橋区南紺屋町に「発動機協会」を設立して、発動機の知識普及に努め、同5年（1916）3月に『自動車学教授書』第1号を出版した。これはベストセラーになり、第7号まで出版し、わが国最初の本格的な自動車教授書となった。そこで同協会は五反田に実技の練習所を設置し、同年12月、東京府知事に特殊学校の認可を申請して認可を受け、東京自動車学校と改称した。同校の沿革書には次の

ように書かれている。

▲東京自動車学校の沿革

今や空に陸に滔々として全世界を風靡しつつある発動機の利用も、我が国に於ては未だ漸く其の揺籃時代に過ぎなかった大正の初期、慧眼なる我が鈴木校長は、夙に其の実用的価値と国家的重要性とを洞察し、発動機に対する国民知識育成の急務なることを強調したが、聊かも世の容るゝ所とならず、然も尚一日も忽せに為すべからざることを覚り、大正3年断然自ら立ちて発動機協会を創立し、モーター知識の普及に邁進することゝなった。

先ず多大の物質的及び精神的犠牲を払って、当時未だ我が国になかったガソリン発動機及び自動車の機構に関する専門的研究書、自動車学教授書全7巻を編集し、同好の士に頒ち、以てモーターに関する機械学及び電機学の理論を鼓吹し、他方其の理論の実際化として、自動車操縦、修理の実地練習機関を設け、学理と実際との併行的教育制度を確立したのである。

これ実に我が国に於ける自動車教育事業の濫觴であり、此種の学校として我が国最初の設立である我が東京自動車学校の母体である。尚発動機協会は其の機関紙として発動機新聞を発行し、幼稚なりし我がモーター界に、絶へず豊富なる学理と斬新なる知識とを供給し、斯界の先覚者となって一途に其の発展に資することとなった。

▲東京自動車学校の生誕と昇格

斯くて幾多の創業上の困難と障害とに遭遇しながらも、尚善く突破して只管に斯界の発展を期する折柄、果然発動機に対する国民の覚醒と社会の要求は爆発的に勃興し、発動機協会も大拡張と徹底的改革の時運となり、一方自動車教育機関の整備と完全を期する為に、遂に大正5年12月東京府知事の認可を受け東京自動車学校を設立し、教室、実習場、修理工場等諸般の設備を完成して、名実倶に備はれる我が国最初の公認自動車学校となるに至った。

斯くて大正7年には大暴風に襲われ、又大正12年には大震災のため学校設備全滅の厄災に際会し、教材又殆ど逸散するの辛酸を嘗むる等、屡々悲運に遭遇したが、尚も屈せず、更に一大飛躍を企て、大正14年1月武蔵野線田無駅前に広表3万坪の敷地を選定し、理想的実地練習場と完備せる校舎及び実習工場を建設、東洋無比の自動車教育機関を顕現せしめ、同年9月には本校を昇格し、当時自動車教育機関としては我が国唯一の文部大臣認可になる実業学校となし、揺ぎなき基礎を確立するに至った。

女性運転手第1号渡辺はまと水野千花尾

読売新聞大正6年1月30日付に「自働車の女運転手」という記事が出ている。わが国最初の女性運転手になった渡辺はまと水野千花尾が、この東京自動車学校に入学して勉強しているという記事である。

■「自働車の女運転手」（読売新聞大正6年1月30日付）

府下下大崎町の私立自動車学校に通ってくる生徒の中に、此頃2人の花恥かしい婦人を見ますが、これは水野千花尾（17）さん、渡辺濱子（23）さんと云ひます。自動車運転手が婦人の職業として前途あるを認めて、同校に籍を置くようになったのですが、2人とも成績が良さそうです。卒業の暁には日本最初の自動車運転手が2人出来る訳です。校長の鈴木靖二氏は警視庁では実力さえあれば、女性といえども運転手の許可を出す、と言っているので、卒業すれば免許を貰えるでしょう。しかし、両人とも市内の地理に暗いので、自由に乗りまわすことは当分ちょっと難しいでしょう。男ならば自動車会社に入る法もあるが、女にはなかなか面倒なことがありましょう。そうしなくとも、すでに上流家庭から続々申込みが来ています。それは夫人方が外出なさる時などの付添いとしてですが、その方に行くか、まだ本人たちは決定していないようです。或いは何処か工場のような所で、機械の研究にしばらく行くようになるかも知れません。

この2人は6か月の教習を終えて卒業し、免許

を取ってしばらく白山自動車商会でハイヤーの助手を経験したあと運転手となった。水野千花尾はその後結婚して運転手を辞めたが、渡辺はまはタクシー運転手となり、同業の夫と結婚して「オシドリ運転手」と評判になった。その後、一子を残して夫が早世し、はまはその後再婚せず、昭和8年（1933）5月、警視庁から無事故10年運転手として表彰され、再び話題になった。次の記事はそのときのものである。

■「無事故10年の女運転手、今昔物語、ヘッドライトに照らし出された人生の横顔の数々、その昔の運転手は一廉の技師扱い、今よりはずっと面白かった」（東京日日新聞昭和8年5月11日付）

　大正13年以来10ヶ年間無事故五十数名が今度警視庁から表彰されるが、その中にたった1人の女運転手渡辺浜さん（39）がいる事は興味深い。自動車台数の急テンポな増加に伴わない道路交通施設から帝都の街上は今や未曾有の交通地獄と化している時、彼女の10年の経験は女子職業戦線の貴い記録だ。ヘッドライトに照らされた人生の横顔を彼女に訊こう。10日午前、渡辺さんの勤め先の麹町有楽町有楽タクシーで語る。父が事業に失敗し、兄が運転手をして一家を養っていましたので、大正6年に、当時出来たばかりの東京自動車学校へ志望しましたら、女は前例がないが、どうしたものか、と首を捻る始末なのをやっと頼み込んで入学。大正7年に試験を受けて一人前になりました。当時は円タクは勿論ありません。東京中で200台足らず、それも大部分は自家用で、私のお客さまも余程の急用か、お金もちの方に限られ、新聞社、大会社の社用以外は、女連れの景気の良い方に限られ、が、祝儀を貰うのは普通でした。私は給料を25円くらい頂いておりましたが、女だというので、特に珍しがられて、給料なんか問題にしなくても祝儀だけで2、300円になりました。一般の自動車に対する尊敬が私たちにも反映して一廉の技師扱いでした。

　その頃のスピード制限は時速15マイルでしたが、25マイル出して交番の前を走っても、今のように怒鳴られることもなく、自動車って早いもんだなぁと、警察官も一般の人も驚異の目で見送っていました。街でも1町くらい先を歩く人でも避けてくれ、歩行者はかなり多かったのに楽に運転出来ました。収入も多いせいか運転手は大威張りで、独身の男など札びらを切って遊び、その当時の人で金を残した人は僅かしかいない位、景気に酔っていましたが、私は女ですし、家に送った残りの使い道もなく、貯金しましたが、誘惑はとても大変でした。第一、仕事が現在のように1日中走って14、5円にしかならないのと違って、1日のうちに、ちょっと一走りすれば20円になった時代ですから、割に身体暇で、同僚の男からの誘惑が一番。次は客からのです。或る時など100円札を祝儀に頂き、びっくりしましたが、金持ちの心理って今も昔も変わらないものですね。

　私はその後、同じ職業だった亡夫と結婚して赤坂でハイヤーを開業しました。車が700台くらいになった頃です。好景気時代の事とて可なり繁昌しました。花柳界は大のお得意で、大衆もそう無理もせずにハイヤーを飛ばすようになって来ました。そこへ戦後のパニックと大震災と続いて、私たちの黄金時代が過ぎ去ったと同時に無一文になってしまいました。

　それから円タク開業です。焼け残った1台を資本に「市内1円」の札をぶら下げて街へ出た時は、思わず涙が出ました。もう見栄で乗る様な人はなく、大都会の忙しさに私もすっかり巻き込まれてしまいました。でも市内1円でちょっと郡部へ出ると又1円くらい取れましたから現在よりはましでした。

　女の運転手の方も、ぽつぽつ現れるようになりましたが、数もたいして増えず、長続きもしません。結婚したら例外なくやめてしまいます。私など意地で通して来ましたが、自動車運転手は女には少し過激すぎます。100マイル以上も走ると、真っ先に眼が疲れて、ぼーっとしてしまいます。男の方より細かいだけ神経を使うせいでしょう。

以上見てきたように、大正から昭和の初期には

ようやく運転手の養成も組織化され、数は少ないながらも女性運転手も存在した。しかしその後、日本は戦争へと突き進み、タクシー業者にとっても運転手個人にとっても困難な時代に至るわけだが、そのあたりについては章を改めて述べることとしよう。

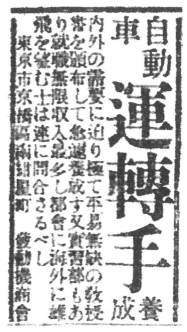

図7-1　発動機協会の運転手募集の広告（左：東京日日新聞大正5年5月13日付　右：同1月16日付）

図7-2　関根いく
渡辺はま、水野千花尾の後から東京自動車学校に入学したが、成績優秀で2人より早く卒業した（『開国八十年史』萬朝報社、1931年より）

図7-3　東京自動車学校校長・鈴木靖二

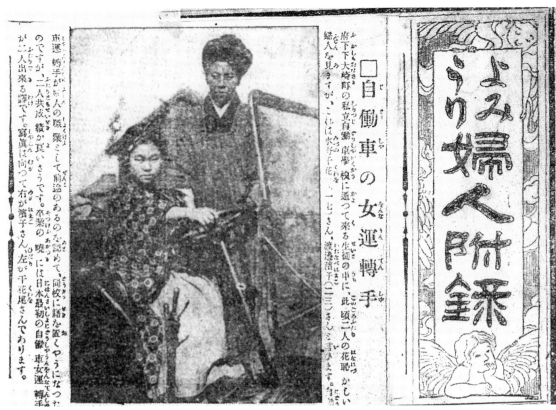

図7-4　女性自動車運転手第1号、渡辺濱子(はま)(右)と水野千花尾(読売新聞大正6年1月30日付)

図7-5　10年間無事故で警視庁から表彰された渡辺濱子(はま)(東京朝日新聞昭和8年5月10日付)

第 7 章　運転手になるまで

図 7-6　東京自動車学校を卒業して白山自動車会社のハイヤー運転手となった渡辺はまと水野千花尾（『婦人公論』大正 6 年 7 月号）

図 7-7　東京自動車学校の広告（左：朝日新聞大正 7 年 9 月 21 日付　右：官報大正 8 年）

図7-8 関東大震災後に田無駅前に移転した東京自動車学校(同校の入校案内より)
実物は、上が右頁、下が左頁の見開き

図7-9 東京自動車学校と姉妹校の大阪自動車学校、福岡自動車講習所を並べた広告(官報大正8年)

第8章　東京駅開業と馬車、人力車、タクシー業者

東京駅開業

　大正3年（1914）12月20日、東京中央停車場が開業式を挙行した。それによって、従来の新橋駅が汐留駅となって貨物専用駅となり、烏森駅が新橋駅、中央停車場が東京駅となって東海道線の始発駅になった。次の雑誌『商と工』第2巻12号（1914年）の記事（筆者要約）は、その東京駅構内に売店を出したり、乗降客送迎に携わる人力車、馬車、タクシーのことを述べている。

　　東京駅構内にはホテル兼食堂築地精養軒北村重昌はじめ、雑貨の関口洋品店関口源太郎、食料品店亀屋杉本鶴五郎、書籍店冨山房坂本嘉治馬、煙草店菊水内藤彦一、雑貨店大月隆、同鉄道ミッション津田亀太郎、靴店及び無料宿泊所長太田信次郎、理髪店庄司坂本岩三郎、花屋中沢安五郎、両替店森本武市、同町田モト、食堂東洋軒伊藤耕之進、など様々な出店が入ったが、同時に手荷物運搬業者高橋政池田秀神、人力車元締め鈴木彦人、馬車屋村瀬虎雄、そしてタクシー自動車株式会社長晴登らが構内営業を許可された。

　同記事の前書きによれば、営業出願人は東京駅が587人、（名称変更前の）烏森駅が243人であったというから、やはり出店の希望者は相当多かったことがわかるが、許可された者は少ない。そのなかから選ばれた上記の商人たちはいずれも当時の有名な商店であり、11月25日に呼び出され、それぞれ許可の指令を与えられたという。

　また同号には、人力車業、馬車業、自動車会社それぞれの代表者がその抱負を述べているので、見てみよう（文体、仮名遣い等は現代のものに改めた）。

▲馬車屋村瀬氏曰く　「何といっても自動車という強敵を控えているので、割が甚だ悪い。現在新橋駅では7台の馬車を供えてあるが大して需要はない。けれども今までの経験では1年を通じて4月と11月が一番忙しい時期で、4月は花見、11月は菊見等で、私の方は他の交通機関と違って実用向きでありながら、儀式とか東京見物等に便利がられております。さすがに人力車や自動車はのろすぎたり、目まぐるしかったりして不向きです。これらの点を考えて、東京駅となるとともに営業方針もこの点に留意して、約10台ばかりのランドレー、ヴィクトリア型等の最新式馬車を使用して、乗車賃も低廉にし、御者も多少は英語も話し教育のある、お客様に好感情を与えるような青年を選択するつもりです。殊に駅内にホテルもありますから是非こうした方針を励行する考えです」

▲自動車会社曰く　有楽町のタクシー自動車会社によれば「7台の自動車を現新橋駅に配車してあり今では相当に需要もあるが、東京駅となっても大抵は烏森駅で乗客が降りるだろうから、わざわざ東京駅に下車する者も少なく、我々の客は烏森にとられて大した期待は持てないと思う。でもまあ10台は置いて見るつもりで、値段は従前どおりにして、万事特殊な計画もせず徐々に形勢を観望していく考えである。やってみたいと思うのは、一般に未だ自動車と言えば億劫がって、5、6人連れの上京者がわざわざ人力車を呼んでいるが、時間的にも、経済的にも不生産極まりない話であるから、自動車は辻車、辻馬車と同じだという気楽な気を起こさせ、十分文明の交通機関を利用せしめる方法を取りたいと考えている」

▲人力車曰く　営業人の古橋増太郎氏曰く、

「別に東京駅となったからといって計画などありません。現在使用している200台を手入れしたり、台数を多少増加するくらいのもので、市内に散在する人力車帳場や辻車と違って電車、自動車に圧されるというおそれもないし、かえってこの駅に下車する人は人力車を便利がっているんで、賃金表も変わりはあるまいと思います」

人力車の鼻息はまだ荒い。タクシー会社が出来て間もない頃なので、まだ宣伝が行き届かず、利用者にその利便性が認識されていないように思われる。

タクシーの大衆化と料金の分化

タクシー自動車会社では、従来の幌型車に代えて風雨にも関係ない箱型車を輸入したが、価格が高いので箱型の料金を別に設けた。

幌型車　乗車1回毎に最初の1マイルまで60銭
　　　　爾後半マイル増す毎に10銭加算
　　　　雨雪、夜間及び市外行きは、最初の3分の2マイルまで60銭
　　　　爾後3分の1マイル増す毎に10銭加算

箱型車　昼夜、天候の如何にかかわらず、最初の4分の3マイルまで60銭、爾後5分の2マイル増す毎に10銭

当時のタクシーは車体に2本線が入っていたが、料亭などに迎えに行くとき、タクシーの廉い車両だとわかるのが乗客に不評だったので、線は消した。また、雨天や雪、風の激しいときには幌型は運転手にも乗客にも評判が悪かったので、以後購入する車輛は全車箱型車にした。大正4年（1915）4月には36台に増車し、大正5年（1916）10月には100台に増加した。

社会の風習が変化して、結婚式や葬儀にも自動車が使われるようになった。従来は家庭や料亭で結婚式を挙げたが、東京では日比谷大神宮などの神社で結婚式を挙げるようになり、花嫁の輿入れから式場通い、花嫁やお婿さんの親類縁者などへの挨拶、披露など、今までは何日もかかったこと

表8-1　大正3年末東京市内貸切自動車業者一覧

業者名	所在地
日本自動車合資会社賃貸部	赤坂区溜池町30番地
G・F自動車商会	赤坂区溜池町32番地
みやこ商会自動車部	赤坂区溜池町31番地
ヤマト商会	赤坂区田町4丁目7番地
東京自動車株式会社	麴町区有楽町1丁目3番地
丸ノ内自動車商会	麴町区有楽町1丁目3番地
T・M自動車商会	麴町区有楽町1丁目4番地
K・S自動車商会	麴町区有楽町1丁目4番地
橘自動車商会	麴町区有楽町1丁目4番地
池田商店	麴町区有楽町1丁目4番地
常盤商会	麴町区山下町1丁目2番地
帝国ホテル	麴町区山下町1丁目1番地
黒田重三郎	麴町区内山下町1丁目2番地
山口勝蔵商店自動車部	京橋区木挽町2丁目12番地
C・M自動車商会	京橋区木挽町9丁目2番地
ミノダ自動車商会	京橋区木挽町9丁目2番地
ツバメ自動車商会	京橋区新富町新富座前
ミカド自動車商会	京橋区銀座4丁目1番地
岡崎自動車商会	京橋区南伝馬町3丁目21番地
合資会社宇都宮回漕店自動車部	京橋区南金六町7番地
藤原商店自動車部	京橋区有楽町1丁目5番地
水嶼商会	京橋区三十間堀3丁目6番地
鈴木重勝商店	京橋区三十間堀3丁目9番地
ライオン自動車商会	京橋区南伝馬町3丁目20番地
三葉協会自動車部	京橋区南伝馬町3丁目
中央自動車商会	日本橋区浜町3丁目14番地
インパイヤ自動車ガレージ	日本橋区呉服橋18番地
小栗常太郎	日本橋区上槇町1番地
田村自動車商会	日本橋区南茅場町48番地
大正自動車商会	日本橋区西河岸7番地
東京モーター商会	日本橋区小網町1丁目
あさひ商会	日本橋区米沢町3丁目8番地
K・O商会	芝区田町1丁目1番地
四谷自動車商会	四谷区伝馬町1丁目
外池商店	本所区相生町2丁目6番地
藤井自動車商会	本所区林町2丁目10番地
北村自動車商会	本郷区湯島天神町3丁目2番地
仁神自動車商会	浅草区松清町38番地

がタクシーだと一日で済む利便さが歓迎された。ただ、葬式の場合は焼き場まで当時はぞろぞろと隊列をつくって、ソロリ、ソロリというか、ノロノロというか、静々という歩調で歩いて行っていた。しかしその歩調に合わせると自動車はエンジンが焼けてしまうので、タクシー会社では特別の場合を除いて断っていた。

タクシー自動車株式会社が設立され、好評だということが知られると、日本自動車合資会社や東京自動車株式会社、山口勝蔵自動車部、常盤商会、藤原商店自動車部、水嶼商会などをはじめ、自動車修理屋が1台の自動車でハイヤーやタクシーを始めるようになり、雨後の筍のように東京市内にハイヤー、タクシー業者が生まれた。

表8-1は、大正3年（1914）末時点の東京市内の貸切自動車業者の一覧である。都心部の麹町区、京橋区、赤坂区、日本橋区に集中していることがわかる。

図8-1　完成間近の中央停車場（現在の東京駅）

図8-2　東京駅構内で営業を許可されたタクシー

第9章　タクシー運転手の実態

大正4年の運転手調査

　本章では、大正4年（1915）5月に警視庁交通課技術官室の技師・原田九郎が行ったタクシー運転手の実態に関する調査を取り上げ、当時の運転手がどういった人たちだったのかの一端を見てみたい。

　表9-1を見ると、運転手の学歴は高等小学校卒業が圧倒的に多く、次いで中学校中退、中学校卒業となっているから、当時としては低い学歴ではない。前職については、機械工が一番多く、次いで商業、電車の運転手、馬車の御者、鉄道機関士と続いており、やはり機械・鉄道関連の経験を持っている者が多いことがわかる。

　年齢については21歳からとなっているが、これは当時は運転手の受験資格年齢がほとんどの府県で20歳以上だったことによるものであろう。ただ、群馬、岩手、静岡、秋田（大正2年（1913）から）、兵庫の5県では18歳以上であった。特に兵庫県は、明治45年（1912）の県令では20歳以上であったが、大正5年（1916）に改正されて18歳以上となった。

　なお、宮城、岡山、香川の3県では条文に「男子にして」とあり、このように女性は受験資格がない県もあった。その後大正8年（1919）1月11日、内務省令第1号として「自動車取締令」が発布され、全国統一の規定として、運転手は18歳以上、車掌は17歳以上とされた。

表9-1　大正4年5月末の警視庁交通課技師調査

運転手の学歴	人数	運転手の年齢別	人数
高等小学校卒業	365人	21歳	58人
中学校中退	123	22	65
中学校卒業	92	23	56
尋常小学校卒業	86	24	65
尋常小学校中退	41	25	87
無学	30	26	77
専門学校卒業	16	27	75
		28	66
		29	53
		30	41

運転手と自動車数

年度	自動車数	運転手数
明治40年	21台	16人
41	45	29
42	87	69
43	110	116
44	204	210
大正元	366	313
2	552	471

前職業

機械工	70人	電気工員	8人
商業	27	海兵	6
電車運転手	18	自転車業	4
馬車の御者	15	電車車掌	4
鉄道機関士	11	鍛冶工	4
農業	11	鉄道火夫	4
海員	11		

第10章　全国2番目のタクシー会社、京都に設立される

時代は明治から大正へ

　明治45年（1912）7月、明治天皇が崩御し、京都伏見の桃山御陵に安置される大礼が行われることとなった。その大礼には各国からの国賓をはじめ、日本全国から高官貴賓が京都に集まることが予想され、そうした国賓たちの送迎に自動車が必要になった。当時自動車を所有している者といえば東京の富豪や政府高官くらいであったから、そうした自動車に対し東京から徴収をかけたが、もちろんこれだけでは間に合わず、地元でも自動車会社の設立が必要になった。そこで元号が改まった大正元年（1912）11月11日、京都自動車株式会社が設立された（表10-1）。

京都自動車の経営状態

　翌大正2年（1913）12月9日の京都日出新聞は、京都自動車株式会社の経営収支決算について次のように述べている。

　京都自動車株式会社本期の成績は前期に比して優良なるが、右は御大典其の他に関する用務を帯び入洛する者多く、為めに相当繁忙を極めたるを以てなりと、尚ほ同社は会社の基礎を確実にする目的を以て利益金の大半を車輛減却資金に充て、株主には年7朱の配当を為す予定にて28日烏丸夷川上る同本社に第3回定時株主総会を開き之を付議する由

　利益分配案

当期利益金	金3,040円53銭
前記繰越金	金22円75銭
	合計3,063円28銭
決定積立金	金200円
車輛減価積立金	金1,365円28銭
株主配当金	金1,225円（年7朱）
後期繰越金	金273円

　当初はハイヤーのみであり、同社は運転手の養成も行ったが、大正3年（1914）7月15日からタクシー営業を開始した。その件について大阪朝日新聞京都付録同年7月16日付は次のように記

表10-1　京都自動車株式会社の設立登記

商号	京都自動車株式会社
本店	京都市上京区烏丸通中立売南入龍前町598番地
目的	各種自動車及付属品の輸入販売、自動車の賃貸修理、自動車に依る旅客貨物の運送、運転手、修理工の養成並に供給
設立年月日	大正元年11月11日
資本の総額	金10万円
1株の金額	金50円
各株払込額	金12円50銭
取締役の氏名住所	
	京都市上京区室町通御池北入御池ノ町2番戸　　伊藤　平三
	同市　下京区東洞院通高辻上ル高橋町23番戸　　塚本　惣助
	同市　上京区東三本木通丸太町上ル中ノ町497番地　　雨森菊太郎
	同市　上京区木屋町通二條南入西生洲町4番戸　　島津　源蔵
	同市　上京区烏丸通中立売南入龍前町598番地　　後川　文蔵
監査役の氏名住所	
	京都市上京区東洞院通御池上ル船屋町420番地　　塚本与三次
	同市　下京区蛸薬師通堺町西入ル雁金町22番戸　　前川　弥助

し、大きな広告を掲載している（図10-2上）。

15日より祇園石段下に駐車場を設けたる京都自動車会社のタクシー自動車は欧米の例に倣って我が国にも一昨年来東京市内で経営されつゝあるが、同車の賃金は4人乗りにて最初10町未満までは60銭、以上5町未満及び停車5分間毎に10銭を加算する仕組みにて、仮に35町（約1里）乗用するとせば、1円10銭を要するも、此の里程を往復する時は、帰路は継続使用となりて、最初の60銭を要せず、只5町毎に要する10銭宛てを加算された。

京都のハイヤー、タクシー業者は、大正3年（1914）4月11日に昭憲皇太后が亡くなり、さらに翌4年（1915）11月10日には大正天皇即位の大典が京都御所で行われるなど、来京者が絶えず繁忙を極めた。

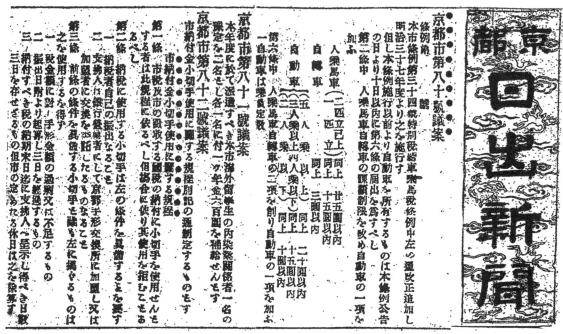

図10-1　京都市の自動車税条例を報じる地元新聞（京都日出新聞明治36年12月24日付）
京都は日本で最初に乗合自動車が走った都市なので税金も早く、明治36年（1903）12月に条例が制定されている。5人乗以上20円、3〜4人乗15円、2人乗以下10円であった

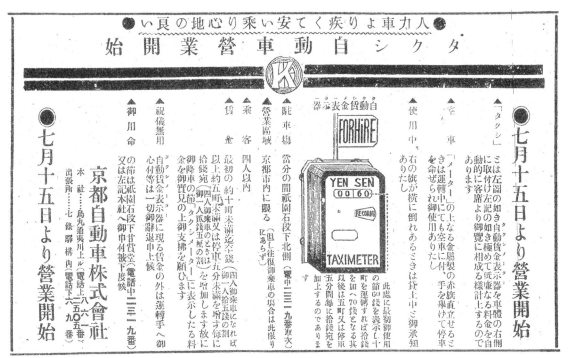
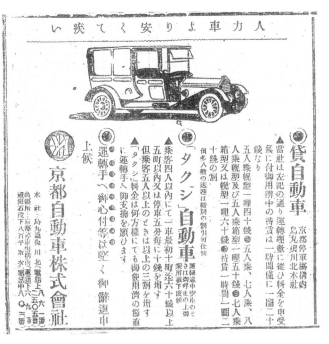

図10-2 わが国2番目のタクシー会社、京都自動車株式会社の広告（上：大阪朝日新聞京都付録大正3年7月16日付　下・左：京都日出新聞大正3年10月23日付　下・右：同大正6年8月4日付）

第11章　日本フォード自動車会社と日本ゼネラル・モータース会社の設立

日本フォード自動車株式会社

　フォード車の日本での販売権をセール・フレザー株式会社が取得してタクシー自動車株式会社に販売したことは前述したが、米国のフォード自動車株式会社は、大正14年（1925）2月17日、日本フォード自動車株式会社を横浜市中区緑町4番地に設立して、組立一切を日本で行うことになった。

　そしてセール・フレザー株式会社との販売権を解消し、新たに相当規模の修理工場を持つ特約販売店と契約した。例えば東京地区では日本橋区呉服町18番地のエンパイヤ自動車商会、神田区万世橋東詰の株式会社松永商店、麹町区飯田町2丁目32番地山田商会、麹町区丸ノ内工業倶楽部内の合資会社秋口商会などであった。そしてそれらの特約店以外では、フォードの純正部品の販売を禁止した。さらに昭和3年（1928）6月25日、日本フォード自動車株式会社は月賦販売会社日本フォード金融株式会社を設立した（以上のフォード関連の登記につき、表11-1参照）。

　フォードとの販売権を解消されたセール・フレザー株式会社であるが、同社は英国人のイー・エフ・セールと米国人のイー・ダブリュー・フレザーの共同経営で明治37年（1904）12月30日に資本金40万円で設立されたことは前述した。輸入販売品は汽車、機械、電気器具、金属製品、薬品などで、傍ら保険の代理業、金融の仲介などを営業し、東京本社の他横浜、大阪、神戸に支店を持ち、資本金は300万円という大企業に成長していたが、大正時代に入ると営業成績が悪化して、フォードの自動車販売とビクターの蓄音機、木材輸入と金融、保険、不動産仲立業務を除いてはほとんど輸入経費を賄えないような状態であった。

　そうした折に、フォードの販売権が解消されたので、大正15年（1926）4月30日同社は解散した。解散後フレザーは神戸のジェー・エフ・トラモンドらと資本金10万円の合資会社フレザー商会を設立して機械類、木材業、蓄音機、写真機を販売することになった。一方セールは資本金500万円のセール商会株式会社を新設して保険、金融、不動産、仲立業を継承した。本店はどちらも従来通り、麹町区八重洲町1丁目1番地であった。

日本ゼネラル・モータース株式会社

　以上のようなフォードの動きに対抗して、2年後の昭和2年（1927）1月11日、米国ゼネラル・モータース株式会社が大阪市湊区鶴町1丁目30番地・31番地合併地に日本ゼネラル・モータース株式会社を設立して日本での販売合戦が展開された。

　販売代理店は、大阪地区では西区靱南通2丁目31番地の大阪モータース株式会社、大阪市此花区上福島中2丁目の豊国自動車株式会社。東京地区では、赤坂区溜池町3番地三会堂ビルディング内株式会社東京モータース商会、日本橋区呉服橋3丁目5番地大日本モータース株式会社、それとフォードとの特約販売店を解消してゼネラル・モータースの特約販売店に鞍替えした合資会社秋口商会商会で、シボレー、ビュイック、オールズモビル、ポンティアック、ラサールなどを販売した（以上のゼネラル・モータース関連の登記につき、表11-2参照）。

　ところで、日本フォードの資本金が400万円だったのに、日本ゼネラル・モータースの資本金は300万円と100万円少なかった。設立当時気が付かなかったのか、同年ゼネラル・モータース社は直ちに100万円の増資を行ってフォードと同額にした。ところが1年後の昭和3年（1928）4月

表 11-1　日本フォード自動車関連の登記

商号　日本フォード自動車株式会社（設立）
　本店　神奈川県横浜市緑町 4 番地
　目的　1、自動車、貨物自動車、牽引車、機械設備、付属品及之に関し使用し又は使用するに足る諸種の部分品及其製造上より生ずる一切の副産物を産出、製造、組立其他準備、購買、販売、分配其他は処分をなすこと
　　　　2. 前項に関連する一切の業務
　設立年月日　　大正 14 年 2 月 17 日
　資本の総額　　金 400 万円
　1 株の金額　　金 100 円
　各株払込額　　金 100 円
　公告方法　　　日本文を以て 2 日間当会社本店々頭に掲示して為す
　取締役の氏名住所
　　米国人　アール・アイ・ロバージ　　　　　東京市麹町区丸之内仲通 12 号 6
　　米国人　ジョセフ・ハップマン　　　　　　同所　同番地
　　米国人　ジェームス・リー・カーフマン　　東京市赤坂区榎町 4 番地
　　米国人　カラーレンス・シー・スミス　　　同所　同番地
　監査役ノ使命住所
　　丁抹人　クヌド・ソレンセン　　　　　　　東京市麹町区丸之内仲通 12 号ノ 6

商号　日本フォード金融株式会社（設立）
　本店　神奈川県横浜市中区緑町 4 番地
　目的　1、自動車、貨物自動車又は牽引車の購買取得又は所持に金融貸付を為すこと
　　　　2、自動車、貨物自動車、牽引車の購買、取得、販売、分配其他の処分を為すこと
　　　　3、前 2 項に関する業務
　設立年月日　　昭和 3 年 6 月 25 日
　資本の総額　　金 20 万円
　1 株の金額　　金 100 円
　各株払込額　　金 100 円
　取締役の氏名住所
　　ジェー・ヴィ・クロー　米国人　　　横浜市仲区緑町 4 番地
　　エー・ジェー・クレメント　丁抹国人　同所同番地
　　クラーレンス・シー・スミス　　　　東京市麹町区八重洲町 1 丁目 1 番地
　監査役の氏名住所
　　ホール・ニールセン　丁抹国人　　　横浜市中区緑町 4 丁目

日本フォード自動車株式会社（変更及び資本増加）
　取締役ヘンリー・フォードは昭和 3 年 4 月 23 日退任し、取締役エドセル・フォード、同ピーター・イー・マーティン、同ピー・ジェー・クレーグ、監査役ポール・エールセンは同日重任す
　　増加資本の総額　　　　金 400 万円
　　資本増加決議の年月日　昭和 3 年 4 月 23 日
　　各株に付払込みたる株金額　金 100 円

日本フォード自動車株式会社（変更）
　昭和 3 年 12 月 20 日、本店を横浜市神奈川区守屋町 2 丁目 3414 番地に移転す
　支配人変更　主人日本フォード自動車株式会社支配人ベンジャミン・コップの住所及支配人を置きたる場所を横浜市神奈川区守屋町 2 丁目 3414 番地に移転す

に、日本フォード社はさらに資本金を 400 万円増資して 800 万円にした。それを知った日本ゼネラル・モータース社も、すかさず同年 10 月に 400 万円の増資をしている。こういった経緯は両社のライバル意識を物語るものであった。

表 11-2　日本ゼネラル・モータース関連の登記

商号　日本ゼネラル・モータース株式会社
　本店　大阪市港区鶴町1丁目30番地及31番地
　目的　各種自動車並に其車台、車体、大小船舶、各種飛行機、其他各種の運輸機関、冷却
　　　　機械、電燈器具及以上列記せる物件の部分品の製造及販売、各種不動産の所有及処
　　　　分、上記の目的に従属せる一切の事業及取締役に於て上記目的を達成するの方便と
　　　　なり又は之に付随するものと認むる一切の事業
　設立年月日　　昭和2年1月11日
　資本総額　　　金300万円
　1株金額　　　 金200円
　各株払込額　　金50円
　取締役の氏名住所
　　ジー・ケー・ハワード　　　　　神戸市北野町4丁目125番地トーア・ホテル
　　エッチ・ビー・フィリップス　　同市　播磨町6番地オリエンタル・ホテル
　　ケー・ケー・ホーアグ　　　　　同市　山本通2丁目105番地
　　テー・ジー・アイピー　　　　　同市　播磨町6番地オリエンタル・ホテル
　　ゼー・エッチ・ベリー　　　　　同市　海岸通170番地
　　エッチ・エー・デイメント　　　同市　山本通2丁目26番
　会社を代表すべき取締役　　ジー・ケー・ハワード、エッチ・ビー・フィリップ
　監査役の氏名住所
　　アール・エー・メー　　　　　　神戸士山本通3丁目40番地

日本ゼネラル・モータース株式会社（変更及資本増加）
　取締役エッチ・エー・デイメントは昭和2年10月12日退任し、左記の者同日取締役に就
任す
　　アール・エー・ウインソン　兵庫県武庫郡大社村越木岩字久出毛谷568番地
　増加資本総額　金100万円
　資本増加決議年月日　昭和2年10月12日
　各新株払込額　金200円

日本ゼネラルモータース株式会社資本増加
　増加資本総額　金400万円
　資本増加決議　昭和3年10月25日
　各株払込額　　金200円

商号　大阪モータース株式会社（設立）
　本店　大阪市西区靱南通2丁目31番地、ユタカ・ビルディング内
　目的　日本ゼネラル・モータース株式会社製品販売店として、同社製自動車並部分品の販
　　　　売、自動車の修理、解体、車体製作及び付帯せる一切の事業に対しての投資
　設立年月日　昭和4年4月1日
　資本の総額　金100万円
　1株金額　　　金50円
　各株払込額　　金12円50銭
　取締役の氏名住所　豊島　久七　　大阪市東区南本町2丁目40番地
　　　　　　　　　　泉　　弥一　　同市　同区北浜4丁目15番地
　　　　　　　　　　立上　省一　　堺市大浜北町9番地
　　　　　　　　　　紙谷　義蔵　　同市　市之町東6丁目33番地
　　　　　　　　　　大塚三郎兵衛　同市　宿屋町西1丁目20番地、21番地
　　　　　　　　　　寺田元之助　　岸和田市北町124番屋敷
　会社を代表すべき取締役　　豊島　久七、立上　省一
　監査役の氏名住所　柴谷兼三郎　　堺市九間町東1丁目21番地
　　　　　　　　　　里見源太郎　　同市　寺地町西2丁目2番地
　　　　　　　　　　伊藤竹之助　　大阪市東区安土町2丁目51番地

商号　豊国自動車株式会社
　本店　大阪市東区備後町2丁目60番地
　目的　自動車製造及び販売、前項に付帯する事業並に投資
　設立年月日　昭和2年3月19日
　資本の総額　金30万円

1株の金額　　金50円
　　各株払込額　　金12円50銭
　　取締役の氏名住所　　梅村　四郎　　兵庫県武庫郡精道村芦屋字前田53番地
　　　　　　　　　　　　鈴木仁十郎　　大阪市東区備後町2丁目60番地
　　　　　　　　　　　　中山　　調　　大阪市淡路町1丁目23番地
　　監査役の氏名住所　　金谷　武弘　　兵庫県武庫郡精道村芦屋字西新田470番地
　　　　　　　　　　　　村井善四郎　　奈良県北葛城郡新庄町大字道穂19番地

　商号　株式会社東京モータース商会
　　本店　　東京市赤坂区溜池3番地
　　目的　　自動車並に其付属品の販売、並に其付属品の販売、右に付帯する一切の業務
　　設立年月日　　昭和3年12月23日
　　資本の総額　　金25万円
　　1株の金額　　金25円
　　各株払込額　　金25円
　　取締役の氏名住所　　江島慶太郎　　東京市赤坂区田町7丁目3番地
　　　　　　　　　　　　縣　権五郎　　同市　小石川区金富町53番地
　　　　　　　　　　　　今井　喜八　　同市　赤坂区橋場町37番地
　　　　　　　　　　　　吉弘　喜助　　同市　小石川区水道町108番地
　　　　　　　　　　　　肥塚長兵衛　　東京府荏原郡入新井町大字不入斗673番地
　　監査役の氏名住所　　村田　譲造　　東京市神田区仲猿楽町17番地
　　会社を代表すべき取締役　　江島慶太郎

　商号　大日本モータース株式会社（設立）
　　本店　　東京市日本橋区呉服橋3丁目5番地の1
　　目的　　日本ゼネラルモータース株式会社製造の自動車及部品品の販売、加工並に修繕、物
　　　　　　品に関する問屋業並に投資、前各項に付帯する一切の業務
　　設立年月日　　昭和4年9月16日
　　資本の総額　　金50万円
　　1株の金額　　金50円
　　各株払込額　　金25円
　　取締役の氏名住所　　星野　　錫　　東京市日本橋区浜町2丁目14番地
　　　　　　　　　　　　吉村鉄之助　　東京市芝区白金台町2丁目68番地
　　　　　　　　　　　　高橋　虎太　　東京府豊多摩郡千駄ヶ谷町大字千駄ヶ谷868番地
　　　　　　　　　　　　伊藤　常夫　　東京府北豊島郡高田町旭出43番地
　　　　　　　　　　　　大槻　爲八　　東京市小石川区原町31番地
　　　　　　　　　　　　杉村　貞治　　東京市神田区東福田町1番地
　　　　　　　　　　　　宮崎　儀平　　東京府豊多摩郡戸塚町下戸塚462番地
　　　　　　　　　　　　伊藤利三郎　　東京市本郷区駒込千駄木町48番地
　　会社を代表すべき取締役　　星野　錫
　　監査役の氏名住所　　久我　常通　　東京市牛込区新小川町1丁目2番地
　　　　　　　　　　　　小川　　誠　　東京府荏原郡世田谷町宮坂2388番地

図 11-1　日本フォード自動車会社の工場全景（上は東京都板橋区・中島一成氏提供）

図 11-2　日本フォード自動車会社の工場に陸揚げ中のフォード車

図11-3　日本フォード自動車会社の新代理店の広告（『中外商業新報』大正14年5月8日号）
東京地区ではエンパイヤ、松永、秋口、山田の4社を代理店に選んで、セール・フレザーとの代理店契約を解消した

日本ゼネラル モータース 開業記念

日本ゼネラル・モータース株式會社 四月八日開業式 朝野の名士多數參列

多數の顯官、銀行家、及び實業家は本日全國各地、並に支那、滿洲より大阪に來集して、港區鶴町工場に於ける日本ゼネラル・モータース會社の開業式に參列する豫定である。中川大阪府知事、及び關大阪市長は既に出席の承諾を與へ、式上公式の挨拶をさるゝ筈である。

本日午前には日本ゼネラル・モータース會社製作のシボレー自動車の行列が市内目抜きの大通りを快走し是により大阪市民は大阪に於て初めて製作されたシボレー自動車に初見參をすることになるのである。

來賓の來臨後會社專務取締役エイチ・ビー・フ井リツプス氏は歡迎演説に併せて公式開業式次の大要に就て説明をする筈である。

式次の進行中、中川大阪府知事は公式に主要工場を開きてその鍵をフ井リツプス氏に手交し、茲に工場は始めて公式に開かるゝことゝなり、次いで關市長は主要電氣スヰツチを掛け、工場の機械は茲に運轉を始める事となるのである。

來賓諸氏が工場建物内を巡覽し、我國内に於ては曾て見られなかつた自動車製作上最新最良の工程を觀察する間に、數個の新なるシボレー車が完成されて、工場に接續せる試運轉場に廻され直ぐに此處で運轉が開始される。かくして此の試運轉場も公式に開かれる事となる。この試運轉はゼネラル・モータース會社がその製造品を引渡すに先だち必ず行ふものであるが、當日その試運轉を行つた後、同工場で始めて製作した一臺のシボレー車は夕方工場より陸路東京の陳列所へ向け運轉を始める豫定である。

製作工程を巡覽し且つ部分品倉庫を觀察したる後、來賓は工場の陳列室に並べられた各種のゼネラル・モータース會社製品を觀覽する豫定である。

陳列室には有名なゼネラル・モータース製作車ビウイク、カデラツク、シボレー、オークランド、オールヅモビル乘用車及びシボレー貨物自動車が陳列せらるるが、此陳列は日本に於て未だ曾て見ざるほど最も完全に自動車の各種類を網羅した比類なきものであるとの事である。

名士の祝辭

ゼネラル・モータース自動車會社が今回我帝國内に於て法人組織を完成し大工場を我工業の中樞たる大阪市に建設しその多年の經驗と技術とを提供して自動車製造に從事するに至りしは我工業上及日米協同事業の奬勵上頗る喜ぶべき處にして特に同社が日本の製産品及材料を採用し且日本人の技術勞力に依て本業を開始するに至りし事は斯界に一新紀元を劃するものとして歡迎の意を表し併に同社の成功を祈る

昭和二年四月八日

貴族院議長 公爵 徳川家達

日本ゼネラル モータース株式會社殿

日本ゼネラル・モータース株式會社は當大阪市に自動車製造工場を設置し自動車の製造を為し以て我が產業の促進に寄與せんとせらる誠に欣幸とする所なり

今關西に本會社の設置を見るとは日米親善をして益々濃厚ならしむる所以なるのみならず我が未だ及ばざる自動車工業の指導となり發達を促進するに足るものあるべし庶幾くは本會社諸員宜しく自重し自他協力以て斯業の發達に貢獻せられんことを開業の初に當り一言祝意を表す

昭和二年四月八日

大阪府知事 中川望

日本ゼネラル・モータース株式會社 專務取締役 エイチ・ビー・フ井リツプス殿

日本ゼネラル・モータース株式會社工場の新築成る洵に慶賀に堪へず余はゼネラル・モータースの盛名を聞くこと久し其の社運の隆々たる其の組織の合理的なる其の經營の科學的にして全世界を製造販賣の舞台として活躍せる一大工業的組織たるは周く世人の知る所なり今や時勢の進運事業の發展に順應して我國法の下に一會社を創立し工場の建築機械の据附略々工を竣り將に事業を開始せんとす而して其營業の方針として必要なる勞力と材料とは多く之を本市に採り其の經營管理は世界に卓越せる北米最新の方法を以てす計畫の周密なる敬服に堪へざる所なり惟ふに貴社の企業が本市工業の發達に貢獻すること大なるべきは多言を要せざる所にして貴社が地を東洋商工業の中樞たる我大阪市にトして事業の經營を開始せられたるは啻に大阪市實業界の幸慶たるのみならず又以て本邦交通の發達に資する所大なるべきを疑はず冀くは貴社の事業順調に進み以て豫期の成果を收められんことを一言所懷を述べて祝辭となす

昭和二年四月八日

大阪市長 關一

日本ゼネラル・モータース株式會社 專務取締役 エイチ・ビー・フ井リツプス殿

日本ゼネラル・モータース株式會社の所在地

日本ゼネラル・モータース株式會社の從業員

日本ゼネラル・モータース株式會社の運轉試驗場

新シボレー號俄然歐洲を風靡す

【大阪、日本ゼネラル・モータース會社入電】

〔ロンドン三月四日發電〕[illegible]（白耳義アントワープ、獨逸ベルリン、丁抹コツペンハーゲン、英國ロンドン、佛蘭西巴里、西班牙マドリツド）に散在するゼネラル・モータース分工場への[illegible]及びコツペンハーゲン[illegible]今日[illegible]す。

シボレー新型車は既に到着し居り、各地發表及び特約店に於ける新シボレー號に對する好評は非常なり、特約店の多數は、新シボレー號が、凡ての期待を遙かに超出せるを特に余に言明せり、

新シボレー號が數ケ月を出ですして、各地市場に於て首位を占むべきは、歐洲各地に於ける我支社の確信する處なり、ゼネラル・モータース本社副社長ムーネー氏談。

過去の製品に超越せる 新裝一新のシボレー號 斬新なる改良善美を盡し 日本國内各地に配給を擴張す

四割七步の增加を示せる ゼネラル・モータースの販賣高

シボレー號の世界的名聲發揮

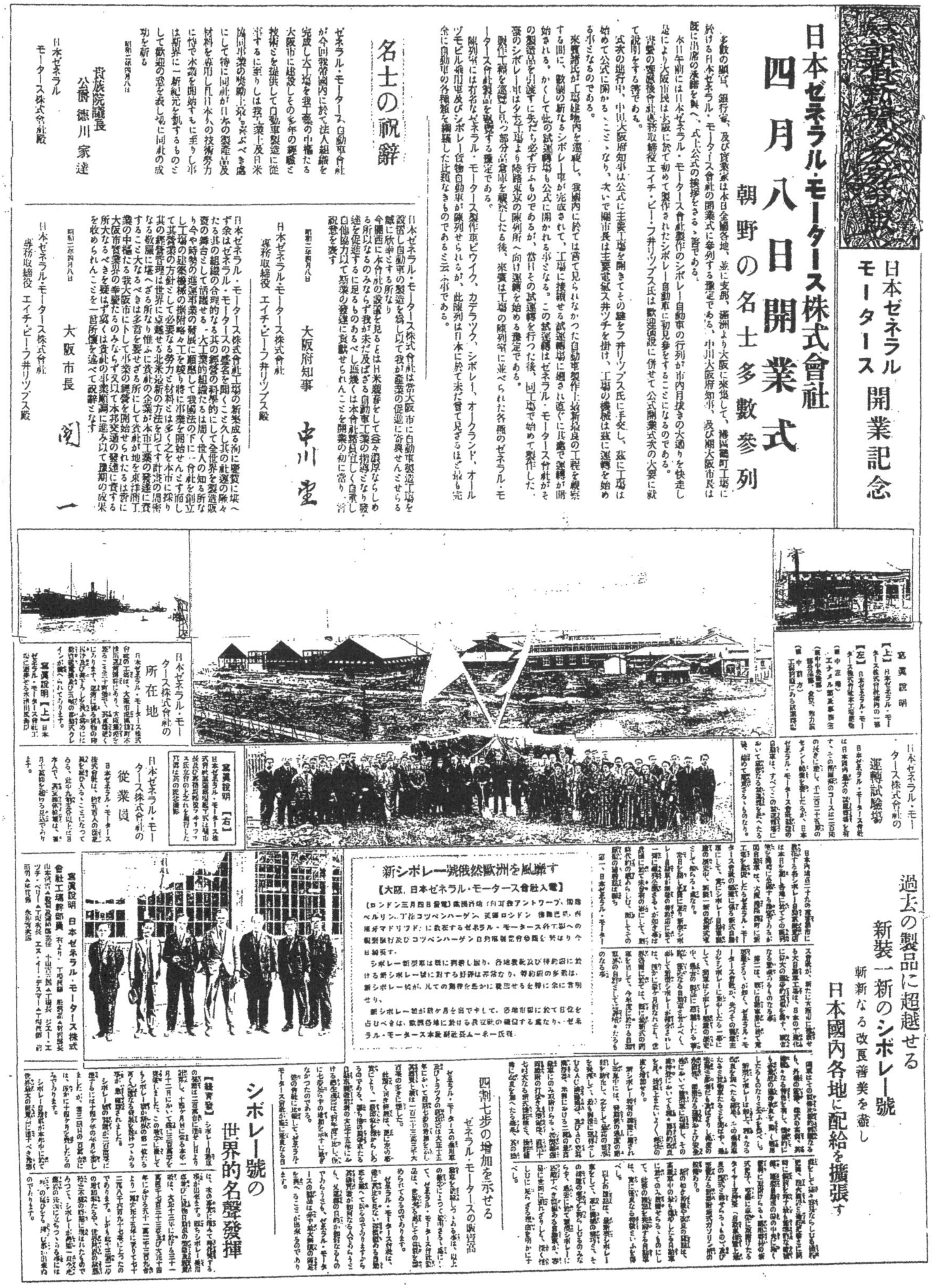

図 11-4　日本ゼネラル・モータース株式会社の開業を記念して掲載された全面広告（大阪朝日新聞昭和2年4月8日付）

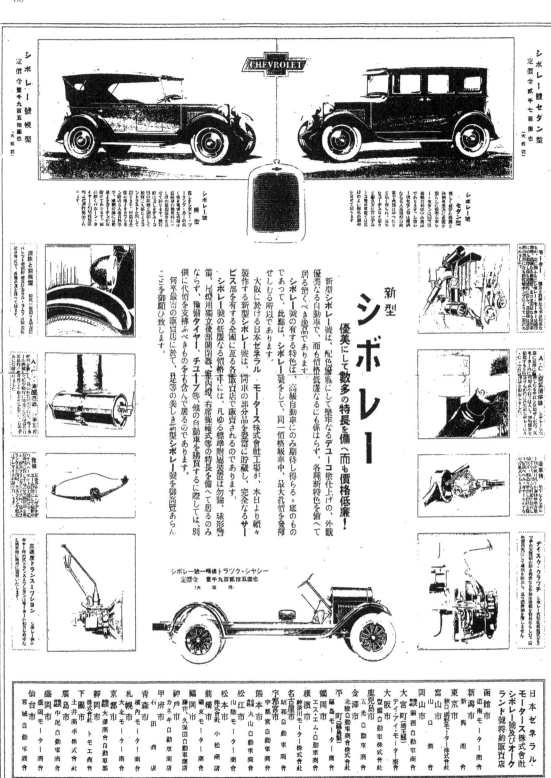

図11-4（つづき）
同日はシボレーの全面広告も掲載された

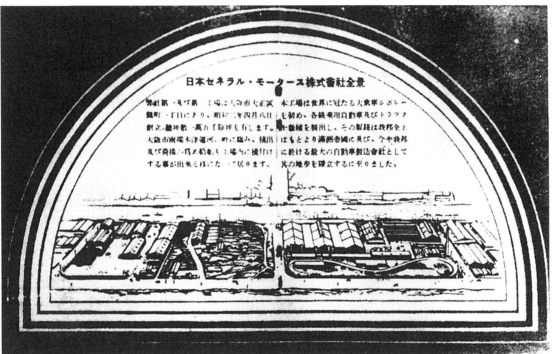

図 11-5　設立当時の日本ゼネラル・モータース株式会社
上：京都地区販売代理店・大沢商会が顧客を招待したときの写真　下：全景図

第12章　五大都市における1円均一タクシーの出現

　本章は、自動車業界誌『モーター』の昭和3年（1928）3月号に掲載された名古屋鉄道局運輸課・吉村寛二氏の「本邦五大都市に於けるタクシーの趨勢」をもとにしている。同論文は、東京、大阪、京都、名古屋、神戸の各府市における自動車の出現から円タクの出現まで、かなり精査された貴重な論文である。ただ各都市ともに、最初に出現した自動車については多少疑問のある箇所が見受けられるので採用せず、以下、円タクの記述に重点を置いて紹介していく。

大阪市におけるタクシーの現況

　大正12年（1923）頃から大阪のタクシー界に大きな変化が現れた。つまり1円均一タクシー（円タク）の出現である。第1次世界大戦の勃発によって大阪市は産業都市として長足の進歩発展を遂げ、昭和2年（1927）9月の末の調査では乗用車3,031台、トラック755台合計3,786台に増加した。これは大阪市の人口増加に伴う鉄道輸送の行きづまりと、市民の生活が豊かになって、鉄道の補助交通機関としての自動車の利用が要望されるようになった結果と見ることができる。

　なかでも大阪市におけるタクシーの発達は顕著であった。しかし、その発達の足跡をたどると、大正6年（1917）以前はハイヤーの全盛時代であったが、同年5月に大阪タクシー自動車株式会社（大タク）が設立されて、タクシー・メーターによる料金（最初の2分の1マイルは90銭、以後4分の1マイルを増す毎に10銭を増す）を明示し、空車を運転して乗客を捜しまわったので、当時は実に便利な交通機関として歓迎され、ほとんど独占的なものであった。

　ところが、大正12年8月に大阪小型タクシー自動車株式会社が出現し、最初の2分の1マイルを大タクの90銭に対して70銭にして開業した。また同年12月には中央タクシー株式会社が、大型のビュイックで90銭、小型フィアットで70銭の賃金で出現した。さらに阪南タクシー株式会社が大タクと同じ料金で現れ、それぞれ独特の営業方法で競争を開始した。これによって、自動車は特権階級の乗り物ではなく、一般庶民の乗り物になってきた。

　そうしたなかで、大正13年（1924）6月、区間料金制の大阪乗合自動車株式会社と、大阪市内「1円均一」の均一タクシー自動車株式会社（円タクの元祖）が、ほとんど同時に出現し、大阪市の交通界にセンセーションを巻き起こした。つまり、均一タクシーは、その名称通り大阪市内（一定地域を除く）における料金を1円均一とする料金制で、初めはトロージャン型（フランス製）自動車20台で営業を開始した。

　この均一タクシーの大成功は同業者間に異常なショックを与えると同時に、市内の全タクシー業者はもちろん、ハイヤー業者までが右に倣えとなり、さらに3マイル1円均一、1マイル80銭均一、1マイル50銭均一、さらに3マイル50銭均一まで生まれ、どこまで値下げするのか見当が付かない状況になった。

　このような均一タクシー熱は、大正14年（1925）末からで、昭和2年（1927）9月末の大阪府ではタクシー運転手が340人、大阪市では305人にのぼり、さらにますます競争が激烈になっている。車輌つまりフォードやシボレー、トロージャン、フィアットなどの競争、料金の競争、運転手の競争などが色々な形で出現する。

　そこで、大阪タクシーの元祖である大タクは事業上至大の影響を蒙り、ついに労働争議さえ起こるに至った。その結果、料金も従来の2分の1マ

イル90銭を30銭に改めて、均一タクシー（円タク）に対抗した。また大阪乗合自動車も同様、従来の1区間10銭を3区間まで10銭、それ以上は20銭に改正し、大阪のバスやタクシー全部が均一料金に変わった。

しかし、タクシーの本質から言えば、この一種変則的な均一制が果たしてどの程度まで持続することができるかは疑問で、最近はすでに行き詰まりの状態で、同業者同士の共倒れとなる様相を呈していて、同業者組合ではスタート3マイル1円エキストラ付きに改正しようとしている。

現在の新経営者の主なものは、

　　大阪タクシー自動車株式会社　　340台
　　臼谷タクシー商会　　　　　　　 95台
　　均一合同自動車株式会社　　　　 87台
　　松木イエロー・タクシー株式会社　50台
　　大阪小型タクシー自動車株式会社　43台
　　日本タクシー自動車商会　　　　 42台
　　中央タクシー株式会社　　　　　 40台
　　大阪均一タクシー商会　　　　　 40台
　　第一自動車株式会社　　　　　　 30台

大阪市では（カッコ内は大阪府）、

　　タクシー　　1,940台（1,983）
　　ハイヤー　　 130台（246）
　　バス　　　　 286台（351）
　　葬儀用車　　 30台（36）

で、会社組織のものは僅かに20社内外に過ぎず、主として個人経営のもので、その数はバス、ハイヤー、タクシーという各営業の内部関係に属し、表面上の組織は会社組織か、個人組織かの2つである。

京都市におけるタクシーの現況

京都の円タクは大正15年（1926）の春、三条タクシー株式会社が大阪の円タク熱に駆られて始めたのに端を発しているが、ほとんどがハイヤー業から始まっているので、円タク時代になってもハイヤーを兼業しているのが特色である。

　　京都自動車株式会社　　　23台でハイヤー、
　　　　　　　　　　　　　　　普通タクシー、円
　　　　　　　　　　　　　　　タク
　　株式会社日光社自動車部　円タク36台
　　三条タクシー株式会社　　30台で普通タク
　　　　　　　　　　　　　　　シーと円タク
　　北野自動車合資会社　　　25台でバス、ハイ
　　　　　　　　　　　　　　　ヤー、タクシー
　　京都均一自動車商会　　　17台　円タク
　　谷川自動車商会　　　　　15台でタクシー、
　　　　　　　　　　　　　　　ハイヤー
　　日の出自動車株式会社　　15台でタクシー、
　　　　　　　　　　　　　　　円タク
　　佐々木金次郎　　　　　　14台で円タクと
　　　　　　　　　　　　　　　人力車組合経営
　　井筒自動車商会　　　　　12台でハイヤー
　　　　　　　　　　　　　　　とタクシー
　　井上自動車商会　　　　　12台でハイヤー、
　　　　　　　　　　　　　　　タクシー
　　ライオン自動車商会　　　12台でハイヤーと
　　　　　　　　　　　　　　　タクシー

会社組織は僅かに10名にも達しないが、個人営業者の23台を合わせると約330名になる。営業者と台数は

　　ハイヤー、タクシー兼業　営業者330人、
　　　　　　　　　　　　　　　円タク550台、
　　　　　　　　　　　　　　　普通タクシー
　　　　　　　　　　　　　　　75台
　　ハイヤー　　350台
　　バス　　　　なし
　　トラック　　営業者450人、
　　　　　　　　車両1,225台

神戸市におけるタクシーの現況

市内におけるタクシーは会社組織のものが多く、比較的規模は大きいが、ハイヤーは全部個人営業で2、3台の所有者が多く、またバスは市電の発達や神戸市の地形上未だその経営者が現れない状態である。現在神戸市内にはタクシーが最も優越な地位を占めているが、それは普通タクシーであって円タクではない。その主なものは

　　神港タクシー株式会社　　50台
　　神戸市街自動車株式会社　50台
　　兵神タクシー株式会社　　30台
　　菊水タクシー株式会社　　20台

をはじめとして、富士（10台）、元禄（14台）、

いろは（5台）、三宮タクシー（4台と人力車組合）、神戸駅構内タクシー（4台と人力車組合）、等の個人営業タクシー業者がある。

　　タクシー　　営業者　13人、
　　　　　　　　車輛数　195台
　　ハイヤー　　営業者　12人、
　　　　　　　　車輛数　41台
　　バス　　　　なし

　料金制度は各営業者によって相違があり、最初の2分の1マイル50銭、70銭、80銭、90銭、あるいは3マイル1円など区々である。爾後は4分の1マイルを増す毎に10銭（待ち賃は10銭）を収受しているが、主に現行はスタート70銭の営業が多い。しかし、昨年11月5日から全市一斉に、最初の2分の1マイル50銭に改正する問題が起こった。それは兵神タクシー（駅構内営業者でない）が初乗り50銭で営業したことから、神戸鉄道局が各構内営業者にこの料金を勧めたことに端を発しているのである。また、神戸市内には均一タクシーつまり円タクというものは従来なかったのだが、最近（昭和2年7月末）矢津自動車商会が、フォード5人乗り4台で営業を開始したけれど、神戸の地形上、利用者が少なくほとんど花柳界の巷に客を求めているくらいで、円タクの存在を認めている者は少ない有様である。

名古屋市におけるタクシーの現況

　大正12年（1923）10月、第一タクシー、小型タクシー等が設立され、京阪地方におけるタクシー熱の勃興に伴い現在は

　　名古屋タクシー自動車株式会社　　63台
　　名古屋ツウリング自動車株式会社　20台
　　第一タクシー自動車株式会社　　　27台

をはじめとして小規模のタクシー専業経営者が約25名いる。最近ハイヤーは贅沢視されて、需要は少なくなり、タクシーを兼営する者が続出して、その数41名にもなっている。

　タクシーは名古屋市内を中心に200台ほどあり、今後ますます増加の傾向にある。車種はフォードが多く、ついでシボレー、オーバーランド、シトロエンも使用している。またタクシーの料金は最初の2分の1マイルまで30銭、爾後4分の1マイルを増す毎に10銭加算が多く、本邦6大都市中では最も安い料金である。

　この外、円タクの看板をかかげて名均タクシー、円助タクシー、円1タクシー、ヨロシク、100等があり、料金は1マイル以内50銭、3マイル以内1円、1マイル以内50銭、3マイル以上4分の1マイルを増す毎に10銭加算、あるいは大阪のように市内1円均一を掲示しているが、需要は少なく、普通のタクシーに圧倒されている。名古屋市内における営業用旅客自動車を用途別に細別してみると、

　　バス　　　　67台
　　ハイヤー　　230台
　　タクシー　　180台

合計477台である。今後もタクシーはますます増加する傾向であるが、このタクシーも安い料金の「10銭均一バス」に圧倒されている。

東京市におけるタクシーの現況

　東京市内の円タクは、大正15年（1926）3月、東京均一タクシー自動車株式会社社長の小瀧辰雄が大阪の円タク界を視察してきて、これを実施したのが最初である。この円タク熱の流行病が一度東京に移入されるや、円タク業者はたちまち続出し、同年末には新しい円タク業者が市内の各駅に「全市1円均一制（割増金なし）」のもとに駅構内営業の許可を取りたいと申請する者が30名にも達したという。もちろんその背後には大臣、政務官、代議士ら政党の力添えを貰って当局に迫り、円タクは民衆の要望であると当局に迫った者がいた。当局は新しい申請者の要望は退けたが、従来許可されている駅構内タクシーの円タクは許可した。それがきっかけで、市内のタクシーはほとんどが円タクになった。料金は主に5分の1マイルにつき50銭、爾後5分の1マイル増す毎に10銭の料金が多い。

　警視庁では昭和2年（1927）10月15日、追加として次の基本料金を発表した。

　　基本料金
　　　タクシーメーター付走行マイル
　　　　1マイル毎に　　　　　金30銭
　　　待ち料金　5分毎に　　　金10銭

割増金　　　　　なし

円タクは上に述べたような賃金制のもとに誕生・発達したもので、いまや東都における大衆交通機関として重要な地位を占めている。現在東京におけるタクシー業界で主要な会社としては、

　東京乗合自動車株式会社系実用タクシー部
　タクシー自動車株式会社
　ツウリング自動車株式会社
　東京均一タクシー自動車株式会社
　小型自動車株式会社
　東京タクシー自動車株式会社
　平和タクシー自動車株式会社
　朝日タクシー自動車株式会社
　常盤タクシー自動車株式会社
　構内タクシー（人力車組合）

表12-1　東京市内乗用自動車の営業者数と車輛数

営業者数		車輛数	
芝　区	327名	芝　区	1,081名
京橋区	316	下谷区	803
神田区	195	京橋区	873
麹町区	186	麹町区	665
日本橋区	175	神田区	609
本所区	171	日本橋区	510
赤坂区	105	浅草区	380
浅草区	108	本所区	342
その他		その他	
計	1,354	計	6,231

（昭和2年10月末現在）

等があり、東京市内には表12-1に示す営業車数と車輛数がある。

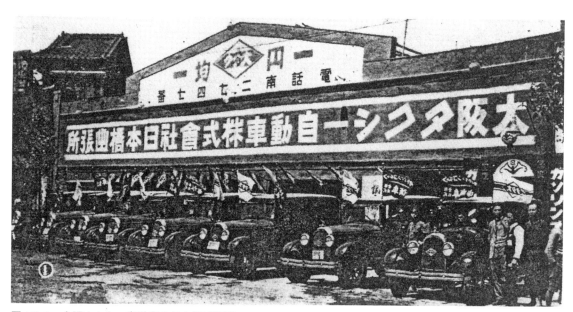

図12-1　大阪タクシー自動車の日本橋出張所
昭和3年、従来のフォードT型に代えてファルコンナイトを購入したときのもの。円タク（一円均一）の看板が見える

第12章 五大都市における1円均一タクシーの出現

図12-2 東京駅前の円タク
フロントガラスに「市内一円」の表示が貼ってある。

第13章　タクシー会社の争議、東京で発生

競争の激化と労働運動の高揚

　明治45年（1912）に設立されたタクシー自動車株式会社は、設立当時フォードT型6台で開業したが、それから6年ほどは同業者が現れず、ほとんど独占的な経営で順調に業績を伸ばし、大正6年（1917）には209台、運転手も380人と躍進した。しかしその頃からライバル会社がぽつぽつ現れ始めた。

　大正6年5月11日に東京タクシー自動車株式会社（本社麴町区永楽町2丁目1番地、資本金50万円）、同10年（1921）1月25日に東京ツウリング自動車株式会社（本社京橋区山下町13番地、資本金3万円）、同11年（1922）11月2日、小型自動車株式会社（麴町区内幸町1丁目6番地、資本金15万円）、同12年（1923）5月5日に平和タクシー自動車株式会社（本社赤坂区溜池町34番地）、同年8月15日文化タクシー自動車株式会社（本社浅草区花川戸町5番地、資本金5万円）、平和タクシー自動車株式会社（本社芝区琴平町2番地、資本金5万円）、さらに8月27日には東京実用自動車株式会社（本店麴町区内幸町2丁目4番地、資本金125万円）が設立されて、競争が激しくなった。そこでタクシー自動車株式会社では、乗客からの心付け（チップ）を全廃した。

　これは乗客からは大歓迎され、東京のタクシーがすべてチップ全廃になった。しかしチップは運転手にとっては大きな収入源であったから、給料が減少した。そこでタクシー自動車株式会社の運転手たちは賃上げを含めて労働条件改善の争議を起こした。これはわが国におけるタクシー業界最初の労働争議であった。

　その背景には、大正デモクラシーと言われたように、大正の初期から末期にかけて日本労働組合総連合（総連合）の創設、日本労働総同盟（総同盟）系と反総同盟系の対立などがあり、団結権、ストライキ権の獲得運動が盛んな時期であった。大正11年だけで見ても、同盟系ストライキ250件、参加4万1,503人、小作人争議1,578件、参加12万5,750人（『近代日本綜合年表　第二版』岩波書店）という時代であった。

　この争議の後、大阪タクシー自動車株式会社では運転手の半数が、日本労働組合評議会（評議会）に入会した。また日本最初のタクシー会社であるタクシー自動車株式会社社長で大阪タクシー自動車株式会社の創立者・山口恒太郎はついにタクシー業界から身を引き、大阪タクシー自動車株式会社の社長には東邦電力社長・田中徳三郎が、相談役には阪急・東宝グループの創設者として著名な小林一三が就任した。

タクシー自動車株式会社の争議始末書

　筆者が入手した、タクシー自動車株式会社の運転手たちが起こした争議の始末書は次のようなものである。これを見ると、運転手たちの給与をはじめ労働条件がはっきりわかるので、以下に引用する。

　写　　労秘甲第317号
　　　　大正12年5月16日
　　　　　　　警視総監　赤池　濃
　タクシー自動車待遇改善要求
　　要求に関する件
　　　東京市麴町区有楽町3丁目1番地
　　　　資本金50万円（2分1払込）
　　　タクシー自動車株式会社
　　　　　　社長　山口　恒太郎
　右会社は明治45年7月の創立に係り数寄屋

橋外16ヶ所に営業所を設け現に運転手約380名（現に組合なし）を使傭し居れるが運転手等は一般社会不況の打撃を受け最近乗客より受くる心付の減少したる結果、会社より受くる現給にては到底生活を維持するに足らず且つ会社の待遇は小型自動車株式会社外2、3の大会社に比し著しく冷遇なりとして内々不満を抱き遂に運転手25名は本月13日午後4時30分より麴町区永田町2丁目57番地貸席やまと事渡邊傳造方に集合協議を為し会社に対し給料値上及勤務時間短縮等の要求を提出することに決し交渉委員に山中民治、近藤光治、近藤林三郎、矢部元治、辻野重太郎、福田忠吉、小池張恵、細野弘志の8名を選定、7時頃散会したり、其後該委員は各詰所の運転手と交渉連絡をとりつつありたるが代表者近藤林三郎外42名の名義を以て交渉することに運び昨15日午後1時委員等は数寄屋橋の本社を訪問し左記内容の要求書を専務取締役岡田秀男の許に提出したり、目下の処何等不穏の行動なきも相当注意警戒中

　　　　　左記
1、従来の給料最低27円、最高100円迄の16級制を最低40円最高100円の11級制とすること
2、従来支給されたる乗車賃金収入の歩合100分の3を百分の5に値上げすること
3、比較的閑散なる駐車場新宿駅外4ヶ所勤務の者には1ヶ月金20円の手当を支給せられたし
4、運転手公傷の場合は俸給の倍額を支給せられたきこと
5、退職手当、運転手義務年限を3ヶ年とし3ヶ年以上勤務者に對し金300円、其以上は1年を増す毎に200円を加算支給せられたきこと
6、勤務時間
　　第1日　午前7時出勤、午後11時終業
　　　　　（現在翌午前1時終業）
　　第2日　正午出勤、翌午前2時終業
　　第3日　公休
7、班長は各車庫に於て投票の上任命せられたきこと
右及申（通）報候也

写　　　労秘甲第318号
　　　　大正12年5月16日
　　　　　　　警視総監　赤池　濃
　内務大臣　　水野錬太郎殿
　社会局長官　塚本　清治殿
　京都、大阪、神奈川、兵庫、愛知各府県知事殿
　司法省刑事局長殿
　東京控訴院検事長殿
　東京地方裁判所検事正殿
　　　タクシー自動車株式会社　運転手
　　　　待遇改善要求に関する件
　　　　　（第2号　解決）
　昨15日本社を訪問要求書を提出したる交渉委員は直ちに芝浦車庫に引揚げて代表者42人に報告更に午後5時会社に赴き岡田専務に会見を申込みたるも該要求に関しては明16日正午回答すべき旨を申渡されて退出したり

　一方会社は要求を提出せられたるや直ちに岡田専務及各課係長の会議を開き協議したる結果要求資料たる第1項は従前通り16級制とし各級共10円宛増給し、第2項乃至第4項は之を承認すること、第5項の義務年限は要求通り3年とし退職手当は3ヶ年以上の勤務者に対しては150円以上300円以内に就て支給し、其以上は1ヶ年を増す毎に前比率に依り支給すること、第6項は従前の如く、第7項は各車庫に於て候補者3名を選挙推薦し会社の認可を受けることに決定したり

　本会社に於ては正午交渉委員の来社を待ち交渉委員6名に対し岡田専務より右会社側の決定を回答したるが委員等も即時之を承諾、本日より実施することとし無事解決するに至れり
　右及申（通）報候也

　これを見ると、当時の運転手の月額賃金がおよそ30円～100円であること、3年以上勤務の者に対しては退職金が支給され、その額は数百円程度であること、勤務態勢は基本的に2勤1休（2日働いて1日休日）であること、などがわかる。当時のタクシー運転手は、好待遇の人気職業であった。

第14章　新聞・雑誌に見る円タクと世相

円タクの東京伝播

　大阪に発生した市内1円均一タクシー（円タク）は、東京にも伝播した。東京のタクシー業界は、問題がある、として業界を挙げて反対に努めたが、その勢いを防止することができず、行政側も成り行きにまかせたので、「円タク」はたちまち東京はじめ全国のタクシー界を席巻し、ついには50銭均一タクシーまで出現することになる。

　以下では、そういった当時の状況を報じる新聞・雑誌記事を取り上げ、この時代の世相とタクシー事情を見てみることとする。

　■「忙しい世の中に目まぐるしいタクシー、ブルもプロも都人も田舎者も、けふこの頃は自動車ッ」
（大阪毎日新聞大正14年4月23日付）
　▲大阪のこの春は、大博などの催しはあり、春の都を訪れる客足も殊のほか多く、従って自動車のお客は当業者の予想以上で、最近フォード型大型均一タクシーが新たに生まれ出たのをはじめとし、大阪小型タクシーは本月に入って2人乗りの豆自動車を10台ばかりを初めてタクシーとして、その筋の許可を得たかと思うと、例の乗合の「円太郎さん」も新たに30台をひっ提げて気忙しい大阪の交通客の需めに応じることとなり、自動車界も頓に春めいて久し振りの花を咲かせる。それでは全体近頃、どんなクラスの人達が自動車を用ひることになったか……、以前は自動車に乗る人と見れば、でっぷり太った会社や銀行の重役、豪商か、さもなければ乙にすましたお役所の長官、または一夜のうちに千金を撒き散らす大尽などで、まずブルジョア・クラスの連中に限られたものだった。そして半ばは御大の威容を保つ一つの道具でもあったのだ。で、自動車でなければならぬようだ。自動車といえば自家用の物かハイヤーに限られたものだったが、近来は自動車の常用がえらい勢いで民衆化し自動車といえばタクシーか、と肯かれる程になって来た。しかも永年ブルジョア株の宮仕えしたハイヤーは、昨今ハイヤーでござい、と澄ましていた日には口が乾あがる。背に腹は替えられぬとあって、ブルジョア様に見切りをつけ、一夜の間にメーターを付けてタクシーになりすまし、民衆様へ鞍替えするもの引きもきらぬ。
　▲試みに最近1ヶ年の鞍替えを一瞥して見ると、第一自動車の13台、巴自動車の11台、常盤タクシーの10台等々ざっと70台はこの通りの始末。事態この通りで、現今自動車を使う人達は商店の丁稚でも、会社の下級社員でも忙しい用務にぶつかったら、いつでも伝票一つで自動車に飛び込み、ブルジョアと同格だとばかりに肩で風を切る。職人連にしてからが、花見帰りの好い気になると、難波辺りから小型を張り込んで廓辺りへ繰り込もうかというご時世になった。自動車会社の話を聞くと、大型、小型、円タクと使用者はそれぞれ距離と用向き、人数の関係によって場合々々で徳用なものを選択するか、芸妓連れの客と、梅田辺りで大手廻りを抱えた客だけは大型タクシーでなければならぬようだという。
　▲大荷物を持った客が車内の広さの関係から大型を撰ぶのはすぐ読めることだが、芸妓伴れになると、同じタクシーにしても大型は余裕があって偉そうに見え、女の手前ケチに思はれたくないばっかりに大型を奮発するという。プロにしてブル気分の抜けぬ一派があるかと思えば、女客になると少々ブルジョア級の奥さん連でもチップの要、不要を調査して、ナニはさて置き

チップの要らない自動車を待ってでも乗ろうという。この類はブル階級でプロ気分の抜けないものとでもいうべきである。一般の用向きを達するため、特に時間を惜しむ人達は病院の見舞いに、買い物に、人力車代わりに、電車代わりにタクシーを使うようになり、田舎のお上りさんさえも停車場辺りで人力賃と胸算用の挙句「それでは自動車で」と目のくらむのを堪えて自動車を用いるようになった。一般用足しは少しでも安い小型を撰びたがるのは勿論だが、賃金にも細かなところを調べると、必ずしもトクがトクでなくなり、車体の動揺の関係や、乗り癖せで沢山の客の中にはタクシーはどれと、決めている者もあるという。

■「今に均一タクシーが4、50銭にならう、4社鼎立してお客争奪、辻々で、乗りなはれ々々」（大阪時事新報大正14年8月26日付）
▲自動車を指して金持ち専用だと贅沢視したのはもう既に一昔前の話……昨年夏に大阪のタクシー界に名乗りを挙げた1円均一タクシーを「何だ円タクか」と冷笑したのも亦夢となって、この均一タクに引き続いて臼谷鉄工所から大型均一が矢張り1円の均一で、然も4人乗りのフォード型6台を引っ提げて現はれると見るや、更にオーバーランド型の優秀車を使用した「1円タクシー」が10台も飛び出して3社鼎立して猛烈な乗客の争奪を演じ、夏枯れ時の昨今は鎬を削っていたが、つい最近イエロー均一なるものが仏国シトロエン型10台を以て此の激烈な競争の渦中に割り込むやら、今や1円タク全盛の時代となったが、比較的に経済的に出来ている1円均一でも夏枯れの今日此の頃では交差点の辻々にフラフラと遊弋して、お客を拾ふのに血眼の有様で、均一タク、大型均一の銀の横線、1円タクの白線等も「さあ乗りなはれ、乗りなはれ」と叫んで居る、向ふ鉢巻の姿と見えやうが、当局としては今後もタクシーの出願に対してはドシドシと許可してタクシー界の自然淘汰に任す方針で、現に出願中の80銭均一タク等も近く許可の模様であるが、近い将来には40銭、50銭の均一タクが出なければ嘘だと言っている

■「大大阪を風靡する円タク黄金時代、大タクを均一にする、改造案を従業員から提出、会社側でも頽勢挽回に腐心」（大阪毎日新聞大正15年2月10日付）
最近大阪市内を昼となく夜となく東西南北に闊歩疾走しているのは1円均一タクシーであって、これがため最も打撃を受けたのは大阪におけるタクシーの元祖ともいふべき大阪タクシー株式会社である、同社では梅田駅間近に本社を有し、霞町、野田阪神前に出張所を設け、車台250台、500人近くの運転手を使用して、タクシーといへばすぐ青色のカーテンの大タクを思い出す程に全盛を極めて来たが、時勢の要求は遂に1円均一を生み出し、日々大タクの活動範囲が侵略され、さすがの大タクもたじたじの態で、何とか機宜の対策を講ぜねばならぬ破目となり、去月22日専務取締役山口恒太郎、金井金市両氏が退いて大いに陣容を新たにするつもりで、日本マッチ会社々長本田市太郎、東邦電力社長田中徳次郎の両氏がこれに代り、その上交通事業界のきけ者小林一三氏が相談役となって頽勢挽回につとめたが、鼠が子を産むように殖えて行く均一タクシーに対して、現状のままではますます勢力を蚕食されるばかりなので、来る4月上旬開催されるべき総会において根本的の会社改造が断行されるとの噂が社員間にぱっと広がり、第一に極度の不安にかられたのは450人の従業員であって、生活の根本が脅かされる。背に腹は替えられぬ現状にかられ、去月下旬頃からそろそろ労働組合の設立に暗中飛躍を続け、すでにその半数は日本労働組合評議会に入会したとのことで、漸次にその歩調を固めた結果、8日夜梅田本社横の梅田営業所でこっそり約100と4、50名のものが午後7時から10時まで対策につき協議し、何等決定的なことは取決めなかったが、2、3日中に「3マイル1円均一にしてくれ」との要求を中心に会社改造案を重役の手元に提出し、万一会社が要求を拒絶する場合は断固たる処置に出る、と息巻いている、一運転手は語る、私どもの定給は最高

65円、最低25円で、その上は歩合です、これまで多い月で平均120円にもなって、どうやら生活が出来たが、1円均一が出来てからはさっぱりで、とても従来のようなうまい事がありませんから、私たちの希望は何とかして従前のような収入が得られるようにして貰いたいのである、それには3哩1円均一が会社の為にも従業員の為にも最上の策であると思います

■「均一タクシーは去年の5倍、その数1千台」
（大阪毎日新聞大正15年6月9日付）
▲大阪の名物均一自動車は本年正月頃から湧くように殖えだしたものだが、その数今や1千台（3マイル均一412、1円均一587）に達した、いかに急速に均一が殖えたか、試みに昨年の夏頃と比べて見ると、その頃の均一といったら例の工藤均一と小豆色の臼谷自動車、それに1、2の分を加へてまあザット200台、それが今日ではその5倍にもなり、且つ賃金が安く、乗用手頃とあってこの頃の均一の運転回数は前と比べてウンと殖えているから結局市中を走る均一は延べ台数以前の何倍になるか見当もつかぬ、大阪の市中を走る自動車が均一ばかりだと見えるのも無理ではない、それにまた事実において普通のタクシーの数は今では地位を顚倒して僅かに2、300台位しかない、ハイヤーなんど数ふるに足りぬものだ、均一営業者の数は現在およそ270、車体も具さに見ると、トローヂャン、シトロエン、ビック、オーハーランド等、7、8種も違った格好のが色とりどり飛び廻っているけれど、最近では段々と広さの点などから、乗り心地のよいフォード型の出願が多くなって来た、肌心地のよい風をきるドライブのシーズンでもあり、他の商売の消長をよそにして自動車の出願の多いこと！、均一の鼻息の荒いこと！

スキヤ橋ガレージ主・細川清の談話（『自動車セールスマン物語』三栄書房）
細川清は明治26年（1893）4月、福井県南条郡神山村（現・越前市）に生まれ、大正8年（1919）9月に上京して中古車の販売業を始めたのが自動車と関係した初めで、昭和4年（1929）に麴町区数寄屋橋際に数寄屋橋ガレージをつくり、ドッヂブラザー、グラハムページ、オースチンなどを販売するアサヒタクシー株式会社を創立して社長になった人物である。彼が発起人になって、上野不忍池畔に東京三十年会の自動車記念碑を建てたことでも知られている。その著書『自動車セールスマン物語』はなかなか愉快な本であり、赤坂の溜池に中古車市場をつくり自らを「溜池仙人」と名乗っている。

▲東京全市が円タク化した時は如何であるか、必ず大阪の二の舞を現出するであろう。昨年春大阪に於いて、トロージャンで円タクを開始したのが日本での初めであった。その当時は1台の収入は45円乃至60円あったが、現在では1,000台位の円タクがある。そして1台の収入は僅か15円乃至20円位より無いことになった。この勢いで進めば全部が円タク化するのは必然で、如何ともすることが出来ぬ。その傾向は明らかに認められる。わが東京も必ず其の轍を踏むことは火を見るよりも明らかで、その時に彼是れ騒いでも時既に遅しである。
▲円タクが儲かるという話であるが、それは車輛主が儲けているのか、車庫主が儲けているのか、それを言明していない。大いに考慮すべき点であろう。又大阪の円タクでは1日走行80マイル位との話であるが、自分が聞いた処では100マイルから120マイルを運転したとのことである。お屋敷の自家用自動車の運転手でさえ、10年も続いて運転したら身体が疲れ、目が上ってしまうと云われているのである。況んや1日100マイル以上も昼夜休みなしに運転したならば、心身の疲労の度を早め、1年か2年で上ってしまう。保険上からも大問題である。而して円タク増加、自由競争に任したる結果、料金収入減を来すのは当然で、従って、すべて支払いは渋滞し、税金等の納入も困難に陥入り、遂には自己の社会上の地位をも維持することが出来なくなる。
▲のみならず車輛は破損し、交通事故も増すであろう。その場合に被害者に向かって損害賠償

の責任をも果たすことが不可能になるであろう。従って交通者に不安の念を起こさしむる。之れは交通保安上から見ても問題である。所謂「衣食足りて礼節を知る」で、収入減の結果、或いは自動車盗賊が出るであろう。付属品盗賊も出るであろう。かかる悪行為が頻出し、吾人の生存上に脅威を感ぜしむるに至るのである。円タクは現時の社会の趨勢である。行き詰まりを開拓する恩人であると云う人あるも、余は左にあらず却って益々行き詰まらすものであると思う。

▲蕎麦屋、豆腐屋、湯屋の組合の如きさえ生産制限若しくは価格協定を為しつつあるにあらずや。然るにわが自動車業組合は何を為しつつあるか。さらに統一なく、しかも我が身で我が身を喰む様な事を敢えて為さしめているのである。丁度噴火口に向かってダンスをやっている様なもので、実に危険極まりない。わが組合員は2,600ある。その家族及び関係者は10万もあるであろう。それ等が実に窮迫の生活状態に陥るのである。組合は願書の奥印のみが仕事ではあるまい。我々の安定の得られる事を研究考慮してくれることこそ組合の使命ではあるまいか。円タクは業界の野心家によりて始められ、組合はその傀儡に使われて、一般の生活を窮迫に陥らしめているのであるから、一日も早く之れが善処の策を講じ、本問題を解決し、健全なる組合の発展を希望するのみである。

その他の円タクに関する新聞・雑誌記事

■「大阪タクシー自動車界の側面観」（MZ生記、『モーター』大正15年11月号）

梅田駅頭に立って、第一に吾人の眼を惹くものは、駅前に客待ちの、円タクである。大競走に大型タクシー、小型タクシー、中央タクシー、大阪タクシー、日本タクシー等々と眼まぐるしきまでに発達した大阪タクシー界は一種の混戦状態であって、多数の車輛を持つ大会社と、2、3台しか持たない個人経営者とが全市1円均一を翳して縦横に馳駆する悲痛の争奪戦を展開している。

自動車が今尚上流階級の特権なるかの如き観あるに係らず、大阪に於ては甚だしく一般化して来た事は争はれぬ事実である。梅田駅に下車した時、田舎者であろうと、口髭の紳士であろうと、円タクの乗務員達から必ず
「如何です。円タクです、1円均一です」
の客引きセリフを聞くだろう。又、明るい電燈の交差した道頓堀や、新世界の活動写真や、劇場から吐き出されてくる、人々の波を作る日本橋筋や恵美須町の雑踏を押し分けるように、円タクが列を為して、右から左へ、左から右へと、長い警笛を鳴らして、静かに歩みを移して活躍振りの鮮やかさを発揮して居る。彼等は口にこそ言はぬが、「円タクを召せ」、「1円均一は如何です」と車の移動に陳列をしているのである。そして客をピックアップした自動車は、声高く咆哮を挙げ、強い瓦斯倫の匂いを吐き出して疾駆して去る。

朝のラッシュ・アワーに於ける阪急、阪神、京阪、大軌、新京阪等郊外電車前に集まる自動車も可なり多くである。円タクは全く平民的な自動車であるけれども、一般人にはその区域が分明に理解出来ず、均一区域外に乗り越す場合、普通4分の1マイル毎に10銭を要することも熟知していない、仮令大阪人が自分達のタクシーとして、快く利用出来ても、外来人達は均一自動車と云うもの、、法外の金を取られたと云う不快の念を抱くであろう。これに関して府保安課から均一タクシー経営者に爾後「均一区域外」の札を車の見易い所に掲げる様に達しがあった。（これで乗客は安心して、自分達の車としてタクシーの奉仕を受けることが出来る）

▲タクシーの経営及び其の雇用状態に就いて市の社会部調査課で新しい調査を為した結果、今年5月末現在では、大阪全市に257名の経営者があることが判った。其の中会社組織の経営者19名を除いて、他の238名は個人組織のものである。これは会社組織とする為の大資本を持たないと云うよりも、小資本を以て立派に営業し得るということが如実に証拠立てられて、その発達を今日にまで競り上げた原因と謂うべきであろう、これ等の営業者をその使用運転手数

から見ると、運転手2名を使っているものが56名の最高を占め、1人だけのもの31名、4人のもの32名、3人のもの31名、5人のもの16名、6人のもの13名という順序で、会社組織のものを除いては10人以下の運転手を使用しているものが大多数である。次に使用自動車数から見れば、2台を持っているもの80名、1台のもの33名、3台のもの28名、4台のもの26名、5台のもの17名という有様である。

▲全市のタクシー数は、今年6月20日現在で、1,710台、これに使われている運転手の総数は2,217名である。これ等の運転手が1日に働く時間は、1台持ち切りの場合は、平均14、5時間、即ち午前9時、10時、若しくは11時より夜の12時、1時、2時まで、交代制の時は約12時間、之れに対して支払を受ける給料は、固定給20円より50円、これに収入賃金の約1割8分の歩合及びガソリン手当、無事故手当、夜勤手当等であるが、これは比較的に大規模の会社が会社所有の自動車を運転させるものに対する普通の支給額である。

▲斯く表面的にのみ視察すれば、如何にも盛大で、一廉の営業振りに思はるるが、現在の我が国タクシーは尚不安定な過度期にあることは、何と云っても阻むことは出来ない。従ってかなり変態的な営業振りが、其の内面を覗けば観察されるのである。

即ち1台の自動車を持たないタクシー経営者と車庫を持たない車所有者の運転手との握手的、所謂分業的経営法である。これは、車庫の所有者が1台、2台の車の所有者と変則的に雇用契約を結んで、1つの主体となり、相互扶助の経営が開始されたことである。一方では、車庫の使用料、営業費を車の所有者より得、他方では当局への手続き、車庫の設備、事故手続き等直接運転を行う者が受ける煩雑から逃れる等の便利を車庫所有者より得るのである。

▲又株式組織のタクシー会社で大部分運転手が株主として権限を有する種類のものがある。これ等の組織は自動車運転手が自覚して、自分達の会社たらしめ株主総会で大いに優勢を示し、営業方針にも其の意志を要求し得る労使協調に立脚した一手段にして、たしかに運転手の幾分の向上を意味するものと思うが、反面には種々の禍根が又伏在すべき性質のものである。又自動車を所有する運転手が集合して会社を組織し、毎月30円、50円宛て醸金して、自治的な相互組織の許に営業を行って居るものもある。又は自己の費用を以て車を買い此の組織内に加盟して稼ぐものもある。

大阪に於けるタクシーの異常なる発達に伴う当然の帰結として、小資本家若しくは全額を払って車を買う丈けの資金なき運転手達にとって誘はれ易き自動車購買法、即ち月賦販売法が行われて居る。然し、無資本の運転手達が直接自動車販売店から月賦にて購買し得べき時期に達するにはまだまだ購買者も販売店も相理解し合うと共に人格の向上を計らねば円滑な取引は行われないであろう。又、自動車が生産過剰、輸入超過（目下日本に於いては）の域に達して、販売法や、代理店が、激甚なる競争の状態に至らねば月賦販売は、普通的に行われぬであろう。

▲かくして上述の機会の到来するまで自動車界に最も変態的な現今の如き自動車販売法が行われるのは亦止むを得ざることであろう。目下の月賦制度とも云うべき買方の普通に行われて居るものはタクシーの営業が、自動車1台に対して1人の運転手を雇用すると同時に、500円乃至1,000円位の保証金を納めさせて、自動車を貸与する、此の種自動車は普通フォード車の1台2,400円から2,600円位のものであって、タクシー自動車会社が月賦販売部を取次ぐ姿になるのである。

▲運転手は一日真っ黒になって稼いだ賃金の中から、日々又は月々車輛の償却金及び税金、車庫使用料等のため300円乃至450円を営業者に収める。普通10ヶ月から18ヶ月にて、其の車が全然自己の所有に帰する、併しこの期間に運転手は消耗費、事故費等に相当重い自腹を切らねばならぬから、充分の修繕を行うべき余裕と費用とを準備し得ずして無理な運転を続ける結果、可なり傷んだ車になって始めて自己のものになるのであるが、それにしても運転手達は、自分の車だと安心して居る所に世相観が現れ

て、一種悲哀の調べが帯びているではないか。
▲目下大阪に於けるタクシー業者が使用している自動車はフォードが最も多く、ビック、シトロエン、オバーランド、ルノー等も各営業者によって個々別々に運転されている。タクシーの発達に従ってモーロー自動車は益々激しく市内を横行するようになったことは当然であろう。如何に大阪に於ける小経営のタクシーが営業し得るとは云いながら、大会社組織のタクシーが市内の各所に駐車場を設けて正面から対抗し得らるべきものではない。彼等が朦朧して、街頭より客を得んとするのは、これらの圧迫より自然法規の下をくぐって、暗闇の営業手段に出で其の存立を保持したい窮鼠的の絶体絶命手段であって、当局がこれを取締るに全力を尽くしても死にもの狂いの此等の手合いの絶滅は如何にしても期す訳に行かんであろう。
▲これに対し或る人の評を聞くに「公設の駐車場を設けてタクシー業者をして自由に使用せしめよ、高圧的手段に訴えて朦朧狩りのみにて之れを取締らんとするは愚だ」とこれは或いは小資本経営者側の泣き言であるかも知れないが、朦朧をしなければ立ち行かぬと云う状態であるならば、自動車の発達に順応して此等の矛盾を一掃し、安心して働き得る途を講じてやることが急務ではなかろうか。

兎に角タクシー化された大阪の自動車界は如何なる局面によりてこの世知辛き生存競争の場面を切り開くであろうか、頗る注目に値するものがある。

■「客の争奪から円タク案内全廃、東京駅つひに断行す」（東京朝日新聞昭和2年11月10日付）

東京鉄道局では最近円タクの激増とそれがため生ずる弊害について頭を悩ましているが、最近殊に一般の非難を受けているのは構内円タク会社の案内人が、1円均一になったため、長距離は採算上有利でないので2、3区の短距離の客を択ぶため改札口で客取りの大競走となって混雑を増すばかりでなく、少し距離の遠い客は体よく断る有様に駅長に怒鳴り込む客も多く、9日より断然東京駅の円タク案内人を全廃さ

せ、距離の長短によって客扱いを異にする会社に対しては、今後営業を取消す方針である、なほ上野駅でも案内人の改札内および待合室での客引きを絶対に廃止させ案内人たまりを指定することになった

■「市内3マイル1円制をも許可、上野、品川、両国3駅の円タク営業車に」（東京日日新聞昭和2年11月24日付）

円タクの横暴はますます激しく、円タク利用者には一寸二の足を踏む程になったが、事実大東京の隅から隅まで1円で、4人も乗って行け、というのは、市民にとっては好都合この上ないが、円タク営業者中その駐車場を定まった駅に置いている者には苦痛であって、両国駅の如きは下車する者は新宿駅まで行く者が多く、従って円タクの方では、行く先を聞いてから知らん顔をし、客との間に争いが絶えないので、東京鉄道局では、目下上野、品川、両国の3駅の円タクの中、営業者の希望により、市内3マイル1円をも許可することになり、すでに大体の調査を終わったので、3マイル以内の地点を地図に示し、お客の便利を計る一方、メーター等を厳重に検査し、12月初旬より実施することになった。

■「円タク物語、出願殺到して交通課目をまわす」（『中外商業新報』昭和2年9月7日号）

人力車を蹴飛ばして無軌道交通機関の雄を称えるに至った自動車が、震災前は僅々4千台に過ぎなかったものが、この4年間に驚くべき増加を示し、現在に於いては1万5千台に近づこうとしている。このうち自家用のものが約2割弱として、1万2千台以上が商業用として用意されているわけである。いろいろの社会施設において、東京よりも一歩先んじていると言われる大阪では、ずっと前に既に円タクなるものが出現して、完全に実用化されつゝあった。大阪のような狭い土地なら端から端まで1円で乗せても損はないが、東京のような所ではとても収支が償うまい、円タクは難しかろうという噂も、僅かの間で、昨年11月頃に至って突如と

して東京でも円タクが出現した。円タクとはひと口にいふものゝ、その実は当時は全く何れも羊頭狗肉の類が多く、種々の料金表を掲げては結局暴利をむさぼり、或る場合には脅迫をさへ敢えてして、不当な料金を請求するなど、本年4月1日から実施された円タクの新規則が出るまでは全く朦朧自動車の跋扈時代を現出した。かくて新規則発布後においてさえ、5月中旬に行った警視庁交通課の朦朧狩りは、検査数8万2,260台中、違反数は4,099件を発見、遂に検事局送りとなった者まであった。かくて日に月に円タクは増加して、現在市中に見る自動車の8割は円タクである。しかも新たに自動車使用許可願いに警視庁に殺到するものは多い日は120台、少なくて30台を下らず、そのうち8割は商業用のもので、しかも大部分が円タクとして願い出で、普通営業のものは僅かに1割に過ぎない有様だ。この外普通営業を営んで居るもので、円タクに宗旨替えを願い出るもの日々30件を下らず、2人の係官が、昼食の箸をとる暇もない程に詰めかけて、傍らの大葛籠の中は書き換えた料金表が山を為している。勿論中には個人出願ののみに留まらず、会社として百数十台を所有するものまでが、束になって書き換えを願い出るのだからたまらない。警視庁交通課の自動車係は全く円タクの洪水である。統計も何も作る暇なく応接のみで日も足りない有様は実にすさまじいものである。

▲4月1日から実施された新規則に依れば、円タクは「3マイル1円」「市内1円」「1台1円」の3種類に限られているが、会社という様な信用を持たない＝所謂人力車時代の帳場をもたない＝朦朧自動車の跋扈は、田舎出の人達ばかりでなく、目から鼻へ抜ける都会人の肝を奪う様な芸当を、監視の厳しい中で平気でやってのけている。少し長距離へ行くと聞くと、「約束がある」とて客の求めに応じないのはともかく、料金の要求に応じないと無茶苦茶に走らせて引き回したり、郊外に1人で乗り出したりすると、助手と2人がかりで暗闇の中に降ろして料金を強要したり、中々やり方が深刻になって来ている。こうなると、とても当局の取締りばかりに頼って居られないから、乗り手の方から朦朧をうまく避けて、その上前記3種類の自動車をうまく使い分ける方法を考えざるを得なくなる。（以下略）

■「2万突破も近い自動車の大洪水・帝都の路上を埋める勢いで、全国数の3分の1」（東京日日新聞昭和3年1月15日付）

▲自動車の洪水時代を出現した帝都は素晴らしい勢いで車両の激増を見つゝある、殊にこの秋の御大典を当て込み、且つ昭和3年は景気も漸次持ち直すだろうとの見込みから、毎日警視庁へ車輛検査を申請するものが5、60台に及び、この調子で行けば、年内には総車両数は2万台を突破して全国の自動車数の3分の1以上を東京で独占することになり、帝都の大通りは自動車で埋まりはしないか、と案じられる。不景気のどん底と言われた昨年でさえ、検査総数は7,810台（内訳・自家乗用1,541台、同貨物413台、営業乗用4,246台、同貨物1,610台）で、今年は1万台以上の検査車両を見ることになろう。尤も1万台の新車両が出ても、廃車もあるので、検査の半数が増車車両とみられ、現在の約1万6千台がごく内輪に見積もっても2万台を下回ることはあるまい、と当局もちょっと驚いている。

▲一方、自動車の増加に伴って運転手の免許願いも頗る多く、昨今は100名内外の受験者が殺到し、このうち4割5分が及第して運転手に巣立ちつゝあり、職にあぶれた運転手が市内にだぶつき、就職できなくて地方へ出稼ぎに行く状態で、運転手の現在総数は約2万人である。また、車両の激増は必然的に自動車事故と正比例するので、毎日20件内外の自動車による事故もいよいよ益々増加する。交通課ではこの事故と自動車による犯罪をどうして防止するかにつき、具体案をつくり目下警察部の手で審議中である。

■「1日に30人の怪我人、3日に2人の死人、是れが東京市内の交通事故」（警視庁交通課長・藤岡長敏氏談、読売新聞昭和3年2月18日付）

▲近頃、自動車のひき逃げが頻繁で、子供や老人、婦人などはなかなか危険至極です。昨年1ヵ年間に我々の取扱った事故の件数は実に16,282件に達しています。従ってその為に生じた被害の死傷者数も非常なもので、死者234人、負傷者9,781名を数えるのであります。即ちこれを平均して見ますと、交通事故のために毎日、凡そ30人ずつの怪我人と3日に2人の割合で死人を出している勘定になるのであります。にもかかわらず世間の人は交通事故ということに余りに冷淡すぎる様です。昨年3年間のうち交通事故の犠牲になった者のうち満4歳以上15歳未満の者、即ち幼稚園から小学校を卒業するまでの年齢のものを数えてみますれば、死んだ者28人、負傷したり不具となったりした者1,979人の多きに達しているのであります。子を持つ親は真に注意すべき事ではありませんか。

さて、この交通事故はどうして起こるか、と申しますと、どうしても防止する方法がなく、真に不可抗力であったとか、また故意に起こしたものと思われるものは殆どなくて、全部過失、即ち不注意に因るものばかりです。だから、この過失と不注意をなくせば交通事故は殆ど発生しなくなるのです。またそれより外には事故防止の根本的方法はないのであります。尤も交通事故の原因たる、その過失、不注意が加害者側にある場合と、被害者側にある場合、或いはまた双方にある場合の相違は有りますが、少なくとも被害者側に全然不注意というものがない、ようになれば、現在発生している夥しい事故の中、約7割以上は減少するであろうと私は堅く信じて疑わないのであります

以上、大正14年（1925）から昭和3年（1928）までの3年間の新聞・雑誌記事である。大阪のタクシー界を席巻して、東京に上陸した猛烈な台風を思わせる円タク時代であった。なぜこんな異常なものがタクシー界を席巻したのだろうか。今でも不思議でならない。

図14-1　東京にも普及する円タク　東京均一タクシー銀座営業部

業界時事

東京自動車業組合消息

▽料金表示方法決す

信田生

車輛に表示すべき料金表示方法に付き先頃來、當局と交渉中でありましたが、いよ〳〵採用せらるゝ處となり統一された料金表示を見らるゝことになつた、それは左記の雛形でありますがこれは當局としては巧妙なる取締の目標であり、組合としても自制第一の表徴であると信じます。

一、營業所に對する表示

イ、營業所に料金の表示を爲す場合は許可の內容と同一なる基本料金及割增料金を悉く記載すること

ロ、同一の營業所に於て二種以上異りたる料金に依り許可を受けたるときは其の全部を區別して表示すること但し其の種類多數の場合は全部の表示を省略するも妨げなし

二、自動車に標示する標板の樣式

イ、寸法は縱、横各五寸以上六寸以內たるべきこと

ロ、文字は黑又は赤字とし楷書たるべきこと

ハ、基本料金及割增料金を左の雛形に依り記載すること但し待料金、郡部割增、迂回立寄の割增金は省略するも妨げなし

雛形

（一）市內一圓の料金に依るものにして割增金を徴收せざるもの

市內	一圓	郡部メーター制（又は時間制）

（二）市內一圓割增金附のもの

市內一圓	一人增二十錢	郡部時間制（又はメーター制）	深夜五割增

（三）最初三分一哩金三十錢爾後三分一哩毎に十錢のもの

メーター制	
タクシ	30錢
1/3哩	10錢

備考　最初四分一哩金四十錢爾後四分一哩毎に十錢最初五分一哩金五十錢爾後五分毎に十錢最初六分一哩金六十錢爾後六分一哩毎に十錢に依るものは本樣式に準ずること

メーター制	
タクシナシ	
1/3哩	10錢

備考　四分の一哩又は五分一哩毎に金十錢の料金に依るものは本樣式に準ずること

（五）三哩一圓の料金に依るもの又は時間制に依るもの

三哩	一圓

時制限

備考　割增金を徴するものは第二號樣式に準し記入とること

（六）特種自動車にして三哩若は市內五十錢の料金に依るもの但し割增金を徴するものは第二號樣式に準し記載すること

特種自動車	
三哩	五十錢

特種自動車	
市內	五十錢

▽割戻徹廢の件

從來暗默の間に行はれてゐた課長の意見に基き此の實行方を各支部に一任し、自制するやう又一般の乘客に趣旨を徹底せしむる爲めに東京市に於いて發行す新聞紙に廣告する一面に、旅館待合、料理屋へも支部を通じてそれ〳〵注意書を配附しました。

図 14-2　円タクの表示のいろいろ（『モーター』昭和3年10月号）

図14-3　東京の1円均一のタクシー会社の外観
上：神田橋際にある東京一円タクシー株式会社　下・左：東京均一タクシー株式会社神田駅営業所　下・右：東京均一タクシー株式会社秋葉原営業所

第14章　新聞・雑誌に見る円タクと世相

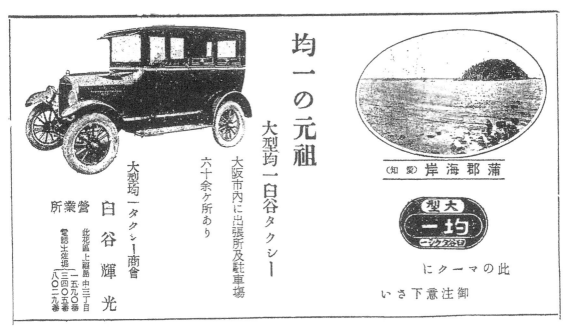

図14-4　大阪の大型均一タクシーの広告（大阪毎日新聞昭和2年6月17日付）

図14-5　市内一円、郡部時間制の表示

図14-6　均一タクシーに用いられたトロージャン

第15章　大阪市内のタクシー業者の状況

　本章では、業界誌『モーター』の昭和2年(1927)2月号に掲載された「大阪タクシー業者総めぐり」という記事をもとに、当時の大阪におけるタクシー業界の状況を概観してみよう。

　表15-1の冒頭、北部の大阪タクシー自動車株式会社を見ると、大正15年(1926)9月30日現在に於ける所有車両フォード270台、運転手数700人、その内車両主、即ち相互組織により車を営業主より譲り受けた者300人、助手400人、出張所20か所、駐車場54となっている。大阪タクシー自動車株式会社でさえも創業当時のような純然たる株式会社組織ではなくなっている。

　少し後の大平タクシーを見ると、これも相互組織で、1人の代表者金谷恒助（経営者）がいるが、彼は車庫主で自分は運転しない。運転手に自動車を月賦で販売しているのである。運転手に販売したフォードは18台で、運転手が35人ということは、1車2人制で昼夜働いて、翌日明け（休み）、つまり1か月15出番ということになる。助手は車数と同じ18人だから、1車1人制で、2人の運転手の助手を勤める。車の助手席にいてお客を見付けたり、自動車の手入れをする。

　次の毎日タクシーの場合は、経営者南善太郎の車庫には車両10台が所属している。10台のうち6台は運転手の所有で、4台は南善太郎の所有。運転手が13名とあるから、月賦金を払い終えない運転手か、あるいは臨時雇い用の車が4台あることになる。

　次の安全タクシーは、車庫主の経営者松崎千之助はフォードを13台所有し、ガレージを4か所と出張所1か所を所有している。全くの車庫営業と車両の賃貸業者である。つまり上記3人の経営者はタクシー事業の経営者ではなく、車庫経営者で、金融業者でもある。その他はほとんどが個人タクシーである。

　ずっと下って中部地区を見ると、文化タクシーは経営者は赤田助三郎と上田藤十郎、田中喜市郎の3人の合資で、普通の合資会社である。所有車両はフォード16台、出張所5か所。所属運転手34名が雇用されている。運転手は固定給が25円から45円、それに歩合給を加算して稼ぎ高の2割5分から3割となっている。

　黄色タクシーは、経営者が松本幸三郎で、車両は小型のシトロエン35台。雇用されている運転手も35人だから1車1人制である。全部の運転手が経営者から車を賃貸していて、賃貸料が1日8円で、これを毎日車輛主松本幸三郎に収める。残りの営収は全部運転手の収入である。

　東部地区の南海タクシーは経営者竹長番吉、所有車はオーバーランド3台にフォード7台の10台、運転手の給料は、稼ぎ高の2割5分となっている。

表 15-1　大阪市内タクシー業者一覧表

北部（所轄警察・曽根崎、天満、福島、中沢、十三、綱島、朝日橋、大和田、今福）
- 大阪タクシー自動車株式会社、専務取締役山口福則、資本金75万円、所有自動車はフォード270台、運転手700人中車両主即ち相互組織に依り車を営業主より譲り受けた者300人、助手400人、出張所20ヵ所、駐車場54ヵ所
- 大阪小型タクシー自動車株式会社、専務取締役岸本重任、資本金30万円、大正15年5月より相互組織を実施、所有車はオーバーランド10台、シトロエン73台、運転手数90人、駐車場25ヵ所
- 大阪駅構内タクシー、人力車夫150名が大正12年結託してタクシーを創設したもので、代表者山本徳松、フォード12台を所有する
- 大平タクシー（北区宗是町1-1、金谷恒助経営、開業大正15年3月相互組織による、運転手35名、助手18名、所有車フォード18台、1円均一）
- 毎日タクシー（北区相生町京橋北詰、経営者南善太郎、大正15年4月開業、相互組織、フォード10台、内6台を運転手所有し、4台は車庫主、運転手13名、1円均一）
- 安全タクシー（此花区茶園町35、営業主松峰千之助、所有車フォード13台、ガレーヂ4ヶ所、出張所1ヶ所、相互組織、1円均一）
- 阪神タクシー（北区梅田町326、営業主木村宇兵太、1円均一）
- 実用均一タクシー（北区浪花町12、1円均一）
- マル甲タクシー（北区曽根崎町4259、営業主甲村勇、1円均一）
- 真砂タクシー（北区梅が枝町、営業主梅田正次郎、メーター制）
- 菱豊タクシー（北区曽根崎新町3-1、経営者高川秀雄）
- 児島均一タクシー（北区梅田449、経営者児島丑松、1円均一）
- 大型均一タクシー（此花区亀甲町1-14、経営者臼谷輝光、1円均一）
- 均一タクシー（玉川町4-53、経営者井上正二、1円均一）
- 日ノ丸タクシー（此花区上福島町3-84、経営者吉井菊二、1円均一）
- 朝日タクシー（此花区玉川町4-97、経営者相原正止、1円均一）
- ダイヤタクシー（此花区玉川町2-186、経営者井上房太郎、1円均一）
- 高月均一タクシー（此花区上福島町1-59、経営者高月吾一、1円均一）
- 大阪日日均一タクシー（此花区上福島町2-43、経営者松田宗吉、1円均一）
- 相互一円均一タクシー（西淀川区海老江町1-189、経営者西田左京、1円均一）
- 大東タクシー（北区東野田3-386、経営者佐々木金一、1円均一）
- 大イン・タクシー（北区東野田4-210、経営者大石昌一、1円均一）
- アミジマ・タクシー（同上、経営者池内美三郎、1円均一）
- 白川均一タクシー（北区相生町63、経営者白川滋、1円均一）
- 三共タクシー（北区東野田4-4、経営者岡留兵太郎、1円均一）
- 小松タクシー（此花区四貫島大道1-8、経営者小松原喜代太、1円均一）
- ワンエン・タクシー（北区相生町京橋北筋、経営者菅井孝三、1円均一）
- 大東タクシー（北区東野田3、経営者佐々木金一、1円均一）
- 大行タクシー（北区東野田3、綱島署裏、経営者加藤金三郎、1円均一）
- 実用タクシー（北区浪花町12、経営者村田与一郎、1円均一）
- スター・タクシー（北区本庄浮田町、経営者成藤武雄、1円均一）
- 大型黒田均一（北区牛崎町162、経営者黒田勝治、1円均一）
- カドヤ・タクシー（北区天満橋筋6-18、1円均一）
- 福広タクシー（北区山崎町4、経営者田辺三郎、1円均一）
- 門田タクシー（東淀川区南浜町ガード上、経営者門田寛一、1円均一）
- 北野タクシー（東淀川区北野交差点、経営者松山茂二、1円均一）
- 仁田タクシー（西淀川区大仁町71、経営者仁田本次郎、1円均一）
- 三浦自動車部（西淀川区大仁町75、経営者宇城平一、1円均一）
- 児島タクシー（北区北梅田町449、経営者児島丑松、1円均一）
- 中田武夫経営タクシー（北区桑村65）
- 太田勇吉タクシー（北区出入橋比入踏切4）
- 有田タクシー（西淀川区浦江町76-5、経営者雑賀勇、1円均一）
- 金星均一タクシー（此花区茶園町野田阪神前）
- 朝日均一タクシー（此花区玉川町4-79、経営者相原正止、1円均一）
- WSタクシー（此花区四貫島大道2-11、経営者篠原萬蔵、1円均一）
- 春日出タクシー（此花区春日出町、経営者秋藤誉、1円均一）
- 白鳩均一タクシー（此花区下福島町3丁目）
- 星野均一タクシー（此花区福島中1-55、経営者星野与次郎、1円均一）
- 浪速タクシー（此花区上福島北3-84、経営者明石友次郎、1円均一）
- 島田均一タクシー（此花区上福島町3-62）
- 真砂タクシー（北区梅ヶ枝町5、経営者梅田正次郎、1円均一）
- 淀川タクシー（此花区四貫島元営町5、経営者寺田惣五郎、1円均一）

- 亀甲タクシー（此花区亀甲町1丁目、経営者福島平三郎、1円均一）
- 此花タクシー（此花区亀甲1丁目、経営者岡本信太郎、1円均一）
- 都均一タクシー（北区曽根崎中1-13、経営者庄野繁治、1円均一）
- 大仁タクシー（西淀川区大仁町88、経営者和田瀧蔵、3哩均一）
- 富士タクシー（西淀川区浦江野田阪神前、経営者西本定長、1円均一）

南部
- 南部タクシー株式会社、大正12年6月28日、資本金30万円で創立、15年10月7日、資本金を60万円に増資した。社長は上田忠三郎、専務取締役梅村四郎、車両はフィアット、ビュイックの高級車50台、大正15年にフランス製ルノー50台を買い入れた。現在は110台を所有している。
- 第一自動車株式会社、社長安田要六、資本金12万円、営業所及び駐車場16ヵ所、大正14年12月から市内1円均一制になった。同社の組織は、運転手全部が各自所有の自動車を持ち寄って営業しているもので、運転手全部が株主である。会社は運転手に営業費、車庫使用料として100円を納めさせて、稼ぎ高に対して干渉しないことになっている。車輛はシボレー、オーバーラント、フォード合計50台である。
- 均一合同自動車株式会社、社長佐田富太郎、同社は大正14年7月に資本金40万円で設立された、均一タクシー自動車株式会社の後身で、大正15年1月25日、均一合同自動車株式会社と改称された。社長依田富太郎、駐車場10ヵ所、ガレージ9ヵ所、均一タクシー自動車株式会社の時代はトロージャンをもって営業していたが、その全部を処理、売却して、フォード26台、オーバーランド5台を買い入れて営業している。同社は相互組織で、運転手に対してフォード1ヶ年、オーランド2ヶ年の予定で償却させる契約で、自動車を譲渡するのである。なお、入社の運転手から保証金を取るが、その額は新車200円から300円である。この相互組織は大正15年4月25日から改正されたもので、1円均一制は大正14年9月11日から実施している。
- 日本タクシー自動車商会、創立大正12年10月、商会主中島幾三郎、大正15年7月23日より1円均一制を実施、運転手は大利運転手と共に70名、現在同商会にはオーバーランド50台が運転されているが、この自動車は運転手に月賦償却の契約で譲渡されたものである（契約内容は割愛する）。
- 浪速タクシー株式会社（南区九郎衛門町10）
- 巴タクシー（南区難波新地三番町25、経営者稲田正一、1円均一）
- 田中順一（南区日本橋筋1-2、1円均一）
- 弓矢タクシー（阪町25、経営者竹内次吉、1円均一）
- 大阪一円均一タクシー株式会社（難波新地3-39）
- 平和タクシー（浪速区大国町2-90、経営者松原裕三、1円均一）
- 南地タクシー（南区難波新地三番町40、経営者中陸喜代次、1円均一）
- 丸三タクシー（南区難波新地三番町39、経営者島田喜三郎、1円均一）
- 精華タクシー（南区難波新地六番町22、経営者池島甲三郎、1円均一）
- 住吉タクシー（南区勘助町2-60、経営者北音次郎、1円均一）
- 芦屋タクシー（浪速区葦原町）
- 不二タクシー（浪速区木津大国町、経営者西岡伊三郎）
- 桜川タクシー（浪速区桜川交差点、経営者那須実吉）
- 共栄タクシー（南区塩町通3丁目、経営者笠松茂樹）

西部（所轄警察・九條、築港、泉尾署）
- 国産タクシー（港区市岡町1046、経営者岡田長四郎、河盛新兵衛、国産シンプレックス10台、1円均一、資本金5万5千円）
- 相互均一タクシー株式会社（港区市岡町718、創立大正14年10月、社長升谷、相互組織、フォード23台所有、1円均一）
- 小倉一円均一タクシー（港区北境川町2-43、経営者小倉政吉、フォード20台）
- ホマレ・タクシー（港区三条通1-2、経営者広田三作）
- ナハ一円タクシー（港区西田中町4-31、経営者西川昇）
- 築港タクシー（港区三条通4502、経営者谷口広義）
- 栄均一タクシー（港区西田中町2-67、経営者浜西健次、1円均一）
- 共和均一タクシー（港区市岡元町3-14、経営者稲葉英次郎、1円均一）
- 阪港タクシー（港区八幡屋町、経営者八田加蔵）
- ●以下すべて1円均一
- 港タクシー（港区夕凪町1-41、経営者八木常次郎）
- 小園勘七（港区市岡元町3-121、経営者小園勘七）
- 金剛タクシー（港区二條通1-3、経営者中原茂雄）
- 阪岡タクシー（港区夕凪町1-37、経営者阪岡勝太郎）
- 沢　春蔵（港区夕凪町1-13、経営者沢春蔵）
- 日進タクシー（港区市岡町293、経営者池本捨松）
- 秀子タクシー（港区市岡町557、経営者松本清）
- 辰巳タクシー（港区市岡町246、経営者内田致和）

- 北川猪四馬（港区市岡町44-3、経営者北川猪四馬）
- 西タクシー（港区九條中通1、経営者中力貞二）
- 中力貞二（港区市岡町345、経営者山下益太郎）
- 森岡惣作（港区市岡町560、経営者森岡惣作）
- 京岡タクシー（港区市岡町郵便局前、経営者福良良三）
- 平和均一タクシー（港区市岡町362、経営者音田泰智）
- プラトン・タクシー（港区八幡屋元町3102、経営者湯川孝次郎）
- サツマ・タクシー（港区市岡町566、経営者石原銀助）
- 丹田均一タクシー（港区市岡町490、経営者丹田亀之助）
- 宮本均一タクシー（港区市岡町293-28、経営者宮本美孝）
- 帝国三哩一円（港区八幡屋元町1279、経営者竹村鶴吉、3哩1円）
- 敷島均一タクシー（港区西田中町5-32、経営者堀江留三郎、1円均一）
- ミツワ均一タクシー（港区市岡町293-31、経営者土井満太郎、1円均一）
- 中井均一タクシー（港区南安治川通1-25、経営者中井竹松、1円均一）
- 小野一円均一（港区三條通3丁目、経営者小野徹郎）
- 日ノ出タクシー（港区八幡屋元町市電停留所前、経営者平岡周吉）
- 千舟タクシー（港区二條通1-1、経営者中原規矩）
- 紅葉タクシー（港区西田中町5-32、経営者松本吉太郎）
- 千速タクシー（港区市岡町69-9、経営者千速茂）
- 都均一タクシー（港区大正橋西詰、経営者北橋秀松）
- 福山均一タクシー（港区市岡町停留所南入ル）
- フセン・タクシー（港区市岡元野町3丁目）
- 国華均一タクシー（港区市岡公設市場北入ル）
- サツキ均一タクシー（港区市岡町桃谷順天館南入ル）
- 横関均一タクシー（港区市岡町大阪自動車学校）
- アライ均一タクシー（港区市岡町夕凪橋）
- 桑本均一タクシー（港区市岡町郵便局三辻南入ル）
- 相互均一タクシー（港区市岡町三社神社西）
- タミヤ・タクシー（港区市岡町三社神社裏、経営者多宮静）
- 田端タクシー（港区市岡町293-28、経営者田端孫四郎）
- 大和均一タクシー（港区市岡町293-28、経営者木村彦次郎）
- 水都均一タクシー（港区市岡町293-28、経営者山脇孝作）
- 大型均一タクシー（港区市岡町293-31）
- 岡崎均一タクシー（港区市岡町293-31）
- 大清均一タクシー（港区市岡町293-32）
- 錦城均一タクシー（港区市岡女学校西）
- 高木タクシー（港区市岡町251、経営者高木俊行）
- 井タクシー（港区市岡町251、経営者生田林平）
- 寿均一タクシー（港区市岡寿町）
- オヲギ・タクシー（港区市岡町波際橋、経営者柴田太三郎）
- 合同均一タクシー（港区市岡町波際橋、経営者板谷吉五郎）
- 日本タクシー（港区市岡波際橋、経営者辻貞二郎）

中部（所轄警察・新町、船場、川口署）
- 文化タクシー　赤田助三郎、上田藤十郎、田中喜市郎3名の合名組織、創立大正13年11月、所有車フォード16台、出張所5ヶ所、料金制度1円均一、給料制（固定給25円乃至45円、それを加えて全収入の3割乃至2割5分となる様に支給される）、運転手数34名、助手32名、料金は次の如き経路に依り改正される、創立当初は1哩90銭、爾後4分の1哩毎に10銭増、大正14年1月より3月まで3哩1円、4分ノ1哩増す毎に10銭加算、4月より1円均一
- 多川タクシー　経営者多川左吉、創業大正15年3月、所有車フォード14台、個人組織、給料制（全収入の2割5分）、出張所14ヶ所、料金1円均一制
- 黄色タクシー　経営者松本幸三郎、創業大正14年8月、所有車シトロエン35台、出張所3ヶ所、駐車場1ヶ所、運転手は35名あるが、全部営業主より車の賃貸をしているのである、賃貸料は1日8円、日々の勘定にてそれだけを営業主に収める、其の他の収入は全部運転手の所得となる、大正15年6月まで3哩50銭、爾後5分の1哩増す毎に10銭、待ち料金1時間1円50銭、同7月から1円均一
- ヨドヤ・タクシー（東区大川町西18、経営者橋本信三郎）
- ユニオン・タクシー（西区新町東通1、経営者田村道基）
- 奥村悦次郎（西区西長堀北通5、経営者奥村悦次郎）
- 初風タクシー（西区新町通1丁目、経営者木曽隆一）
- 大村均一タクシー（西区北堀江通3丁目）
- 安進タクシー（北区中之島6-6、経営者箕作安次郎）

- 新町自動車部（西区新町南通1-4、経営者藤原義重）
- 金森仙太郎（西区江戸堀上通1-47、経営者金森仙太郎）
- 北海タクシー（東区北浜1丁目芦屋橋西詰、経営者橋本経蔵）
- マツバ・タクシー（西区新町南通1-3、経営者市川基三）
- トキワ・タクシー（西区新町南通1-23）
- 小沢辰蔵（西区新町南通1-24、経営者小沢辰蔵）
- ヨドヤ・タクシー（東区大川町西8、経営者橋本信三郎）
- 佐野栄三郎（東区安土町2-16、経営者佐野栄三郎）
- 船切均一（東区北久宝寺町5-3、経営者西福試吉）

東部（所轄警察・戎、天王寺、高津、玉造、阿部野、住吉、今宮、原野、鶴橋）
- 南海タクシー（経営者竹長番吉、所有車オーバーランド3台、フォード7台、1円均一、運転手は其の全収入の2割5分を給料として受け取る）
- 帝国均一タクシー（経営者島岡弥平、大正14年12月設立、所有車フォード11台、個人組織、給料制（2割5分））
- 大阪均一タクシー商会（東区上本町2丁目車庫前）
- 旭自動車部（東区西賑町、経営者佐藤）
- 大道タクシー（天王寺区大道3丁目78、経営者服部梅子）
- 大道均一タクシー（天王寺区大道4丁目）
- レユード・タクシー（天王寺区大道4丁目、経営者古本）
- 助六タクシー（天王寺区寺田町停留所前、経営者木村）
- 通天タクシー（浪速区恵美須町1-907、経営者原田源次郎）
- エビス均一タクシー（浪速区恵美須町1-907、経営者原田義一）
- 高津タクシー（南区高津北町上五東入ル、経営者山田実）
- ダイヤモンド・均一タクシー（東区三番町盤舟橋東詰）
- 日進タクシー（東区三番町盤舟橋東へ、経営者池本捨松）
- 武明恭太郎（天王寺区南日東町、経営者武明恭太郎）
- クツワ・タクシー（天王寺区南日東町、経営者小原信治）
- アベノ・タクシー（住吉区天王寺町1-9954、経営者小杉宰草）
- 亀井タクシー（住吉区天王寺町2-63、経営者亀井義八）
- 住吉タクシー（住吉区長狭町24、経営者鴻池市三郎）
- 西門タクシー（天王寺区椎寺町5000、経営者森本亀次郎、3哩1円均一）
- 天王寺タクシー（東成区生野国分寺町192、経営者南操、1円均一）
- エビス・タクシー（浪速区恵美須町1907、経営者野田義雄）
- ヤマト・タクシー（天王寺区南日東町38、経営者西川治三郎）
- 大同タクシー（浪速区霞町1-1、経営者太井美彦）

図 15-1　梅田駅前の大阪タクシー自動車と専務取締役山口福則（『大大阪画報』昭和3年6月）

図 15-2　大阪小型タクシー自動車（『大大阪画報』昭和3年6月）

図15-3　大阪一円タクシーの広告（上）と同社に使用されていたシボレー（下）

表15-2 乗用（3人乗）トロージャン自動車運転経費表（杉田八次「大阪均一タクシー自動車は引合ふか」『モーター』大正15年4月号）

乗用(三人乗)トローヂヤン自動車運轉經費表

一哩當經費　　金拾六錢貳厘

經費算出明細書

1	車輛原價			3,200.000
2	タイヤ元價（Leyland Trojan Tyre 28×2×2）			¥120.000
3	消却スベキ車輛元價（タイヤ代ヲ除キタルモノ）			3,080.000
	經　常　費			
4	車輛元價（第一項）ニ對スル利息（年・七分ノ割）		224,000	
5	税金　拾馬力未滿大阪府及市税共（營業用）		180,000	
	（自家用ハ ¥210,ナルヲ以テ哩當 ¥.002増加）			
6	車庫費　一ケ月 ¥20トシテ		240,000	
7	一ケ年經營費合計		644,000	644,000
	運　轉　費（一哩當）			
8	車輛消却費（五ケ年・七萬五千哩使用スルモノトシテ）		0401	
9	タイヤ費　百八十圓也（壽命、壹萬五千哩トシテ）		0.0080	
10	燃料費　壹ガロン（價格¥1.00）ニテ二十五哩走行スルモノトシテ		0.0400	
11	修繕費及手入費壹ケ年¥200.平均トシテ		0.0133	
12	給油費　平均一千二百哩ニテ取リ替ヘルモノトシテ		0.0042	
13	一哩間運轉費合計		.1056	
14	壹日走行哩數	50哩		
15	壹ケ年使用日數	300日		
16	一ケ年走行哩數	15000哩		
17	一ケ年運轉費合計（第十三項×第16項）			1,584.000
18	運轉手給料一ケ月 ¥70トシテ			,840.000
19	一ケ年總支出額			2,424.000
20	一日常運轉費總額（第十九項÷第十五項）			8.0800
21	一哩當運轉費總額（第二十項÷第十四項）			0.1616
22	一日平均運轉回數	20回		
23	一日平均運轉哩數	242哩		
24	一日平均乘車賃金	¥20	20.000	
25	一哩平均乘車賃金（第二十四項÷第十四項）		1.400	
26	一哩當純益金（第二十五項－第二十一項）			1.2384
27	一ケ年總純益金（第二十六項×第十六項）			3,576.000
28	一ケ年車輛原價ヲ消却シテノ純益（第二十七項－第一項）			376.000
29	一哩當純金（第二十七項÷第十六項）			0.025

図 15-4　わが国最初の円タクをつくった工藤義一の均一タクシー自動車の広告

図 15-5　大阪市内を走っていたいろいろなタクシー
上段左より小型タクシー、乗合自動車、大阪タクシー、下段左より日本タクシー、中央タクシー、均一タクシー

第16章　円タク以後のタクシー業界の混乱
──相互組織、車輛主組織、名義貸し営業へ

「区域制均一料金と相互組織の発生」

　大阪の均一タクシー自動車株式会社専務取締役・工藤義一によって始められた市内1円均一タクシー（円タク）は、料金が簡単明瞭という長所があってまたたく間に全国に普及したが、普及してみると次々と不合理な点が表面化して、タクシー界はまさに混乱の渦と化した。「市内1円」と言っても、大阪市が拡張して旧市内と新市内となっており、その点で混乱したのをはじめ、助手を抱えた運転手も、純然たる個人営業か会社に所属した相互組織の運転手か、また車輛主制度も、名義貸し、名義借り、車庫借り、車庫借り運転手と、その形態はタクシー協会の役員でも把握できないほどで、おおいに混乱した。

　本章では、これらの問題の総括として、永田詮『日本自動車業界史』（交通問題研究会、1935年）の第三節「区域制均一料金と相互組織の発生」（457-459頁）により、当時の状況を確認してみたい。

　タクシーは市内電車やバスと違っていて一日の乗客の運送に対する原価が一々明瞭に直接計算出来るのである。それにも拘わらず均一料金制で遠距離の乗客には甚だしく原価を切って運送し、近距離の客には甚だしく高い運賃を貪るといふ不合理がある。そこで短距離の乗客はこの均一料金を値切ることゝなる、運転者も亦之に応じざるを得ないという事になり、其の結果は遠距離の客には当然原価を切って走らなければならないし、近距離の乗客には値切られる事によって原価を切るという事になって、その結果は車やガソリン、部分品等を喰うことになり、そうして生活の脅威が来る。生活と営業の脅威は規定料金も法制もあったものでないと、料金を負けても少しでも料金の水揚げをと焦り出して激烈な競争があり、営業は益々悪化したのである。

　この不合理なる区域制均一料金の認可はタクシー業を悪化し、従来の正常なる業者の営業組織を崩壊し、直営々業が出来なくなり、茲に新らしい一種の請負制度即ち相互組織が生まれたのである。タクシー・メーターは乗車距離に応じて待ち料金を表して行くことは一般に知られた所で、タクシー営業者にその営業の基礎的数字をレコードしてくれる忠実なる監督者である。即ち乗客を乗せた回数、乗客を乗せて走った実車、走行距離の累計及び収入した料金の累計を表示する各数字がレコードされることになっている。

　毎日運転者が営業に出る時と営業を終わって帰った時とに、この数字を検査して街頭で何等の監督なく自由に営業したその営業収入を正確に収納出来ることになるのである。メーター制料金であると乗客から料金を受け取る為めにはメーターを操作しなければならない。メーターを操作すると必ず之等の数字に表はれる。そこで営業者は正確な営業収入を運転者より収入するのである。然るにひとたび均一料金となったが最後、メーターを操作する必要がなくなるのである。営業者が回数を知る為にメーターを操作せよと命じても、乗客と関係のない事柄だから街頭で独立自由に営業している所の運転者にしてはそう正確にメーターを操作する筈がない。20回営業して20円の収入を得たとしても17回で17円だと報告しても営業者の方では果たしてこれが正当なものか或いは不正報告であるか判断がつかない。そこで悪いことをしても分からないのであるから段々悪い事をする様

になって、料金横領の風が滔々としてタクシーの全運転者、助手の間に広がり、均一料金が現れて1、2年の間にタクシー営業者は自己の営業を運転手に請け負わせる制度に変更せざるを得なくなった。之れが即ち所謂相互組織の発生であって、相互組織は区域制均一料金の生んだ嫡出子である。そして茲に大正15年を境として前直営時代は滅んで所謂相互組織時代にはいったのである。

相互組織制の解剖

円タクの相互組織とは語源の相互から来ているが其の実質はなく、相互という言葉と何等関係はない一種独特の営業組織である。この組織に於ける営業者に転売し、其の償却を一日10円なり8円なり宛て日賦の方法で支払わせる場合で、他の一つは運転者自ら自動車を購入して営業者の名義だけ借りる場合であり、而して前者に於ても代金の日賦を完済した後は後者と同一の状態に置かれるのである。前者を償却契約と云い、後者を持ち込み契約と称していた。そして運転者が営業者の名義を借りて実質的には運転者自らタクシー営業を営み、この事は営業名義人の有するガレージを借りることは両者とも同様である。そこで償却、持込みの何れにしてもガソリン、修繕、税金、事故弁償等自分持ちで総ての営業の経済的危険は全部運転者にあって、営業の実質は運転者の営む所であり、即ち営業名義人所謂営業者なるものは、もはや自らはタクシー業者に非ずして実質的には金融業、権利貸業に転じた訳であって、タクシー業そのものは各運転者の独立して営むものとなってしまった。この事は警察許可の主旨に明らかに違反せるものであるが、黙許の形で普及したのである。

然るに年齢も若く素養も比較的乏しい運転者達の経営に移ったタクシーに対して都市交通に重要なる位置を占め公利公益に至大の関係を有するタクシー業の使命を正当に遂行すべく要求することは、元来之を求める社会の方が無理である。況んや一人ひとりの運転者が自ら経済的の営業者である結果は一人ひとりが不断の競争をしなければならない。即ち円タク洪水の一台々々が独立営業者として街頭に於て鎬を削って値切る、負ける、死にもの狂いの営業となったのであるから、タクシーがその本来の主要なる使命を果たすなどと云うことは思いも寄らず、只ともかくも生きて行くために死にもの狂いの競争をしなければならないのである。

また車を24時間ブッ通しで動かすために運転者が代理運転者を雇い入れ、その条件が一夜10円の水揚げ高の3割とか云う事になって来たから、これ等代理運転者は無責任に猛スピードを以って第一線に脅かし、更に客引きの為に警官の目を盗んで客引きをする事の上手な助手又は他の競争者を追っ払って客を奪う位に腕っ節の強い助手を賄いこんで営業するという風で、この助手と云う職業が専門化せられるに至って、タクシーの品位は恐ろしく悪化した訳である。

斯くの如く無分別な多数の運転者、助手が苦しい激烈な競争に日夜没頭した時、彼等の多くは殺伐たる気風になって社会に迷惑を及ぼすことも、或いは多くの犯罪者を生む温床となっても、それは自然の勢いであって、こんな無理な生活をしている彼等はたまたま景気のよい時季に金の余裕がつくと直ぐ良からぬ方面に浪費し、世の中の落伍者を続々出している。前直営時代に数千円の貯蓄をしていたのを捨てしまった運転者がかなり沢山あり、又国元の親兄弟から工面した資本をすった運転者の数は恐らく数へ切れない程あろうし、相互から再び直営に転換しなければならぬと云った実例があり、又以て相互時代の運転者の気の毒な立場を雄弁に物語るものと云はねばならぬ。

車輛主制度の淵源

車輛主制度の起源は関東大震災後のことである。前述せる如く帝都の軌道交通機関が壊滅しその復旧の容意でないところから、新興交通輸送機関の自動車の華々しい活躍があり帝都復興の途上に頓に台頭するに至ったのであるが、震災後のこと、て殊の外運転手の払底を来し、タクシー業者は競って運転手を奪い合うという状態であった。この運転手払底を好餌として不良運転手の跋扈となった。これら不良運転手は主

人の車を運転して街頭に出で、所謂流し営業をするために料金の収入が不確定であり、甚だしいのは出たま、帰って来ず、行方不明となり、車を売り飛ばすということさえ頻繁になった。この不良運転手の被害対策として一部業者によって考案されたのが車輛主制度である。

一方フォード、シボレーの組立工場が我が国に設立されて、従来のコンプリート・カー輸入時代を脱却し、大量生産による廉価販売が為さるると、もに、月賦販売制度が確立されたことによって大衆車の購買を容易ならしめる結果となり、運転手が単なる自動車従業員としてでなく車輛主として自分の車を持つものが漸く多きを加えて来た。これら車輛主にして自ら免許を受け独立した営業を始めるものゝ中、多くは他人の車庫へ同居して営業したが、それよりも既存営業者の車庫に於ける車庫主の名義営業であるのが大部分であった。即ち後述の名義貸営業の跋扈を招来する素因を作るに至ったのである。

車輛主制度の内容は如何なるものであったかというに、例えば5台の営業免許を受けたものが販売店より月賦償還で5台の車を買入れ、雇い入れた運転手5名に自分名義を利用せしめることを条件として、それら運転手に車を転売し、初め手付金として幾許かを取り、其他の経費と一緒にして毎月4、50円を取り、車輛代金を10ヵ月位の期間に月賦償還せしめるという方法であった。期間内に滞りなく完済すれば其の車は完全に運転手のものになる仕組みで、当事者間に如上の契約が為されるのであるが、運転手が車を初め手に入れて他人名義の営業を始めた日から車庫料、税金其他一切の経費を自分が負担しなければならない。従って実質的営業は営業免許を受けた名義人によって為されず、単なる営業上の架空的存在に止まり、ここに車輛主制度は則ち名義貸営業となったわけである。

タクシーの乱立競営時代

円タクの出現による乗車料金の値下がりから、著しい乗客の増加を見るに至り、円タク黄金時代を現出したかの観を呈し、タクシー界の前途は頗る好望視せられた。従って新規営業者は益々増加し、加速度的激増の状態を招来した。そしてタクシー界は愈々多事を加え、自由競争とそれに介在する不正営業の跳梁によって混乱の状態を加えて来た。

かく自動車運輸の旺盛化によって帝都のタクシー界と言わず、一般自動車業界の面目は全く一新されたので、昔日の取締方針を以って律することの矛盾と、新しい事態が生じるに至り、警視庁では大正8年制定された自動車取締令施行細則の全面的改正を行い、昭和3年7月3日公布し、同年9月1日より実施されたが、一方既存営業者新規営業者或いは不正営業者の輩出に脅かされる等タクシー界は愈々多事多難となるに及び、既存営業者のこれが対策を考究し、対処する機運が醸成されるに至った。

帝都復興の波に乗り異常な発達を遂げたタクシーは、円タクの出現によって従来未だ特殊交通機関の感があったものが一躍公共機関として大衆化され氾濫するに至ったのであるが、其の後軌道交通機関復旧の影響と、欧州大戦が招来した我が経済界の好況も大戦の終熄とともに反動的不況に襲われるに至り、一般人の経済的活動が委微した結果は交通量の減退を来す結果となり、こゝに一般交通機関と同様タクシーも亦経営苦を招くに至った。

こゝに於いてタクシーの競営は一層拍車を加へられ乱立、無統制の混乱状態を誘導した。円タクは50銭タクとなり、更に放埒な自由競争によって聢て30銭、20銭という現在の低料金となったわけである。

かくの如くタクシーの乱立競営を来すに及び標準許可料金は殆んど守られず、再び紛乱するに至ったので、昭和5年6月警視庁では既定の乗車料金標準内規中にタクシー・メーター付走行哩による新料金を追加し、これが統一を図った。然し料金競争による乗客獲得は止まず、新料金の制定による最初2哩まで50銭という規定は、市内50銭均一という先例となり、所謂50銭タクの出現となった。

各タクシーは円タクより50銭タクの出現となり、更に自由競争の激しさは30銭、20銭という無採算な料金を生むに至ったが、それと同

時に市電、市バス、私鉄、電鉄等他の交通機関に於いても競営状態を招き、それら全交通機関を包含して錯雑紛糾の状態を示し、共に経営難に喘ぐに至った。

　タクシーは経営苦の重圧の所謂「流し」という我が国独特の変則的営業によって、最小限度の収入を挙げる為め日夜狂奔する状態となった。かく東京市に於ける交通機関の錯綜による混乱状態を惹起するに及び、これが統制の声漸く起こるに至り、昭和6年1月東京自動車業組合では新倉文郎氏の提唱により「大東京市交通機関統制特別委員会設置」の建議書を関係官庁及び府市会議員其他へ建議することになった。

註
1.　昭和3年7月19日開催された東京自動車業組合第5回乗客部委員会に於いて「同居営業禁止、流しの厳禁」等に就て協議した。同委員会に於いては

　1、5台以下の車庫に対しては同居営業を禁ずる案
　2、同一車庫に於ける同居営業を禁ずる案
　3、単に組合内規として奥書により取締る案

等があったが、新規則の精神を能く調査したる後、具体的決定を為すを適当と認め、単に主義として「放埓なる同居営業を禁ずる方針をとること」とし、細部に関しては委員長及び常任理事に一任することに決定した。

2.　昭和6年10月、東京自動車業組合は左の建議書を当局に提出するところがあった。

　　　　建議書
　大東京都計画に際し其圏内に於ける交通機関の整備統制を図る為め速かに東京市長を長とする「大東京市交通機関統制特別委員会」を設置し広く各方面の関係者を網羅して之れが具体案を作成するやう御進行相成度別記理由書相添へ此段建議仕候也

理由書
　東京市及郊外に於ける交通機関の現勢を按ずるに市電は其放漫なる施設と振興機関の抬頭により夙に深刻なる経営難に陥り市営バスは私営バスとの対抗上不当なる料金競争の渦中に投じて市電の危機を顧みる遑なく然も此三者は共同戦線の形ちに於てスピード時代の産物たる円タクを圧迫して敢て民衆の要求を排撃せんとし更に一方省線、地下鉄、郊外電車、バス又之に関連して只管目前の競争に遂はれ、為に各自本来の使命を発揮するの余裕なきは勿論、日に増し、兄弟墻にせめぐの醜態を呈露しつつあるは吾人の黙視する能はざる処なり、若し之を現状の儘に放任せんか（1）将来交通事故の頻出測り知るべからざるものあり、（2）施設に二重三重の資金を浪費し、（3）経営上相互に損失を増加して遂に共倒れとなり収拾の途なきに至るべきは必然の勢なり、今や帝都の復興完成し大東京の計画成らんとするに当たり、先ず以て交通機関の整備統制を保持し各其適処に向って性能を発揮せしむる事は寧ろ絶対条件にして同時に再び獲難き絶好の機会なりと信ずるものなり。

参考不正競争一例
　昭和4年の円タクは6,500台中6,000台が毎日働いたので、1日平均13.5回、1回平均乗車人員2.5人、輸送延人員1日合計約20万人

　1、昭和6年の昨今は9,500台中9,000台が毎日流し営業をして1日平均27回、1回平均乗車人員2人、輸送人員1日合計約48万人
　2、右の差引増加人員は28万人で、之を東京市電の乗車料金1人金7銭として1日約2万円、1ヵ月60万円、年720万円となる
　3、市電の損失年額500万円と省線の其他の交通機関の収入減は大体此の内に包含されている
　4、而も円タクが720万円稼ぎ出す為に無駄な経費を1ヶ年3,000万円捨てゝいる、それが全部外国へ支払金である
　5、電車とバスとの不正無駄競争の実情は東京市が充分認めているのみならず、郊外への軌道会社が何れもバスを兼営している事実が総てを物語っている

貸営業の旺盛
　各種交通機関の競営時代にあって、タクシーは独り他の交通機関を圧しその無軌道的自由性より圧倒的進出を為すに至り、その利便性と大衆化を齎した反面、交通事故の夥しい惨禍をみ

るに至った。そして今やタクシーは帝都に於て飽和状態を示し統制する必要が感ぜられるに至った、こゝに於て警視庁では帝都交通保安の建前から昭和7年11月車籍制限を敢行し新規営業免許を一切禁止した。

この車籍制限の鉄則によって放漫なタクシーの進出を阻止し既存営業者をいたずらなる競営から幾分救うことが出来たことは事実であるが、馴れ切った低料金は決して改善の実を挙げる事が出来なかった。そして車籍所謂ナンバーに権利金を生ずるに至り昭和8年頃名義貸営業を益々のらせる憂いを慮った警視庁では、「他の営業者より其の使用車輌を譲受けてなす新規営業は之を認む」即ち営業用乗用自動車（ナンバー付自動車）を他から譲受けてその車を以て営業を為すことを願い出るものを慫慂し名義貸営業を阻止せんとした。然し車籍制限の鉄則は依然として君臨している。そして新規の運転免許並に就業免許は何等の制限もされないところから無制限輩出し、彼等は等しくタクシー事業に従事し自分の営業を為すことを望むところから名義貸営業は依然として存続助長される結果となり、営業権の表示であるナンバーの暴騰を来し、車籍制限の当時50円位でしかなかったものが5、600円の高価を呼ぶに至った。

(1) 大正13年以降11ヶ年間に於ける普通自動車交通事故統計

年度別	件数(件)	負傷(人)	死亡(人)
大正13年	6,423	3,496	81
同 14年	6,218	3,166	87
昭和元年	6,368	3,343	80
同 2年	11,158	5,823	114
同 3年	16,727	8,540	140
同 4年	14,032	7,194	133
同 5年	17,124	8,890	140
同 6年	22,717	10,418	188
同 7年	25,257	13,320	275
同 8年	22,163	11,939	278
同 9年	21,974	11,374	311

(2) 昭和7年11月12日、警視庁の車籍制限を含むタクシー統制案の要綱

1、新規営業の免許は当分之を保留す

2、貸切旅客自動車営業の使用車輌の出願は他の営業者より使用車輌を譲受くる場合の外は之を保留す

同居営業制の制定

名義貸営業が旺盛になるに及びタクシー営業は、資本主義制度の持つ矛盾と不合理と、その経営体に反映し、そこに複雑な搾取関係と不合理性とをそのまゝ具現するに至った。自動車の躍進に伴う乱脈な対立と混乱を招来するに及び、自動車交通事業統制の国策的見地から業界の乱脈な対立をそのまま看過することは不可能とされ、又交通行政上業界の混乱は直ちに交通不安を増大するという密接不離な関係があるので、前者の必要から昭和9年10月自動車交通事業法、後者の必要から同年11月自動車取締法が公布実施された。

かくて、新法令の制定に基いて名義貸営業の取締が敢行されることゝなり、この内的矛盾が白日下に曝されるに至った。

名義貸営業——車輌主制度が違法であり、その組織自体に矛盾欠陥を内包しながら可成り長い間取締られることなく、そのまゝ存在し来った根本的原因として2つの事実が挙げられる。即ち

(1) 車輌主制度の特殊性の故に一般的抽象的には名義貸の事実を漠然ながら知り得ても具体的個人的には発見することは極めて困難であったこと、

(2) 成立当初に於ては車庫主名義人対車輌主の関係が多少なりとも親分子分の間に於ける如き温情で結ばれていた為め割合にその内部的矛盾を社会的に暴露せずに過ごして来たこと、によるものである。更にそれと同時に外部から来る強力な圧迫の為に当局の取締が徹底されなかったことを指摘することが出来る。所謂政党政治華やかなりし頃の反映として代議士、府市区会議員の選挙ブローカー或いは世話人といった輩が同時に自動車屋であったりするところから、その政治的交渉を自分の自動車営業にまで利用し、営業の利権獲得と擁護の武器とし、当局取締の矛を脱れることが出来たわけである。

然し車籍制限によるナンバー料の発生と暴騰

を契機として名義貸車輛主制度の矛盾欠陥が愈々露呈され、即ち営業名義人より搾取其の他不法なる仕打ちに泣かされる車輛主よりの申告、投書、嘆願が警察当局に頻々として持ち出され、甚だしくは悪性名義貸営業者によるナンバー切り取りなる営業権の剥奪によって車輛主の生活を脅威するに及び、社界問題化の徴候を歴然と示すに至った。こゝに於て当局の取締が必至とされ敢行されることになった。警視庁が名義貸取締断行の目的のもとに樹立した原則は次の如きものである。

　1、今日迄車輛主運転手として他人名義に依りて事実上自動車営業を経営して来た者――即ち無免許営業者には其の名義人より当該車輛（事実は形式上であるが）を無償且つ無条件にて譲渡せしむることに依り新に営業の免許を与えること

　2、営業者が若し車輛主に対して当該車輛を無償にて譲渡することを拒み、又は業者として不都合なる所為あることを発見したるときは免許取消しを断行し以て業者廓清の実を挙げること、而して其の取消処分の結果当然失職の運命にある車輛主に対しては従来使用し来りたる車輛を以て営業することを条件として、新たに営業の免許を与えること

此の原則の確立で車輛制限による免許取扱いの上に一つの特例を設けたもので新規免許を許容することゝなったのであるが、取消し処分によって前名義人の車籍が全部消滅している関係から車輛の絶対数は増加していず、依然車輛制限の原則は保持されているわけである。

かくて名義貸営業禁圧の結果当局の指示による同居営業制が確立された。（註2）

実例の1

車庫主Aは使用車輛19台の事業免許を受けていたのであるが、自分では全然営業を為さずして左記の要領で名義貸をやっていた。

　1、先に述べた如き、車輛主制度の方法に拠ったのであるが、中古車の市価5、600円に過ぎないものを常に1,000円以上の高価に売りつけていた。

　2、無事償還の暁には約束に依って一応自動車の所有権は譲渡するも、譲渡に当たって「君の車は古くなってしまった。引き続いて俺の所で働く（Aの名義を利用して）つもりならば車を買い替えて貰いたい。もし否なら、古い車で事故でも起こされると名義人たる自分が迷惑するから、すぐ立ち退いて貰いたい」と称し、追い出されては暮らしに困る運転手の足許を狙って強制的に承諾せしめ、更に（1）の関係を更新することを常套手段としていたのみならず、

　3、自己の名義を借りている19人の運転手の部分品、オイル等の必要品は全部自分の仲介に依って自分の手から購入せしめ常に暴利を貰っていたのであるが更に以上3つの事に少しでも違背すれば直ちにナンバー其の他を取り外して無断廃車の手続きをとるか、或いは直ちに自動車を他へ売り払って運転手を路頭に迷はしめてしまう、彼のこの奸策に依って車は奪われ、職には離れ全く泣くに泣けない窮状に陥ちこみながら無免許の悲しさに何事も為し得ず、泣き寝入りのまゝ葬られてしまった者は決して3、4に止まらない

実例の2

Bは乗用車42輛、貨物自動車19輛の免許を受け某所有の車庫を賃貸して営業していることに表面はなっていたのであるが、調べて見ると次の如くである。

　1、Bは表面名義人にはなっているが、実は車庫所有者たる某の一雇人に過ぎず、61人全車輛主から車庫料、税金を徴収することが彼の主たる仕事であり、其の為に某から月給100円とその他に手当として毎月車庫料の上がり高の5分ずつを貰っていた。従って営業上の実権は凡て背後の某が握って居り、彼は某の差し金によって使い走りしていた訳である。

　2、61台とも全部車輛主運転手の車で、彼は業者として実質的経営は何もしていなかったことは勿論である。

　3、驚くべきことには彼は車輛主から徴収し

てきた車輛税を区役所に納入せず、之を着服（約1万円に上る）していたばかりでなく、差し押さえ処分の為に多数の運転手は命より大切な車を競売に付されて全く身動きならぬ羽目に陥ってしまった。
4、車輛制限後ナンバー料を生ずるや凡ゆる奸策を弄して金儲けの為に狂奔した点、例1に述べたAと共に斯界の急先鋒であったと言ってよかろう。（『自営』昭和9年5月号所載、岩田常雄氏の「自動車営業の名義貸取締に就て」による。）

名義貸営業取締要綱

昭和9年4月1日付けを以て警視庁は管下各署へ名義貸営業取締要綱を通達し同居営業制改変を指示した、通達の内容は左の如し

1、営業者の名義の全部を他人に利用せしめ居る場合は原則として全部同居営業に改め従来の営業者は車庫の賃貸業者たらしむる外車庫主対同居営業者の関係は左の各号に拠る
（1）車庫主は同居営業者に対し3ヶ月程度の敷金を要求することを得
（2）同居営業者他の車庫に移転するの必要ある場合は1ヶ月前に其の旨車庫主に通知すること
（3）車庫主は同居営業者所在不明となりたる時は其の旨所轄警察署長に届け出づること（車庫取締規則21条）
2、営業者其の名義の一部を他に利用せしめ居る場合は原則として（1）例に拠るも該車輛を営業者に買い取らしめ其の直営と為すを適当と認める場合は其の方法に拠る
3、償却奨励の方法に依る名義貸営業に於て該車輛が償還途上にある場合は（1）及び（2）の例に拠るの外、同居営業者は償還の終了迄は車庫主の承認を得るに非ざれば車庫に移転することを得ず
4、車輛主左の各号の1に該当するときは新規免許を与えず
（1）過去に於て税金、車庫料等を滞納し業者として不適と認むる者
（2）過去に於て交通事故又は交通法規の違反等により処分を受くること屢々（しばしば）にして業者として不適当と認むる者
（3）営業権売買の虞ある者
5、新たに同居営業の免許を受けんとする者は警視総監宛別紙の通りの請書を提出すべし（別紙［省略］参照）
6、新規に同居営業の免許を受けたる者は素りに其の車輛（所謂ナンバー付）を他人に譲渡することを得ず、但し止むを得ざる理由により譲渡の必要あるときは予め前名義人に通知すること

　　　　　　　請　書
　　住所
私儀　　　区　　町　　番地
方に於て同人名義（自己所有のもの）乗用第　　号自動車を使用することを条件とする自動車営業御許可の上は該自動車を他へ転売し又は無断移転等は絶対に致間敷く万一之に違反したる時は如何なる御処分も苦しからず候條特別の御詮議を以て御許可相成度此段以請書及上申候也
　　昭和九年　　　　月　　　日
　　警視総監　藤沼　庄平　殿

かくて大正末期から昭和初期においては、タクシー業界の過当競争と様々な手段を講じて利益を獲得せんとするタクシー会社・運転手の対応とが相俟って、まさにタクシー戦国時代とも言うべき過酷な状況が現出していた。

しかし他方、日本は国としてアジアへの侵略戦争に深く入り込みつつあり、時代は戦時における消費規正・産業統制へと進んでいった。次章以下では、そうした時代におけるタクシー業界の再編と自動車の燃料として欠くべからざる石油の消費規正に関する事態の一端を垣間見ることによって、この時代に業界が置かれた困難な状況を明らかにしてみたい。

図16-1 日ソ石油株式会社（いわゆる松方日ソ石油）の特約ガソリンスタンド（上）と「松方日ソ油配給所」の旗（左）（『ともいき200年の歩み』鈴与株式会社）
静岡県清水商工会議所の創設者・鈴与（株）の6代鈴木与平が石油販売業を開始して最初に開設した大曲ガソリンスタンド（松方日ソ石油については巻末の年表の昭和7年・8年の項参照）

第17章　石油消費規正と東京地区企業合同の機運

　日中関係が険悪となり、ついに昭和12年（1937）7月7日、盧溝橋で日中両軍の衝突によって日中戦争が始まると、これまでほとんど無秩序に円タクの膨張に歯止めがかからなかったタクシー業界にも、ガソリン節約、消費規正、統制政策を皮切りに、業者統合の波が押し寄せた。

　この時期の資料としては、柳田諒三著『自動車三十年史』（山水社刊）が非常に詳しく、本章の記述はそれに多くを負っている。この『自動車三十年史』が上梓されたのは太平洋戦争直前の昭和16年（1941）3月で、物資がすでに窮乏しており、紙の割り当てもままならない時代であった。したがって紙の質も粗悪で、しかも戦災で焼失して現存するものはほとんど無かった。

　しかし自動車史を研究する者たちの間から、何とかこの名著を復刻できないだろうか、との要望が柳田諒三氏の次男・故柳田勇彦氏（株式会社バンザイ会長、株式会社日本自動車機械工具協会会長）に寄せられたことから、氏が快く了承して復刻してくださったものである。筆者もそれを拝受した一人であり、感謝をこめてその復刻版から資料を抜粋させていただく次第である。

東京におけるタクシー業界の状況

　当時の東京におけるタクシー業者の数は、表17-1のようであった。

表17-1　昭和13年の東京におけるタクシー業者数
（昭和13年8月30日現在）

総　　数	5,760業者
	（昭和11年末は5,302業者）
1台持ち	3,398
2台　〃	1,201
3台　〃	501
4台　〃	300
5台　〃	109
6台　〃	68
7台　〃	24
8台　〃	15
9台　〃	8
10台　〃	10
11台以上持ち	126

　石油消費規正実施当初、東京のタクシー業界においては、過去における同業者相互の競争と、ガソリンをはじめ、すべての必需物資の相次ぐ価格高騰による経営不振から、ようやく業態の再検討があちこちから叫ばれるようになっていた。タクシー事業が従来のような個人的な自由競争によっては成り立たなくなっており、個々のタクシー事業を合併して、全体的なものに建て直すことが必要だと感じられ、それには石油消費規正の実施がまず必要であると感じられてきた。そうするには乱立する群小業者の統制が必要不可欠で、それこそがタクシー事業を生かす唯一の道だと認識されるに至った。それには資本による企業体の統制か、あるいは現物出資による企業統制かの、2つの方法の間の優劣が業界挙げて真摯な論議の的となったのである。

　資本による統制は、既設の電鉄系資本による東京合同タクシー（地下鉄系、昭和7年（1932）3月18日設立、代表早川徳次）、帝都タクシー（京成電軌系、昭和13年（1938）4月1日設立、代表後藤圀彦）、東京タクシー（東横電鉄系、昭和13年1月12日設立、代表五島慶太）の3社によって進められたが、現物出資による企業体の合同は、未だかつてタクシー界にその例がなく、群小業者の間には、資本会社に買収されることは嫌だが、といって進んで企業合同に参加する勇気も持てない実情にあった。

　こうした情勢下の昭和13年（1938）10月15日、重役から従業員に至るまで相互精神を基本理念とした、現物出資による企業合同が、東京相互

タクシー株式会社（昭和13年10月13日設立、社長新倉文郎、専務取締役吉村金吉）の設立によって実現された。同社は新倉、吉村を中心として20名の同業者が、それぞれの車両を持ち寄って設立したものである。現物（車両）出資した者たちが株主となり、従業員もその勤務年数によって株主になれる、というシステムで、タクシー事業としては従来なかったものであった。

以下、柳田諒三著『自動車三十年史』から、第1次・第2次石油消費規正の内容を引用する。

第1次消費規正

第1次消費統制の場合においては関係営業者に対しガソリン消費節約の緊急重要事たることの認識を深めしめ概ね左記要領に基き事業経営の合理化に付き慫慂指導相成り以て消費節約の目的を達成せられ度き事

(1) 運転系統、運転回数、使用車車輌数、車輛の運用方法、集配区域及び集配無方法等に関し再検討なさしむる事

(2) 運転者に対しガソリン節約に付き充分の関心を有せしめ其の経済的用途に不断の工夫考慮を払はしむる様適当の方策を講ぜしむること（被傭運転者に対するガソリン節約歩合の給与制等）

(3) タクシー営業に付いては駐車場の設置（増設）及之が利用方を勧奨し能うる限り濫走を防止すること

(4) タクシー又はハイヤー営業に付いては燃料消費量少なき「ガソリン」エンヂンを整備せる車輛の使用を奨励すること、例えば現在使用中の通称30馬力フォード自動車に於いては最大馬力85（気筒容積3,621立方糎）の「エンジン」を通称約20馬力（最大馬力40乃至60程度、気筒容積1,500乃至2,500立方糎位）のものに取換ふるか、又は新車フォード使用の場合には通称21馬力フォード車（最大馬力60、気筒容積2,228立方糎）を使用せしむるが如し、尚第1次消費統制に方り関係営業者に対し慫慂指導相成る際に於いては引き続き行はるべき第2次消費統制に対する準備の点をも考慮相成り次記参酌の上可然措置　相成り度きこと

第2次消費規正

第2次消費統制の場合に於ては関係当業者の運営計画内容の調整は勿論、運輸系路を同じくする交通機関相互の運営内容に付き協調の上調整を必要とすべき場合尠からざるものと思料せらるるを以って大要左記各項に依り指導相成ると共に地方交通関係官との連携を蜜にして運営調整の指導に関する具体案を樹立相成、必要と認めらるゝ場合に於ては臨時にガソリン消費統制を目的とする委員会等を設け諮問機関とせらるゝが適当と認めらるゝこと

(イ) 路線が相互に重複、併行乃至接近し居り概ね同一の運転経路に在りと認められる場合に於いては、関係当業者の事業計画内容の再検討を為さしめ、競争的経営を避け相互に補正し合う如き事業計画に依る合理的運営を為さしむること

(ロ) 鉄道、軌道と併行、接近し相互に競争的経営に在りと被認、場合に於いては関係当業者をして其の運営計画内容を再検討の上相互に補正し合う如く改善せしむること

(ハ) 路線が単一なる場合又は並行、競争関係なき場合に在りては当業者の運転系統、運行回数、運行時間、集配区域及配置車輛数等に付き再検討の上、車輌運用方法の改善を図らしむること、以上の措置に付いては当業者が自発的に其の事業計画内容の調整を為すことに重きを置くべきは勿論なるも、此の種事業は凡て所謂公益事業として地方交通に関係する所大なるを以て此の点併せて御含みの上充分指導相成り度きこと

(2) 自動車運送事業

自動車運送事業に付いては其の業態各種に岐れ、夫々の特性より看て各々具体的にガソリン消費制限に関する方法を講ぜしむるべきが妥当と認めらるゝも大体に於いて同種の事業と認めらるゝものは之を一団として考慮し、当該事業団の内に於ける無用の競争を排し、合理的経営に移らしめ、以てガソリン消費制限実施の目的を達せしむるが適当と認めらるゝこと

(イ) 旅客自動車運送事業

　主たる事業地を同じうする旅客自動車運送事業又は概ね営業地域を等しうする旅客自動車運送事業に付いては可及的に事業の合同又は作業の合同に付き慫慂指導し競争営業に因る消費の不経済其の他の弊害を除去せしむること、尚タクシーの流し営業の禁止又は制限を行はんとする場合に於いては交通の状況並に営業の状態に付き特殊の考慮を加へ措置せらるること

　所謂大型自動車旅客運送事業に付いては一定地域内の事業者は可及的に之を組合組織又は法人組織と為さしめ各々連絡なく営業を行うこと無からしめ以て地方的に合理的経営に改善せしめられ度き事

　不定期遊覧自動車運送事業に付いては概ね旅客自動車運輸事業に準じて取扱い、運行計画内容（回遊ルート、回数及配車々輛数等）の再検討を行はしめ、以て之が調整を為さしむること

(ロ) 貨物自動車運送事業

　概ね旅客自動車運送事業に準じ事業の合同又は作業の合同等に依る統制を可及的考慮実施せしむること

　従来主たる事業地の明確ならざる事業者も有之哉に及聞を以て之等に付いては之を明確にならしめ更に主たる事業地内に於ける運営に付いても経営内容を再検討の上、不経済なる運行は極力之を避けしむる様勧励相成度きこと

　尚貨物自動車を使用して小運送業を営むものに付いては、地方駐在陸運管理官と連絡の上措置を講ぜられ度きこと

　不定期貨物自動車運送事業に付いては概ね貨物自動車運輸事業に準じて取扱い運行計画内容（回数、配車々輛数、運送系路、集配方法等）の再検討を行はしむること

(ハ) 本件消費統制（消費節約及消費規正）の実施に方りては之が対応策其の他実施事項等適時報告相成り度きこと

　尚、之れが実施に万全を期す為め、昭和13年1月26、7日の両日に亘り全国交通、保安課長会議を開いて種々打合わせを行ったのである。

　以上の如く第1次石油消規正は、行政権の適当な運用に依り、法律の強制に依らずして、消費者の自発的な節約に依り所期の効果を挙げることに主眼が置かれ、その節約も1割程度に止められたのであるが、これは要するに来るべき第2次消費規正の準備工作として、極めて重大な意義を持つもので、自動車業界にはこの第1次規正に依る表面上の動きはさしたる変化を見なかったとは居え、本格的規正に対処せんとする心構えは大体に於いて完備するに至った。

切符制の実施

　昭和13年に入り、政府は各種物資需給計画の立案に当たり、揮発油は最小限度2割以上の節約を余儀なくせられたゝめ、1月13日、燃料局では関係官庁との間に打合わせを行い、節約の効果を確保し併せて石油の適正、円滑な配給を期することになり、これが措置として切符制を断行することになり、1月21日の閣議に於いてその配給方針を決定したのであった。これが所謂第2次石油消費規正である。閣議において決定した第2次規正方針は次の如くである。

1. 昭和12年法律第92号（輸出入品等に関する臨時措置に関する法律）に基く新たなる法規の制定に依り本年4月1日以後可及的速に石油の本格的消費規正を実施するものとす、之が為速に本案に依る消費規正の実施を予告し、其の準備並に実施に遺憾なからしむるものとす

2. 消費規正の程度は揮発油及び重油に付いては3割以内とし燈油、軽油及び機械油に付いては極力消費の節減に努めしむる如く指導するものとす

3. 消費の規正に対しては配給券に依り供給者並に消費者の両者に対し其の供給量及需給量を制限するものとす

　之が為消費者側に於ける事業の合理的経営、所要設備の転換、其の他必要なる事項は消費規正の目的を達成する如く適当に指導すると共に設備の転換に要する材料の取得等に関しては政府に於いて努めて消費者側の要望を充足する如く斡旋し且つ資金の調整等に関し便宜の措置を講ずるものとす

4. 消費規正は直接軍需を除き官営工場用又

は官庁用、鉄道省営自動車等に付いても一律に実施するを原則とす、而して全消費部門に努めて公平に且つ其の打撃を最少ならしむる如く実施するを第一義とするも代用燃料、代用機関等の有無其の他の諸事情を併せ考慮し多少の差等あらしむるの着意に拠るものとす

5. 本案の実施に伴ひ薪炭瓦斯発生炉其の他の代用機関の使用を奨励し之が普及の措置を講じ以て産業、交通上の能力低下を防止するに努むるものとす

6. 本案の実施に依る供給者並に消費者の負担に対しては差し当たり政府に於いて補償せざるを建前とす、但し更に高度の消費規正を実施するの要ある事態に到らば別に改めて考慮す

7. 本案の実施に付必要ある場合には中央地方を通じ必要なる人員を配置するものとす

8. 本案の実施に当たりては大いに精神運動を併用し又官庁に於ては率先範を示すこととし、以て所期の目的達成に努むるものとす

この閣議の正式決定に依って愈々本格的軌道に乗り、燃料局では之が急速なる実施を図る為め昭和13年1月26、27日の両日石油消費規正中央地方打合わせ会議を開き、規正方針の徹底、使用者の消費量調査等各般の準備に着手すると共に省令の制定に着手、昭和13年3月7日、商工省令第8号を以て「揮発油及重油販売取締規則」を制定公布、販売業者は購買券と引き換えでなければ揮発油、重油の売渡しは出来ない事とし、一方消費者に対しては一定量の購買券の交付に依って其の消費量の調整をすることになり5月1日より実施されたのである。

揮発油及重油販売取締規則は、輸出入品等に関する臨時措置に関する法律第2條及び第3條に基き昭和13年3月7日、商工省令第8号として制定公布され、同年11月25日更に一部改正が加えられたが、同規則は、計画経済遂行に必要なる各種の統制法規の嚆矢を為すもので、殊に物資の配給に付き切符制度を採用した点は全く画期的意義を持つものと云ふべきであろう。

昭和13年5月1日、同規則実施に当たって

は燃料局は自動車事業に及ぼす影響を最小限度に止め且つ所定の節約効果を挙げるため努めて購買券の適正なる配分を行い、各地方の状況及び季節的需要変化の状況等を調査研究して規正率を決定した。実施当初の規正率は

1、自家用乗用車　　4割
2、タクシー、ハイヤー、官公署用乗用車、バス　　3割
3、貨物自動車、ガソリン・カー　　2割
4、警察署用自動車、郵便自動車、商法自動車、新聞輸送用自動車、医家用自動車、霊柩車、病院自動車、救急自動車、其の他右に準ずるもの、従来の程度とし特に制限せず
5、小型自動車、サイド・カー、オートバイ（用途に準じ右に準ず）

その後7月に至り物動計画が改正され、8月以降揮発油36％と規正が強化されたため遂月規正率は12月末には揮発油34％となり

1、バス　　　　　　　　　　　　4割
2、タクシー、ハイヤー　　　　　5割
3、大型事業（定期及不定期遊覧バス）　7割
4、トラック　　　　　　　　　　2割7分
5、ガソリン・カー　　　　　　　3割
6、乗用車　　　　　　　　　　　7割
7、特殊車　　　　　　　　　　　1割

の規制となった。

その後規制は更に強化され、第2次規制から近々1ヶ年後には、バス40％、大型バス70％、タクシー、ハイヤー50％、トラック25％、自家用車70％となり、さらに年度代わりの3月末には遂にバス49％、大型バス81％、タクシー、ハイヤー58％、トラック38％、自家用車91％となった。しかも昭和16年3月1日から遂にタクシー、ハイヤーに対しては石油使用制限を強化し、従来の1車何ガロンというガソリンの配給から事業者の所有する車輛の一部に対してガソリンの配給を停止するという方針を実施するに至った。

昭和16年2月14日、燃料局長官、鉄道省監督局長、内務省警保局長の3長官連名を以て地方長官宛ての通牒によって、代用燃料車及び小

型車を除く実働車の4割に対して揮発油の配給を停止し、これら配給を停止された車輛及びこれに伴う転職、失職者に対しては国民更生金庫の利用が指示されたのである。

以上、柳田『自動車三十年史』によりながら、戦中の石油消費規正とそれへのタクシー業界の対応の様相を見てきた。続く2章では、このような状況下での東京と大阪における業界再編の実態を明らかにしていきたい。

図17-1　日本独特の木炭車（目次正一『山口福則氏を偲ぶ・タクシー回顧録』同氏顕彰会）石油消費規正に伴い、木炭車の活用が図られた

図17-2　木炭自動車の釜の外観（相本清三『木炭自動車読本』千峰書房）

図17-3　木炭自動車（左）とガス発生口（右）（国際労働組合『国際労組二十年史』）

官報

昭和十三年三月七日　月曜日　第三千三百五十號

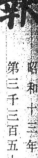

省令

◉商工省令第八號

揮發油及重油販賣取締規則左ノ通定ム

昭和十三年三月七日　商工大臣　吉野信次

揮發油及重油販賣取締規則

第一條　本則ニ於テ揮發油トハ攝氏十五度ニ於ケル比重〇・八〇一七ヲ超エザル鑛油ニシテ攝氏十五度ニ於ケル比重〇・八七六三ヲ超エヌ黑色又ハ揭色又ハ暗綠色ノ鑛油ニシテ不透明ナルモノ（コールタールヲ除ク）ヲ謂フ

第二條　揮發油若ハ重油ノ販賣業者又ハ石油精製業者ハ購買券（第八條ノ規定ニ依ル記載ナキモノニ限ル）ト引換フルニ非ザレバ揮發油又ハ重油ヲ賣渡スコトヲ得ズ但シ左ニ揭グル場合ハ此ノ限ニ在ラズ

一　左ノ各號ノ一ニ該當スル揮發油又ハ重油ヲ賣渡ストキ
　イ　御料品
　ロ　官廳用品
　ハ　軍用品
　ニ　本邦ニ派遣セラレタル外國ノ大使、公使其ノ他之ニ準ズベキ使節若ハ領事ノ自用品又ハ在本邦外國大使館、公使館若ハ領事館ノ公用品
　ホ　船舶安全法ニ依ル近海區域若ハ遠洋區域ヲ航行區域トスル船舶ニ本則施行地ニ住所ヲ有セザル者ノ所有ニ係ル船舶ノ用品
　一　汽船トロール漁業、機船底曳網漁業又ハ專ラ船捕鯨業、機船底曳網漁業又ハ專ラ漁獵場ヨリ漁獵物若ハ其ノ化製品ヲ運搬スル業務ニ從事スルモノニシテ外國港灣ニ出入スルモノノ用品
二　揮發油ヲ一リットル以下賣渡ストキ
三　重油ヲ五リットル以下賣渡ストキ
四　販賣ヲ目的ヲ以テ買受クル揮發油又ハ重油ノ販賣業者又ハ石油精製業者ニ揮發油又ハ重油ヲ賣渡ストキ
五　精製又ハ販賣ヲ目的ヲ以テ買受クル石油精製業者ニ揮發油又ハ重油ヲ賣渡ストキ
六　精製ノ爲使用スルコトヲ目的トシテ買受クル石油精製業者ニ揮發油又ハ重油ヲ賣渡ストキ
七　使用スルコトヲ目的ヲ以テ買受クル揮發油又ハ重油ノ販賣業者又ハ石油精製業者ニ揮發油又ハ重油ヲ賣渡ストキ
八　天災事變其ノ他已ムコトヲ得ザル事由アリタルニ因リ購買券ニ依ルコトヲ得ザルトキ

第三條　購買券ハ商工大臣ノ定ムル限度内ニ於テ地方長官（東京府ニ在リテハ警視總監）之ヲ同ジヲ發行ス

第四條　購買券ハ揮發油ニ付テハ一ガロン券、五ガロン券、十リットル券、十八リットル（一罐）券、百リットル券及重油ニ付テハ十八リットル（一罐）券、九十リットル（五罐）券、百八十リットル券及一キロリットル券ノ六種トシ各樣ニ付赤色及青色ノ別ヲ設ケ

第五條　赤色券ハ船舶ニ使用スル爲揮發油若ハ重油ヲ買受クル者ニ之ヲ交付シ青色券ハ船舶以外ニ使用スル爲揮發油若ハ重油ヲ買受クル者ニ之ヲ交付ス

第六條　購買券ノ交付ヲ受ケントスル者ハ揮發油又ハ重油ノ購買券交付申請書ニ別記樣式ニ依リ揮發油又ハ重油ノ使用場所ニ於テハ其ノ主タル使用ノ場所、船舶ニ在リテハ其ノ所在地、船舶、漁船ニ於テハ其ノ船籍港地方工場又ハ軌道ヲ經營スル者ノ場合ニ於テハ其ノ主タル事務所ノ在地、其ノ他ノ場合ニ於テハ其ノ所在地ヲ管轄スル地方長官ニ提出スベシ

第二號ニ揭グル船舶在リテハ其ノ所有者ノ住所地ヲ、ガソリン機關車、ヂーゼル機關車又ハヂーゼル動車ニ使用スル場合ニ於テハ其ノ鐵道又ハ軌道ヲ經營スル者ノ主タル事務所ノ所在地ヲ、其ノ他ノ場合ニ於テハ其ノ住所ノ地ヲ管轄スル地方長官ニ提出スベシ

前項ノ購買券交付申請書ニハ左ニ揭グル事項ヲ記載スベシ
一　買受ケントスル揮發油又ハ重油ノ數量
二　用途
三　使用設備ノ概要
四　使用豫定期間

第七條　揮發油若ハ重油ノ販賣業者又ハ石油精製業者ハ其ノ販賣ヘタル購買券ト引換後遲滯ナク當該販賣場ノ所在地ヲ管轄スル地方長官ニ其ノ引換ヘタル購買券ノ種類及枚數並ニ其ノ引換ヘタル年月日ヲ記載スベシ

第八條　揮發油若ハ重油ノ販賣業者又ハ石油精製業者ハ其ノ引換ヘタル購買券ニ引換ヘタルコトヲ知リテ赤色券ト引換ヘニ揮發油ヲ賣渡スコトヲ得ズ

第九條　揮發油若ハ重油ノ販賣業者又ハ石油精製業者ハ其ノ引換ヘタル購買券ヲ故ナク他人ニ引渡シ又ハ破棄スルコトヲ得ズ

第十條　揮發油若ハ重油ノ販賣業者又ハ石油精製業者ハ販賣場毎ニ共ノ開設後一週間以内ニ左ニ揭グル事項ヲ其ノ販賣場所在地ヲ管轄スル地方長官ニ屆出ヅベシ其ノ販賣場ヲ廢止シ又ハ屆出デタル事項ニ變更アリタルトキ亦同ジ
一　販賣場ノ名稱及位置
二　取扱ニ係ル石油ノ種類
三　揮發油若ハ重油ノ販賣業者又ハ石油精製業者ノ氏名名稱及住所

第十一條　揮發油若ハ重油ノ販賣業者又ハ石油精製業者ハ販賣場毎ニ帳簿ヲ備ヘ左ニ揭グル事項ヲ記載スベシ
一　受入レタル揮發油又ハ重油ノ數量、價格及受入ノ年月日並ニ共ノ引渡人ノ氏名名稱及住所

図17-4　第1次揮發油、重油消費規正を報じる官報（昭和13年3月7日付、一部抜粋）

第17章 石油消費規正と東京地区企業合同の機運

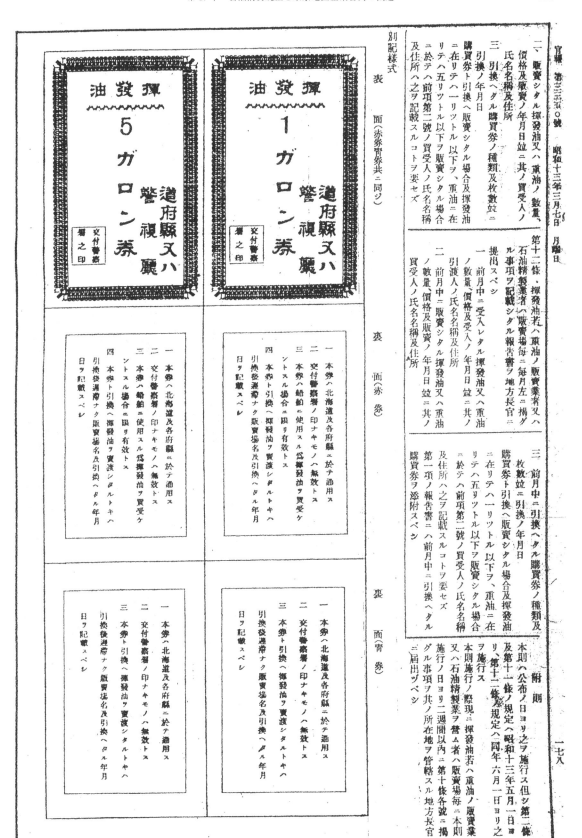

図 17-4（つづき）

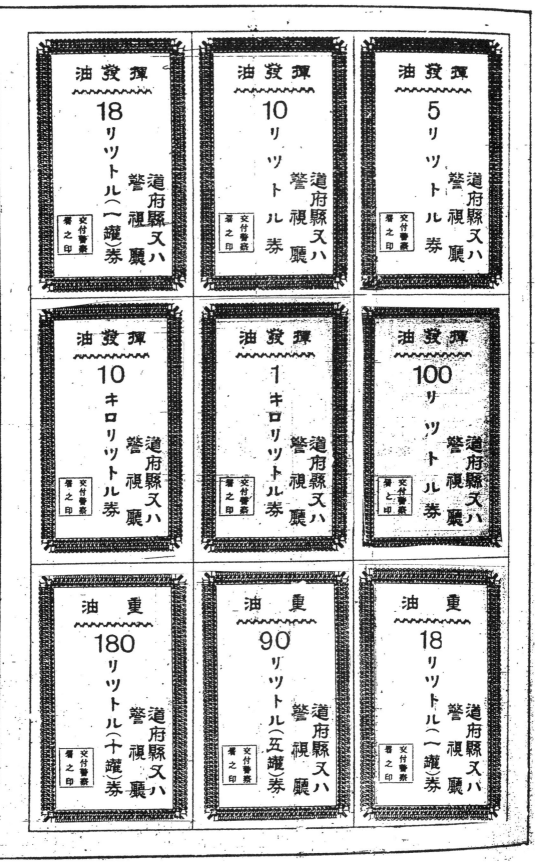

図17-4（つづき）

官報　第四一一五號　昭和十五年九月二十一日　土曜日

第五條ノ三　購買券ノ有效期間ハ其ノ交付ノ日ヨリ其ノ日ノ屬スル月ノ翌翌月ノ末日迄トス

第五條ノ四　本則ニ依ル消印ノ押捺ナキ購買券ハ之ヲ他人ニ讓渡シ又ハ他人ヨリ讓受クルコトヲ得ズ但シ第五條ノ二ノ規定ニ依リ購買券ノ交付ヲ受ケタル團體當該購買券ヲ其ノ團體ヲ組織スル者ニ配布スル場合及特別ノ事情ニ依リ地方長官ノ許可ヲ受ケタル場合ハ此ノ限ニ在ラズ

第五條ノ五　購買券ト引換ヘ買受ケタル揮發油又ハ重油ハ之ヲ他人ニ讓渡シ又ハ他人ヨリ讓受クルコトヲ得ズ但シ第五條ノ二ノ規定ニ依リ購買券ノ交付ヲ受ケタル團體當該購買券ト引換ヘ買受ケタル揮發油又ハ重油ヲ其ノ團體ヲ組織スル者ニ配給スル場合及特別ノ事情ニ依リ地方長官ノ許可ヲ受ケタル場合ハ此ノ限ニ在ラズ

第六條第一項中「其ノ所有者ノ住所地」ノ下ニ「、本則施行地ニ船籍港ヲ有セザル船舶ニ在リテハ其ノ購入セントスル揮發油又ハ重油ノ販賣場ノ所在地」ヲ加フ

同條第二項中「前條」ヲ「第五條ノ二」ニ改ム

第六條ノ二　購買券ノ交付ヲ受ケタル者（第五條ノ二ノ規定ニ依リ團體ガ購買券ノ交付ヲ受ケタル場合ニ在リテハ當該團體ヨリ購買券ノ配布ヲ受ケタル者）ハ遲滯ナク購買券ニ用途、氏名名稱及住所ヲ記入ノ上捺印スベシ

第十一條第二項中「購買券ト引換ヘ販賣シタル場合及」ノ下ニ「地方長官ノ指定シタル者ガ」ヲ加フ

第十二條第二項中「購買券ト引換ヘ販賣シタル場合及」ノ下ニ「前條第二項ノ規定ニ依リ地方長官ノ指定シタル者ガ」ヲ加フ

第十三條　本則中地方長官トアルハ東京府ニ在リテハ警視總監トス

別記樣式ヲ左ノ如ク改ム

別記様式　縦七・五糎　横四・五糎

表　面（赤色券青色券共ニ同ジ）

揮發油　交付番號第　號　1 ガロン券　道府縣又ハ警視廳　交付廳府縣又ハ警察署ノ印及交付年月日

揮發油　交付番號第　號　10 リットル券　道府縣又ハ警視廳　交付廳府縣又ハ警察署ノ印及交付年月日

揮發油　交付番號第　號　5 ガロン券　道府縣又ハ警視廳　交付廳府縣又ハ警察署ノ印及交付年月日

揮發油　交付番號第　號　18 リットル（一罐）券　道府縣又ハ警視廳　交付廳府縣又ハ警察署ノ印及交付年月日

揮發油　交付番號第　號　5 リットル券　道府縣又ハ警視廳　交付廳府縣又ハ警察署ノ印及交付年月日

揮發油　交付番號第　號　100 リットル券　道府縣又ハ警視廳　交付廳府縣又ハ警察署ノ印及交付年月日

六七五

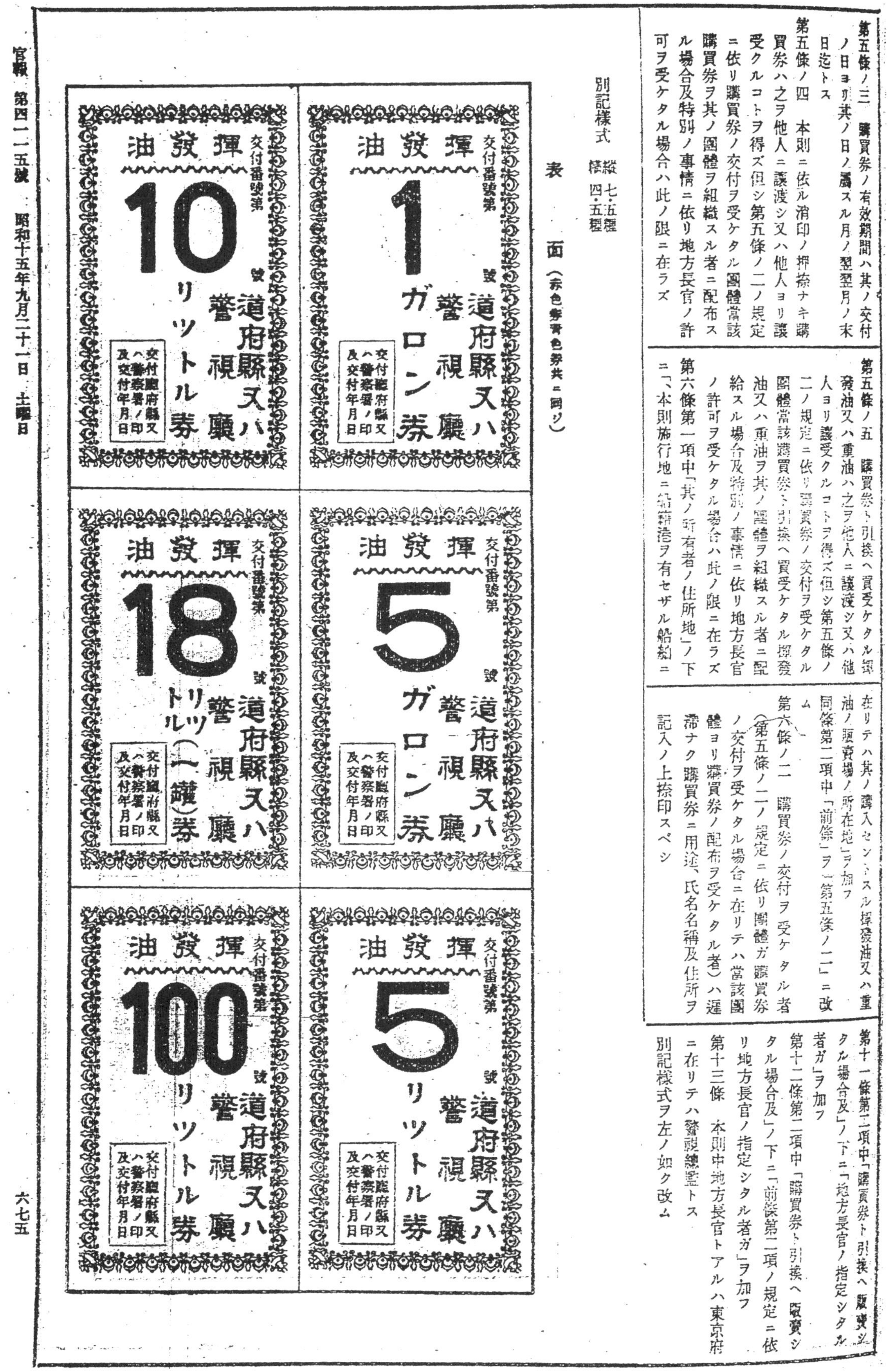

図 17-5　第 2 次揮発油・重油消費規正を報じる官報（昭和 15 年 9 月 21 日付、一部抜粋）

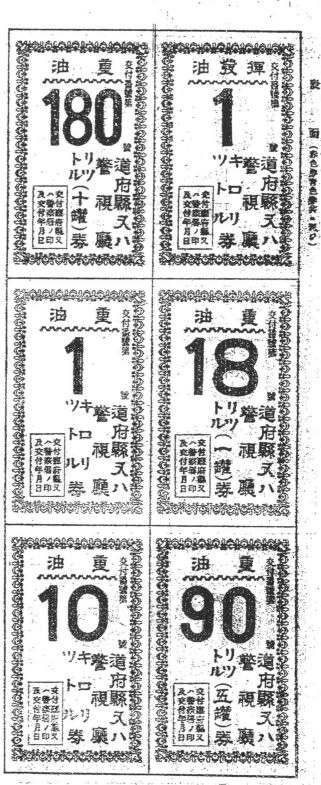

図 17-5（つづき）

第17章　石油消費規正と東京地区企業合同の機運

官報・第四九三五号　昭和十八年六月二十六日　土曜日

別記様式表面中

第十二條ヲ削リ第十三條ヲ同條トシ同條中「東京府」ヲ「東京都」ニ改ム
第十二條ヲ削リ第十三條ヲ第十二條トシ同條中「東京府」ヲ「東京都」ニ改ム

[揮發油 1ガロン券　道府縣又ハ警視廳　交付番號印　交付庭府縣又ハ警察署ノ印及交付年月]

[揮發油 1リットル券　道府縣又ハ警視廳　交付番號印　交付庭府縣又ハ警察署ノ印及交付年月]ヲ削ル

[揮發油 5ガロン券　道府縣又ハ警視廳　交付番號印　交付警察署ノ印及交付年月]ニ改ム

附則
本令ハ昭和十八年七月一日ヨリ之ヲ施行ス
本令ニ依リ効力ヲ失フベキ從前ノ様式ニ依ル購買券（第八條ノ規定ニ依ル消印ノ押捺ナキモノニ限ル）ハ其ノ交付ノ日ヨリ其ノ日ノ属スル月ノ翌翌月ノ末日迄仍効力ヲ有ス

● 商工省令第三十四號
石油配給統制規則中左ノ通改正ス
昭和十八年六月二十六日　商工大臣　岸　信介
第二條中「石油輸入業者」ヲ削リ「以外ノ者ニ石油」ノ下ニ「（政府ノ専賣品タル石油ヲ除ク）」ヲ加フ
第三條中「石油」ノ下ニ「（政府ノ専賣品タル石油ヲ除ク）」ヲ、「輸出」ノ下ニ「、」輸入（積戻ヲ除ク以下同ジ）」ヲ加フ
第四條中「石油」ノ下ニ「（政府ノ専賣品タル石油ヲ除ク）」ヲ加フ
第五條　商工大臣ハ指定販資業者ニ對シ期間ヲ定メ當該期間ニ於ケル石油ノ配給計畫ノ設定ヲ命ズルコトアルベシ
地方長官ハ指定販賣業者ニ對シ期間ヲ定メ當該期間ニ於ケル石油ノ配給計畫ノ設定ヲ命ズルコトヲ得
第六條ノ二中「（石油輸入業者ヲ除ク）」ヲ削ル
第七條　統制會社ハ指定販賣業者又ハ同條第二項中第二號ニ「輸入シタル石油」ノ種類別數量、價格、輸入先及輸入ノ年月日
第八條ノ規定ニ依リ命令ニ依リ石油ノ配給計畫ニ依リ購入シ、販賣シ及使用シタル石油ノ種類別數量ヲ記載シタル報告書ヲ毎月二十日迄ニ統制會社ニ在リテハ商工大臣ニ、指定販賣業者ニ在リテハ商工大臣又ハ地方長官ニ提出スベシ
統制會社ハ前項ノ報告書ニ記載スベキ事項ノ外石油ノ販賣業者ニ在リテハ商工大臣又ハ地方長官ニ依リ報告書ニ記載スベキ専項ヲ記載スベシ

種類別輸出先別數量、種類別移出先別數量及種類別移入先別數量ヲ記載スベシ
附則
本令ハ昭和十八年七月一日ヨリ之ヲ施行ス

● 商工省令第三十五號
石油業法施行規則中左ノ通改正ス
昭和十八年六月二十六日　商工大臣　岸　信介
「石油輸入業」ヲ「原油輸入業」ニ、「石油輸入業者」ヲ「原油輸入業者」ニ、「石油」ヲ「原油」ニ改ム
第五條中「又ハ燃料用重油」ヲ削リ
第十七條中「揮發油、重油者ニ在リテハ第一號及発油ニ在リテハ第一種八百キロリットル以上、第二種八五百キロリットル以上」ヲ削ル
第十九條中「原油及原油」ヲ「原油」ニ、「重油及原油」ヲ「原油」ニ改ム
第二十二條中「石油ト」ヲ「原油ト」ニ改ム
附則
本令ハ昭和十八年七月一日ヨリ之ヲ施行ス

● 商工省令第三十六號
石油保有補助金交付規則中左ノ通改正ス
昭和十八年六月二十六日　商工大臣　岸　信介
「石油保有補助金交付規則」ヲ「原油保有補助金交付規則」ニ、「石油ヲ」ヲ「原油ヲ」ニ改ム
第一條、第二條及第五條中「石油ノ」ヲ「原油ノ」ニ改ム
第一條中「石油輸入業者」ヲ「原油輸入業者」ニ改ム
第三條中「各石油」ヲ「原油」ニ改ム
附則
本令ハ昭和十八年七月一日ヨリ之ヲ施行ス

図17-6　第3次揮発油・重油消費規正を報じる官報（昭和18年6月26日付、一部抜粋）
昭和18年には東京府が東京都となっている

第18章　戦時統合による東京地区タクシー会社の再編

　昭和15年（1940）4月9日、自動車交通事業法が改正され、警視庁管内にほぼ5,000台あったタクシーは、個人営業が不可能になり、すべて30台以上所有の組合組織の会社157社に統合された。これがタクシー界の第1次統合であった。

　その後さらに昭和16年（1941）から19年（1944）まで第2次、第3次と統合が進み、20年（1945）には大和自動車交通株式会社、日本交通株式会社、帝都自動車交通株式会社、国際自動車株式会社の4社（4社の頭文字をとって俗に「大日本帝国」大手4社といわれている）に統合された。

　以下本章では、第1次から第3次までの各統合後の東京におけるタクシー会社の組織体制を順を追って示すこととする。

第1次統合

　第1次統合により、東京地区におけるタクシー業界の組織体制は表18-1のようになった。

表18-1　東京地区第1次統合の結果

組合役員		
役職		氏名
理事長		早川徳治
専務理事		川上梅次郎（元警視）
常務理事		吉村金吉、杉山正太郎、川村利二、高田儀三郎、今井福松
理事、調査委員長		山本晴幸
同、副委員長		塚原清満
同、調査委員		佐野浅次郎、神田　力、立松　弘、阿部貞治、甲斐倉一、鈴木貞次
理事、事業統制委員長		新倉文郎
同、同副委員長		寺林春三郎
同、同委員		田中清作、細田員雄、齋藤治太郎、牧谷嘉明、深川甚作、竹内半市、宍戸喜七
同、信用評定委員長		岡豊一
同、同委員		玉井市太郎、松原秀吉、中島利治、川邉應棟、久保正次郎
常務監事		篠田鎮雄
監事		渡部亀吉、吉永寛、石田正、星野武志、品川主計、塩地俊平、西沢清市郎、服部音五郎
顧問		柳田諒三、山田清、和田喜次郎
組合員		
地区別	組合員名	代表者
麴町	東京自動車交通株式会社	塚原清衛
	麴町自動車株式会社	草野則静
	中央相互タクシー株式会社	田中清作
	九段自動車株式会社	細谷慶助
	第一タクシー合資会社	齋藤豊吉
	丸ノ内相互自動車株式会社	田村重敏
	丸ノ内交通有限会社	東　洋
	株式会社睦ツウリング	福野政二
神田	錦興自動車株式会社	安東保吉、鶴野定助
	大和タクシー株式会社	中尾静夫
	神田自動車株式会社	細田員雄
	東京合同タクシー株式会社	早川徳次
	西神田交通自動車株式会社	千葉哲

日本橋	太陽交通株式会社	雑賀久吉
	清州交通株式会社	根津芳之助
	三和相互自動車株式会社	中沢治郎吉
	八紘自動車株式会社	保坂久吾
	日本橋自動車株式会社	川淵猛
	日本橋タクシー株式会社	上西龍之助
京橋	日東自動車株式会社	川鍋秋蔵
	帝国自動車株式会社	福島直衛
	東洋自動車株式会社	樋口四郎
	中外自動車株式会社	千葉諒祐
	京橋自動車株式会社	渡部亀吉、伊藤敏夫
	京橋タクシー有限会社	吉永寛
	月島相互自動車株式会社	清水健一
芝	芝自動車株式会社	佐野浅次郎
	国際観光自動車株式会社	西村清治
	東芝自動車株式会社	小林山二
	東港自動車株式会社	細川力蔵
	高輪タクシー株式会社	吉永寛
	高橋自動車株式会社	高木幸吉
麻布	麻布自動車株式会社	寺村春三郎
赤坂	共栄タクシー有限会社	神戸信雄
	赤坂自動車株式会社	杉山正太郎
	国際自動車株式会社	波多野元二
	青山自動車株式会社	金子要助
四谷	四谷自動車有限会社	今泉松治
	四谷相互自動車株式会社	和田喜次郎
	東京寝台自動車株式会社	上原弥一
牛込	協和交通株式会社	天野吉次郎
	昭和交通株式会社	犬飼亀吉
	牛込相互自動車株式会社	石田正、前田祐三
	早稲田相互タクシー株式会社	玉井市太郎
小石川	合資会社千鳥	逹田太一
	大富自動車株式会社	山本嘉十
	富士自動車株式会社	神田力
	小石川相互自動車株式会社	横山健吉、石田達
本郷	安全交通株式会社	齋藤治太郎、中山仁
	第一相互タクシー株式会社	伏見一
	興亜自動車株式会社	細川潤
下谷	上野自動車株式会社	久保正次郎
	東都自動車株式会社	星野武志
	東洋相互自動車株式会社	山崎昌作
	千代田自動車株式会社	武藤清治
浅草	日の丸タクシー株式会社	歌丸伊蔵
	共立タクシー株式会社	立花弘
	旭タクシー株式会社	歌丸伊蔵
	東邦自動車株式会社	高橋繁正
	浅草自動車株式会社	江森茂一
	有限会社興国自動車	上野房次
	菊屋橋自動車有限会社	沖徳男
本所	両国相互自動車株式会社	青山庄次郎
	太平相互自動車株式会社	狩野丈吉
	厩橋相互自動車株式会社	倉本吟一
	言問タクシー株式会社	牧谷嘉明
	帝都タクシー株式会社	後藤国彦
深川	東京相互タクシー株式会社	吉村金吉
	日進相互自動車株式会社	小野金作
	三興自動車株式会社	渡邊嘉三
	大都タクシー株式会社	新倉文郎
	大和交通自動車株式会社	奥村喜一
	深川合同自動車株式会社	山口桑次

	深川相互自動車株式会社	力石保治
品川	城南相互タクシー株式会社	波多野元二
	品川相互自動車株式会社	長坂喜萬寿
	大崎自動車株式会社	田中九重
荏原	荏原自動車株式会社	鏑木忠正
	荏原相互タクシー株式会社	栗山徳吾
大森	東京南部相互タクシー株式会社	山本晴幸
	京浜交通株式会社	岡豊一、川島三郎
	旭東自動車株式会社	佐藤不二夫
蒲田	京浜相互タクシー株式会社	松原秀吉
	蒲田自動車株式会社	吉田保
世田谷	世田谷合同タクシー株式会社	高田儀三郎
	新東京タクシー株式会社	上西龍之助
	南海自動車株式会社	萩野富江
	萬屋自動車株式会社	鈴木賢夫
目黒	目黒相互タクシー株式会社	深川甚作
	目黒自動車交通株式会社	橋谷権太郎
	目黒協和自動車株式会社	小林保五郎
	南部自動車相互株式会社	新倉文郎
	碑文谷相互自動車株式会社	荒井広太郎
渋谷	東京タクシー株式会社	品川主計
	山手相互タクシー株式会社	仲田太理穂
	渋谷相互タクシー株式会社	仲倉泰助
	渋谷交通自動車株式会社	門脇哲
	原宿相互タクシー株式会社	安宅林重郎、船本常吉
	旭相互自動車株式会社	大原精三郎
	交和相互タクシー株式会社	松永貢
	新興相互タクシー株式会社	甲斐清市
	代々木相互自動車株式会社	西沢清市郎
淀橋	東陽合資会社	井口安五郎
	武蔵野タクシー株式会社	榎本鉱治
	戸塚相互自動車株式会社	竹内半市
	共栄自動車株式会社	竹内半市
	大井自動車株式会社	竹内半市
中野	日本新晃自動車株式会社	井上紋市
	東亜相互タクシー株式会社	川村利治、藤波恒三郎
	国華自動車株式会社	中島利治
	中野相互タクシー株式会社	吉村金吉
	野方自動車株式会社	竹中長次郎
杉並	杉並相互タクシー株式会社	榎本鉄治
	荻窪自動車株式会社	西尾金五郎
豊島	北豊島相互タクシー株式会社	阿部貞治
	巣鴨自動車株式会社	小笠原義應
	池袋相互自動車株式会社	佐久間富治
	武蔵野相互自動車交通株式会社	前川美水
	目白睦自動車株式会社	清水小次郎
滝野川	昭和自動車株式会社	青田藤晴
	日本相互タクシー株式会社	塩地俊平
	聖和相互タクシー株式会社	宍戸喜七
板橋	新潮自動車株式会社	松本周二
	極東交通自動車株式会社	田縁芳太郎
	板橋相互タクシー株式会社	鈴木貞次
	新交自動車相互株式会社	太田竹次郎
	愛国相互タクシー株式会社	篠田鎮雄
	八千代自動車株式会社	篠田鎮雄
	豊玉自動車株式会社	多田満義
王子	王子自動車株式会社	古沢錦一
	赤羽自動車株式会社	岩瀬鉦蔵
荒川	荒川自動車株式会社	正木勘次郎
	帝国相互自動車株式会社	山田耕平

	荒川相互自動車株式会社	山口久雅
	日暮里自動車株式会社	古林寅三
足立	足立自動車株式会社	樽沢正
	合資会社興亜自動車商会	島村元将
	千住相互自動車株式会社	今井福松
	西新井自動車株式会社	的場寅次郎
	足立相互タクシー株式会社	服部音五郎
向島	合名会社鐘ヶ淵自動車商会	佐藤要
	向島自動車株式会社	安田貞治
	報国自動車株式会社	坂口善造
葛飾	東神自動車株式会社	矢島末次
	葛飾相互自動車株式会社	長瀬健太郎
城東	四ツ橋自動車株式会社	松村修策
	亀戸相互タクシー株式会社	杉田武夫
	城東相互自動車株式会社	中村藤四郎
江戸川	協心相互自動車株式会社	高畑竹雄
	江戸川合同自動車株式会社	杉田武夫
八王子	八王子交通事業株式会社	豊泉信太郎
立川	立川タクシー株式会社	川邉應棟
三多摩	東京郊外自動車株式会社	佐藤季義
	北多摩乗用自動車株式会社	中野豊
	奥多摩相互自動車株式会社	小沢太平、石川虎一郎
大島	親交自動車株式会社	雨宮一乃輔
	大島開発株式会社	小田桐忠治

第2次統合

昭和16年（1941）12月、日本はそれまでの中国大陸での戦争に加えて米英等に対しても戦争を開始し、国内経済は戦時統制体制がますます強められた。タクシー業界でも同年以降第2次統合が進められた。その結果を表18-2に示す。

表18-2　東京地区第2次統合の結果（▲印は合併に際して継続して残った会社、無印は解散した会社）

昭和16年		
11月18日	▲高輪タクシー株式会社	芝区白金三光町542番地
	京橋タクシー有限会社	京橋区霊岸島1丁目14番地
昭和17年		
3月24日	▲大和交通自動車株式会社	深川区冬木町4丁目1番地
	西神田交通株式会社	同上
	第一タクシー合資会社	麴町区内幸町2丁目22番地
4月28日	▲足立自動車株式会社	足立区千住宮之町6番地
	合資会社興亜自動車商会	
5月5日	▲愛国相互タクシー株式会社	板橋区豊玉北5丁目23番地7
	興亜自動車株式会社	本郷区駒込富士前町45番地
5月10日	▲江戸川合同自動車株式会社	江戸川区小岩町2丁目3150番地
	亀戸相互タクシー株式会社	城東区亀戸町1丁目110番地
6月24日	▲東京急行電鉄株式会社	
	梅森蒲田自動車株式会社	大森区7丁目340番地
7月31日	▲東武自動車株式会社	本所区小梅町1丁目2番地1
	朝日自動車株式会社	同上
9月10日	▲日本橋自動車株式会社	日本橋区茅場町1丁目8番地2
	日本橋タクシー株式会社	
	九段自動車株式会社	
	新東京タクシー株式会社	
	東京自働車交通株式会社	
	麴町自働車株式会社	
	株式会社睦ツウリング	
9月20日	▲目白睦自動車株式会社	淀橋区下落合3丁目1488番地

第18章　戦時統合による東京地区タクシー会社の再編

	武蔵相互自動車交通株式会社	豊島区椎名町7丁目4016番地
	豊玉自動車株式会社	板橋区中新井町2丁目799番地
9月30日	▲昭和自動車株式会社	足立区千住関屋町18番地
	東京南部相互タクシー株式会社	大森区大森4丁目236番地
	共立タクシー株式会社	浅草区千束町2丁目370番地
10月15日	▲日本相互タクシー株式会社	滝野川区田端新町3丁目58番地
	向島自動車株式会社	向島区隅田町3丁目415番地
10月20日	▲江戸川合同自動車株式会社	江戸川区小岩町2丁目3150番地
	四ツ輪自動車株式会社	城東区大島町6丁目750番地
10月28日	▲牛込相互自動車株式会社	牛込区新小川町3丁目16番地
	小石川相互自動車株式会社	小石川区関口水道町46番地
	大富自動車株式会社	小石川区指ヶ谷町146番地
	四谷自動車有限会社	四谷区新宿2丁目49番地
	合資会社千鳥	小石川区指ヶ谷町115番地
	四ツ輪自動車株式会社	城東区大島町6丁目750番地
11月1日	▲高千穂自動車株式会社	渋谷区代々木初台町667番地
	代々木相互自動車株式会社	渋谷区代々木西原町987番地
	新興相互タクシー株式会社	渋谷区代々木4本町812番地
11月10日	▲日本交通株式会社	世田谷区世田谷1丁目35番地156番地
	渋谷相互タクシー株式会社	渋谷区山下町35番地
	萬屋自動車株式会社	世田谷区喜多見町96番地
	南海相互タクシー株式会社	世田谷区北沢1丁目1250番地
11月15日	▲中野相互タクシー株式会社	中野区栄町通2丁目27番地
	深川合同自動車株式会社	深川区冬木町6番地
	巣鴨自動車株式会社	豊島区西巣鴨1丁目3260番地
	聖和相互自動車株式会社	滝野川区滝野川町882番地
11月18日	▲新潮自動車株式会社	板橋区板橋町3丁目461番地
	極東交通自動車株式会社	同上
11月30日	▲東都自動車株式会社	下谷区山伏町64番地
	浅草自動車株式会社	浅草区今戸3丁目13番地
12月6日	▲東亜相互タクシー株式会社	中野区宮園通3丁目5番地
	原宿相互自動車株式会社	渋谷区千駄ヶ谷5丁目905番地
	野方自動車株式会社	中野区新井町157番地
12月25日	▲荒川相互自動車株式会社	荒川区町屋1丁目784番地
	日暮里自動車株式会社	荒川区日暮里町2丁目156番地
	荒川自動車株式会社	荒川区尾久町4丁目1945番地
昭和18年		
1月31日	▲安全交通株式会社	本郷区本郷3丁目2番地1
	京橋自動車株式会社	京橋区新川1丁目8番地
2月12日	▲昭和交通株式会社	牛込区市ヶ谷薬王寺町81番地
	渋谷交通自動車株式会社	渋谷区栄町通2丁目8番地
2月24日	▲東京自動車株式会社	日本橋区兜町2丁目30番地
	麻布自動車株式会社	麻布区本村町145番地
3月3日	▲大東亜自動車株式会社	目黒区上目黒8丁目360番地
	芝自動車株式会社	芝区西久保広町40番地
	目黒相互タクシー株式会社	目黒区清水町465番地8
3月14日	赤坂自動車株式会社	赤坂区田町5丁目8番地
	国際自動車株式会社	赤坂区溜池町34番地
	青山自動車株式会社	赤坂区青山南町6丁目50番地
	東港自動車株式会社	赤坂区溜池町34番地
	（上記4社は合併して東亜自動車株式会社を設立する計画だった）	
3月15日	▲日ノ丸タクシー株式会社	浅草区柴崎町3丁目4番地
	旭タクシー株式会社	浅草区馬道1丁目4番地5
3月20日	▲愛国相互タクシー株式会社	板橋区豊玉北5丁目23番地
	八千代自動車株式会社	板橋区志村町11番地
3月23日	▲大都タクシー株式会社	深川区千田町11番地
	三和相互自動車株式会社	日本橋区宝2丁目8番地
	菊矢橋自動車有限会社	浅草区田島町53番地
4月1日	▲高輪タクシー株式会社	目黒区本郷町68番地
	碑文谷相互自動車株式会社	同上

	荏原相互タクシー株式会社	同上
	目黒自動車交通株式会社	同上
4月26日	▲両国相互自動車株式会社	本所区東両国2丁目21番地
	深川相互自動車株式会社	深川区木場3丁目5番地
	厩橋相互自動車株式会社	本所区東駒形1丁目13番地
5月18日	▲都自動車株式会社	下谷区山伏町64番地
	東陽相互自動車株式会社	下谷区入谷町163番地
5月30日	▲協和交通株式会社	牛込区早稲田町57番地
	荻窪自動車株式会社	杉並区宿町173番地
	丸ノ内交通有限会社	麹町区丸ノ内3丁目4番地
6月14日	▲京浜交通株式会社	大森区大森1丁目66番地
	品川相互自動車株式会社	品川区東品川3丁目51番地
	京浜相互タクシー株式会社	蒲田区糀谷町4丁目1730番地
6月15日	▲昭和交通株式会社	牛込区市ヶ谷薬王寺町60番地
	太平相互自動車株式会社	本所区横川橋5丁目4番地
6月25日	▲富士自動車株式会社	小石川区氷川下町71番地
	四谷相互自動車株式会社	四谷区信濃町34番地
	月島相互自動車株式会社	京橋区月島通1丁目3番地
8月3日	▲足立自動車株式会社	足立区千住宮元町6番地
	帝国相互自動車株式会社	同上
8月23日	▲国華自動車株式会社	中野区本町通2丁目11番地
	高千穂自動車株式会社	渋谷区代々木西原町989番地
	東陽合資会社	淀橋区柏木1丁目31番地
9月25日	▲錦興自動車株式会社	神田区美土代町6番地
	東邦自動車株式会社	浅草区千束町1丁目71番地
9月30日	▲日東自動車株式会社	京橋区木挽町8丁目15番地1
	中央相互タクシー株式会社	麹町区飯田町2丁目14番地
	第一相互タクシー株式会社	本郷区湯島4丁目3番地
	日進相互自動車株式会社	深川区毛利町21番地
	大和交通自動車株式会社	深川区冬木町4丁目1番地
10月9日	▲都市交通株式会社	牛込区新小川町3丁目16番地
	合資会社千鳥	小石川区指ヶ谷町113番地
11月15日	▲八紘自動車株式会社	日本橋区通2丁目6番地9
	王子自動車株式会社	王子区王子4丁目11番地8
	東神自動車株式会社	葛飾区本田渋江町47番地
昭和19年		
2月25日	▲目白睦自動車株式会社	淀橋区下落合3丁め1488番地
	赤羽自動車株式会社	王子区赤羽町2丁目516番地
4月12日	▲日本交通株式会社	世田谷区世田谷1丁目35番地
	高千穂自動車株式会社	渋谷区代々木西原町989番地
6月27日	▲東京合同自動車株式会社	神田区錦町1丁目9番地
	板橋相互タクシー株式会社	板橋区板橋町2丁目731番地
	北豊島相互タクシー株式会社	豊島区西巣鴨1丁目3277番地
	大和タクシー株式会社	神田区錦町1丁目9番地
6月28日	▲昭和自動車株式会社	牛込区市ヶ谷薬王寺町60番地
	新潮自動車株式会社	板橋区板橋3丁目517番地
7月25日	▲共栄自動車株式会社	淀橋区戸塚町2丁目241番地
	高輪タクシー株式会社	目黒区本郷町68番地
	丸ノ内相互自動車株式会社	麹町区丸ノ内1丁目1番地

（上記3社は昭和20年に大和自動車交通株式会社と合併した）

第3次統合

　第2次統合ののち、昭和20年（1945）にはさらに統合が進み、最終的に東京地区は、大和自動車交通株式会社、日本交通株式会社、帝都自動車交通株式会社、国際自動車株式会社の俗に「大日本帝国」の体制となった。

(1) 大和自動車交通株式会社（合併公告）

　昭和20年1月28日の臨時総会に於て大和自動車交通株式会社（甲）は東京相互自動車株式会社、昭和自動車株式会社、昭和交通株式会社、新潮自動車株式会社、太平相互自動車株式会社、日本交通株式会社、東亜相互タクシー株式会社、共

栄自動車株式会社、丸ノ内相互自動車株式会社、愛国自動車株式会社、西新井自動車株式会社、高千穂自動車株式会社、高輪タクシー株式会社、大東亜自動車株式会社、京浜交通株式会社、及足立自動車株式会社（以上乙）を吸収合併の上、甲は乙の権利義務を承継して存続し、乙は解散致することに決議致候に付、右合併に異議ある債権者は此公告掲載の日より3週間以内に御申出相成度公告候也

  昭和20年6月25日
   日本橋区通1丁目9番地
     大和自動車交通株式会社
   深川区白河町1丁目1番地
     東京相互自動車株式会社
   足立区千住関屋町18番地
     昭和自動車株式会社
   板橋区板橋町3丁目517番地
     昭和交通株式会社
   板橋区板橋町3丁目517番地
     新潮自動車株式会社
   本所区横川橋5丁目4番地
     太平相互自動車株式会社
   世田谷区世田谷1丁目35番地
     日本交通株式会社
   中野区宮園通3丁目9番地
     東亜相互タクシー株式会社
   淀橋区戸塚町2丁目241番地
     共栄自動車株式会社
   麹町区丸ノ内1丁目1番地
     丸ノ内相互自動車株式会社
   板橋区豊玉北5丁目23番地
     愛国自動車株式会社
   足立区千住栄町37番地
     西新井自動車株式会社
   渋谷区代々木西原町987番地
     高千穂自動車株式会社
   目黒区上目黒8丁目360番地
     高輪タクシー株式会社
   目黒区上目黒8丁目360番地
     大東亜自動車株式会社
   大森区大森1丁目66番地
     京浜交通株式会社
   足立区千住宮本町6番地
     足立自動車株式会社

(2) 日本交通株式会社（合併公告）（『日本交通株式会社社史』より）

 昭和20年10月1日会社合併、日本自動車交通株式会社設立決議
  京橋区木挽町8丁目15番地
     日東自動車株式会社
  渋谷区大和田町1番地
     東京タクシー株式会社
  目黒区上目黒6丁目1339番地
     扇自動車株式会社
  芝区二本榎2丁目20番地
     高輪自動車株式会社
  芝区宮本町32番地
     東芝自動車株式会社
  滝野川区昭和町2丁目143番地
     日本相互タクシー株式会社
  京橋区木挽町6丁目4番地
     帝国自動車株式会社
  向島区隅田町2丁目398番地
     鐘ヶ淵自動車株式会社
  本郷区本郷3丁目2番地1
     東京安全交通株式会社
  江戸川区東小松川3丁目2690番地
     協心相互自動車株式会社
  神田区錦町1丁目11番地
     錦興自動車株式会社
  神田区錦町1丁目11番地
     鶴野　定助

昭和20年12月29日、臨時株主総会に於て日本交通株式会社と改称することに決議し、昭和21年2月16日登記す

(3) 帝都自動車交通株式会社（合併公告）

 昭和20年1月29日各会社に於て臨時株主総会を開催し帝都自動車交通株式会社は東京合同自動車株式会社、言問タクシー相互株式会社、大東相互自動車株式会社、丸ノ内交通株式会社、荒川相互自動車株式会社、山手交通株式会社、目白睦自動車株式会社、千住相互自動車株式会社、赤羽自

動車株式会社を合併して其の権利義務一切を承継し東京合同自動車株式会社、言問タクシー相互株式会社、大東相互自動車株式会社、丸ノ内交通株式会社、荒川相互自動車株式会社、山手交通株式会社、目白睦自動車株式会社、千住相互自動車株式会社、赤羽自動車株式会社は合併により解散することに決議致候に付右合併に異議ある債権者は本公告掲載の翌日より3週間以内に御申出相成度企業整備資金措置法並商法に基き公告候也

　　　昭和20年2月1日
　　　　東京都本所区向島押上町203番地
　　　　　　　　帝都自動車交通株式会社
　　　同　　神田区錦町1丁目9番地
　　　　　　　　東京合同自動車株式会社
　　　同　　本所区向島請地町62番地
　　　　　　　　言問タクシー相互株式会社
　　　同　　本所区横網3番地
　　　　　　　　大東相互自動車株式会社
　　　同　　麹町区丸ノ内3丁目4番地
　　　　　　　　丸ノ内交通株式会社
　　　同　　荒川区町屋1丁目784番地
　　　　　　　　荒川相互自動車株式会社
　　　同　　渋谷区八幡通1丁目28番地
　　　　　　　　山手交通株式会社
　　　同　　淀橋区下落合3丁目1488番地
　　　　　　　　目白睦自動車株式会社
　　　同　　足立区千住緑町2番地1
　　　　　　　　千住相互自動車株式会社
　　　同　　王子区赤羽町2丁目516番地
　　　　　　　　赤羽自動車株式会社

(4) 国際自動車株式会社 (合併公告)

　昭和20年3月25日国際自動車株式会社、東京自動車株式会社、都市交通株式会社、国華自動車株式会社、江戸川合同自動車株式会社、日の丸自動車株式会社、大都タクシー株式会社、都自動車株式会社、八紘自動車株式会社、東京中央自動車株式会社、旭相互自動車株式会社、城東自動車株式会社、四ツ輪自動車株式会社は各株主総会に於て国際自動車株式会社は東京自動車株式会社、都市交通株式会社、国華自動車株式会社、江戸川合同自動車株式会社、日の丸自動車株式会社、大都タクシー株式会社、都自動車株式会社、八紘自動車株式会社、東京中央自動車株式会社、旭相互自動車株式会社、城東自動車株式会社、四ツ輪自動車株式会社を合併し、其権利義務を承継して存続し、東京自動車株式会社、都市交通株式会社、国華自動車株式会社、江戸川合同自動車株式会社、日の丸自動車株式会社、大都タクシー株式会社、都自動車株式会社、八紘自動車株式会社、東京中央自動車株式会社、旭相互自動車株式会社、城東自動車株式会社、四ツ輪自動車株式会社は国際自動車株式会社へ合併して解散しすることに決議致候に付右に関し御異議有之方は本公告の日より3週間以内に御申出相成度商法第416條第100條に依り此段公告候也

　　　昭和20年5月1日
　　　東京都赤坂区溜池町34番地
　　　　　　　　国際自動車株式会社
　　　同　　日本橋区兜町2ノ30番地
　　　　　　　　東京自動車株式会社
　　　同　　牛込区新小川町3ノ16番地
　　　　　　　　都市交通株式会社
　　　同　　中野区本町通2ノ11番地
　　　　　　　　国華自動車株式会社
　　　同　　城東区大島町6ノ750番地
　　　　　　　　江戸川合同自動車株式会社
　　　同　　浅草区芝崎町3ノ4ノ3番地
　　　　　　　　日の丸自動車株式会社
　　　同　　城東区南砂町1ノ888番地
　　　　　　　　大都タクシー株式会社
　　　同　　日本橋区呉服橋2ノ5番地
　　　　　　　　八紘自動車株式会社
　　　同　　芝区南佐久間町1ノ25番地
　　　　　　　　東京中央自動車株式会社
　　　同　　浅草区今戸町3ノ13番地
　　　　　　　　都自動車株式会社
　　　同　　日本橋区兜町2ノ30番地
　　　　　　　　旭相互自動車株式会社
　　　同　　城東区大島町6ノ750番地
　　　　　　　　城東自動車株式会社
　　　同　　城東区大島町6ノ750番地
　　　　　　　　四ツ輪自動車株式会社

かくして、太平洋戦争の開戦に伴う全面的な戦時体制下、東京のタクシー事業者は「大日本帝国」の大手4社に統合され、個々の中小事業者はそのいずれかに組み込まれて営業を続けることとなったのであった。

図18-1 第3次タクシー業界統合で誕生した大手4社（いわゆる大日本帝国）と各社の社長
上：大和自動車本社と社長・新倉文郎　下：日本交通本社と社長・川鍋秋蔵

會社の沿革

會社名稱	帝都自動車交通株式會社(舊名、帝都タクシー株式會社)
所在地	東京都千代田區神田三崎町貳丁目參拾八番地
創立年月日	昭和拾貳年參月壹日(營業開始同年四月貳拾)
創立當時の重役の氏名	取締役社長　後藤國彦 常務取締役　宮城榮三郎 取締役　　　林　磯吉 　　　　　　和田喜次郎 監査役　　　吉田　秀彌 　　　　　　阪齊梅三郎 北條一郎
所有車輛數	參拾六輛
實動車輛數	參拾六輛
從業員數	職員　七拾貳名 運轉者　計　八拾貳名
營業所數	壹個所
營業所番地	神田營業所(東京市神田區三崎町貳丁目參拾八)
營業の種別	タクシー

創立後の組織變更と現況
一、昭和拾八年拾月社名帝都タクシー株式會社を帝都自動車交通株式會社と改稱
一、昭和貳拾壹年四月壹日東京合同自動車、言問タクシー、大東亞相互自動車、荒川相互自動車、山手交通、目隱自動車、丸ノ内交通、千住相互自動車、赤羽自動車の九會社を吸收合併した。此時迄資本金は貳百萬圓であったが合併に依り車輛臺數は壹千六百六拾五輛となり從來より八百輛を增加することになる。其後戰災の爲燒失せる車輛は七百五拾九輛にして現存車輛數は參百九輛(自家用車拾八で營業す)(昭和貳拾五年參月貳拾日現在)

一、株式數拾八萬七拾株(內京成電鐵保有貳拾貳萬壹千四百拾六株)昭和貳拾五年參月貳拾日現在

其他必要事項
現重役
社長　　湯城義一
常務取締役　小島銃治
取締役　　椿　剛
監査役　　田中　徹
　　　　　西島正作
　　　　　阪川克巳

所屬人員
昭和貳拾五年貳月貳拾日現在
重役　七名　　運轉者　參百貳拾七名
技工　貳拾參名　職員　壹百貳拾六名
組合專從者　壹名　傭員　壹百貳拾壹名
　　　　　　　　嘱託　五名
　　　　　　　　臨時貳拾名
計　貳百六拾壹名　計　五百貳拾壹名
以上

図18-1　(つづき)
上：帝都自動車の会社紹介と社長・湯城義一　下：国際自動車本社と社長・波多野元二

第19章　大阪地区におけるタクシー業界の統合

　東京では、全面的な統制体制の下、大手4社に統合されたタクシー業界の状況を前章に示した。しかし、大阪のタクシー業界は山口福則抜きには語れない。それほど山口の存在は大きい。

　タクシーの元祖である東京のタクシー自動車株式会社の創業に参加してタクシー業界に入った山口が、大阪最初のタクシー会社の設立に際して支配人に抜擢されて大阪に移り、同社を東京の親会社をしのぐ日本一のタクシー会社に飛躍させた手腕は並大抵のものではなかった。山口の業績を語ることは、大阪のタクシー界を語ることである。目次正一『山口福則氏を偲ぶ・タクシー回顧録』（山口福則氏顕彰会刊行）はそういった意味で、非常に貴重な本である。

　以下本章では、同書からの引用により、当時の大阪のタクシー業界の状況を見てみたい。

一元統制への念願

　昭和12年当時の大阪タクシー業界は240業者、2,600台が入り乱れて苛烈な競争をやっていた。経営的には人件費、運転費の膨張、ガソリンの空費、車両修理費の増人と、決して事情は好転しておらず、交通保安上でも悪質事故の頻発、法規違反が続出し、取締りの警察当局もその無秩序ぶりに手を焼いていた。そんな状態のなかで日中戦争が起こった。「国策」の名のもとに、すべてのものに対しての規制が表面に押し出されてきた。

　青バスの名で有名な大阪乗合自動車株式会社が企業規制令によって大阪市交通局に譲渡されることになり、この青バスの坂本行輔社長が市内タクシーの一元統制に乗り出してきた。これは当時の警察部長荒木義夫氏との話し合いによって計画されたものだと言われているが、坂本氏の相談相手となった大タク山口福則社長は、かねてからタクシー企業の統合による公益性を主張していただけに、この計画には双手を挙げて賛成した。

　大タク幹部のなかには坂本行輔氏の人格的な点から反対を唱えるものもあったが、山口社長は「こんな、またとない機会を失しては、私が念願しているタクシー事業の在り方とか、将来性は望めない。小異を捨てて大同に投ずるべきである」と市内の全タクシーの買収統制を目的とする「大阪交通株式会社」の設立に献身的に働き、実施計画を推し進めた。

　国策に順応して国産車の採用、燃料節約の流し営業全廃、従業員の待遇と素質向上、増車と合理的配車などを経営指針として、大阪交通株式会社を一元統制会社と認めてほしいという「御願書」を9月8日、大阪府知事池田清氏に提出した。発起人代表は坂本行輔氏であった。

御願書

　今回国策に順応し、タク業界の改善刷新を図り、真に公益事業たるの使命を全うするの主旨を以て、大阪市内全タクシーの買収統制を目的とする大阪交通株式会社設立を計画し、私共その発起人として定款の作成を終り、創立事務を開始致し候に付いては、予て詳細の事情具陳仕通り、本会社事業の成否は一に御当局の御方針により左右せられるところに有之候間、使用達成御助成の思召を以て特に御方針御闡明相仰度、茲に重ねて懇願の要旨を述べ及御願候也。

記

1、本会社をして唯一の大阪市内タクシー業の全体的統制機関たらしむるべく、従って将来新規タクシー営業を認めざる旨、将来不動の御方針として御闡明賜はりたきこと。是れ実

に使命達成の唯一の鍵にして会社存立の礎石に有之候間、御方針の主旨を会社に対しても周知せしむるよう御尊慮相仰度候。

2、300両の増車計画を御認容賜はりたきこと。統制の結果、利用者の不便を来たさぬよう致度、不取敢増車の両数に有之候。

3、時代の要求に応じ、国産小型自動車によるタクシーを併営仕度、小型200両を御認容賜りたきこと。会社設立後、遅滞なく具体的条件を具し、出願可仕候も、この際御方針御確立相仰度候。

4、交通保安上、支障なき限り特設駐車を可及的多数御認め賜りたきこと。
会社は流し営業による弊害の矯正を念願とするがため特設駐車場を必要とする次第に有之、差し当たり○○箇所御認容相仰度候。

右御願の筋、何卒特別の御詮議を以て御認容賜はり度、御許可の上は弊社は統制の本旨に則り、御当局の御指示に従ひ、役員以下従業員全員一致協心戮力を以て国策に順応し、業界の改善刷新に努め、真に公益事業たるの使命を全うするの覚悟に御座候。次に企業買収に際しては、既存業者並に従業員は本人の希望せざるものは兎に角、他は新会社に於て引き続き就業せしめ、失業者を出さざるよう処理可致候。尚、本事業その配車は直接市民の利害休戚に関するところ甚大なるもの有之候に付ては特に左記事項に留意実行可致並に誓約仕候也。

記
1　国産自動車工業確立助成のため新規購入車は原則として国産車を採用すべきこと。
1　燃料国策に順応し、ガソリン消費を節減するため流し全廃に努むること。
1　統制の結果、乗客の不便を来たさざるよう諸般の改善に努力すること。
1　経営可能の範囲に於て従業員の待遇素質向上に努むること。
　例
　（イ）給与は固定給本位の方針に依り漸次改善を為し、稼ぎ高強制に亘るがごとき弊風を改むること。
　（ロ）事業の性質に鑑み過労勤務を避くるため、勤務時間の可及的短縮其の他の改善をなすこと。
1　従業員の精神的教養に努むると共に福利を図るため適切な施設をなすこと。
1　制服（帽子、靴）等を定め、従業に際しては必ず之れを着用せしむること。
1　タクシー統制の進行に伴ひ経営の許す限り車両数を増し、その配車を普遍合理的ならしめ、市民の要望に副ふべく努むること。

　　昭和12年9月8日　　大阪交通株式会社
　　　　　　発起人代表　　坂本　行輔
　　　　　　発起人　　　　平塚米次郎
　　　　　　同　　　　　　山口　福則
　　　　　　同　　　　　　岸本　重任
　　　　　　同　　　　　　山下　通太
　　　　　　同　　　　　　西五辻光仲
　　　　　　同　　　　　　森　　平蔵
　　　　　　同　　　　　　大西　耕三
　　　　　　同　　　　　　中井　四郎
　　　　　　同　　　　　　松原喜之次
　大阪府知事　池田　清　殿

既にこの時期において、今日世論によって是正されたノルマ制度の廃止やら、労働時間の短縮問題が取り上げられていることは注目されていゝ。経営方針としては山口イズムがそのまゝ出ている。

イ、給与の安定、ロ、退職金制度の確立、ハ、営業所の明朗化、ニ、運転者寄宿舎の設置、ホ、運転者養成学校の経営、ヘ、其の他福祉施設の整備拡充

給与は在来のような歩合収入を主とする方針を改め、固定給の増額を断行して給与面への安定性を持たせた。当時としては斬新なやり方である。退職金制度の確立とともに二十数年を経て、やっとタクシー界がこれを取り上げているのだから先見の明という他ない。

その外家族手当を支給して収入の最低保証を行い、運転手生活の安定をはかり、目くらめっぽうの稼ぎ競争から、これを合理的経営へ移行すしようとする所に山口氏のネライがあった。また弔慰金規定を設けて、万一の場合に備える

など、家族とも安心できる職場としたことや、運転手養成に徹底的な教育を施すなど、山口氏ほどタクシー事業を近代企業化しようと努力した者はなかった。

大阪交通株式会社生まれる

願書を受理した荒木警察部長は10日後の9月18日、根幹指令を出し、大阪交通への一元統制を認めた。その支援方は相当強力なものであり、統制完成までの買収金、設備の改善拡充費、その他所要資金の融資斡旋までやった。結果、日本興業銀行及び三菱、三和銀行から概算1500万円の調達を決定した。

根幹指令（写）

今回国策に順応し、タクシー業界の改善刷新を図り、真に公益事業の使命を全うせんとするの趣旨を以て、大阪市内タクシーの統制を目的とする大阪交通株式会社設立を企図せられたるに就而、右に関する本月8日付御願書の件、別紙により了知相成度

　　　　昭和12年9月18日
　　　　　　　　大阪府警察部長　荒木　義夫
大阪交通株式会社
　　　発起人総代　坂本　行輔殿

別紙

昭和12年10月末日迄に大阪交通株式会社が成立、営業を開始するに於ては将来、新規タクシー営業を認めざる方針の下に同社に対し、左記を条件として今後必要に応じ、タクシー500両（内小型200両）の範囲内に於て増車を認む、但し増車の際はその都度別途申請を要す。

　　　　　　　　記
1　公益的経営主義に悖らざること、即ち国策順応、市民の便益増進及び交通保安の確守等に付き遺憾なきを期すること
2　新規購入車は原則として国産車たるべきこと
3　燃料空費を節減するため流し行為の全廃を期すること
4　配当第一主義を排し、従業員の待遇改善、素質向上に付き格別の努力を払うこと

大阪府警察部は別紙添付の根幹指令のごとく「大阪交通株式会社」に対して

1　大阪市に於けるタクシー一元化の受命令統制会社とする。
2　新規営業は一切認めない。
3　タクシーに対する需要と供給のバランスを保持するため「大阪交通」に限り、相当数の増車を認めること。
4　国産自動車工業確立を助成するため国産車を使用すること。
5　燃料の空費を節減するため流し行為の全廃を期すこと。

など、業界革新に関する方針を示したもので、大阪交通は直ちに設立された。

母体となった既設会社は

大タク	395台
臼谷タクシー	318台
キンタク	174台
大阪小型	90台
安全自動車	83台
天満タクシー	7台

の6社で、1,067台の営業権を買収統合したものである。会社設立は指令後、2日目の9月20日であったが、10月末日までの指令期限内にできるだけ統合すべき、統合賛成派の山口福則氏を中心に中堅幹部が全員、国策順応とタクシー業界の改善刷新による公益事業性について、各社を熱心に説いて廻った。

大阪交通株式会社の設立登記

商号	大阪交通株式会社
本店	大阪市西淀川区海老江中1丁目120番地
目的	左の事業及之に関聯する事業を営むを以て目的とす、1、自動車に依る旅客運輸の業務　2、自動車及其付属品等の製造販売並に賃貸　3、土地建物の売買賃貸　4、諸物品の販売、前項の業務上必要と認むる場合は他の法人に投資し、資金を融通し、保証を為し又は同種の目的を有する他の会社を発起人となることを得

設立年月日　昭和12年9月20日
資本総額　　金1千万円
1株金額　　金50円
各株払込額　金25円
取締役の氏名住所
　　　平塚米次郎　東京市本郷区駒込曙町21番地
　　　坂本　行輔　大阪市東区小橋西之町1番地
　　　岸本　重任　同市　天王寺区大道2丁目20番地
　　　山下　通太　同市　西成区橘通5丁目10番地
　　　中井　四郎　同市　東区広小路町30番地
　　　松原喜之次　同市　住吉区天王寺町2572番地
　　　山口　福則　兵庫県武庫郡住吉村字反高林1876番地ノ28
　　　西五辻光仲　同県　同郡　本庄村深江字西休家770番地
　　　前島十次郎　和歌山市湊通町南2丁目1番地
代表取締役
　　　平塚米次郎、坂本行輔、山口福則
監査役の氏名住所
　　　永田儀三郎　豊中市大字南轟木302番地
　　　森　平蔵　　大阪市西区新町南通4丁目34番地
　　　大西　耕三　兵庫県武庫郡精道村芦屋樋口新田735番地

　しかし、大半の業者は一元統制の在り方に疑義をもっており、国策という美名に隠れて坂本氏がうまく野望をとげるのではないか、などの噂も飛んで、在籍車両約2,600台のうち、創業の際は40％程度の統合吸収しか出来なかった。
　この噂は企業規制の発動で青バス（大阪乗合自動車）が市バスに統合されたとき、その代償の意味で坂本行輔社長にタクシー統合の鍵が渡された、というものである。史実、坂本氏は青バスを退くとすぐ、警察時代の上役であった三好貴次氏の天満タクシー合資会社（7台）を買収、大阪交通株式会社と改称して社長に就任、タクシー界に発言権をもつため、足を踏み入れたということだ。
　大阪交通設立当時の役員構成は、取締役会長に平塚米次郎氏（市電気局長）、取締役社長に坂本行輔（青バス）、取締役副社長に山口福則氏（大タク社長）、常務取締役に岸本重任氏（小型タクシー社長）、山下通太氏（市電気局）、取締役に西五辻光仲（臼谷タクシー社長）、中井四郎氏（青バス取締役）、松原喜之氏（大タク取締役）、前島十次郎氏（電鉄系代表）、常任監査役に永田某氏（三和銀行）、監査役に森平蔵氏（樟蔭高女学長）、大西幸三（法学博士）。
　資本金1千万円、半額払込みで10月21日より営業を開始した。

五大会社に統制さる

　昭和15年秋までに136業者、955台を買収、増車命令の分と合わせて2,210台を有する東洋一のタクシー会社となった。
　府警察部はあくまで一元統制を強行する方針をとっていたので、大阪交通以外の買収統合を一切認めず、他業者との買収交渉が始まると交通課へ呼びつけて、露骨に干渉した。これ等の干渉に対して、業界の一部には大阪交通への反感が起こり、一元統制についても疑義をもち、残存業者によって団結した反対運動によって展開した。
　旗揚げは当時、合資会社明光商会をやっていた高士政郎氏で、川崎克代議士らを擁して荒木警察部長の行き過ぎを指摘した。高士氏はかねてから山口福則氏の主張するタクシー一元統制論に対して、「資本主義的統制は大業者の利益独占を図るものに過ぎない。統制は良いが、方法を誤ってはいけない」と反駁しており、多元統制案を後任の広瀬警察部長に説いた。
　荒木元部長の行き過ぎを是正したい意欲に燃えていた広瀬新部長は、早速この案を受け、昭和15年9月15日、未統合の全業者を招致して100台以上を企業単位として、大阪交通以外に数社の多元統制を認めることを発表した。

多元統制を承認することになったが、ただし、その単位は100台以上とする。本月末までに統合完了の届け出がないものにはガソリンの配給を停止する。ということだった。

この発表で残存業者はよろこんだが、たった半月しか猶予期間が与えられず、一挙に統制が厳命されたわけである。急速に企業合同が進められ、これによって認められた統合会社は大阪交通の外、相互タクシー、大阪タクシー統制（都鳥自動車）、信興タクシー、日本交通の5社であった。

統合内容は表19-1のとおりである。

表19-1　大阪のタクシー会社統合の内容

■大阪交通株式会社（2,210台）
　母体　　大タク（395台）、臼谷（318台）、キンタク（174台）、小型（90台）、安全（83台）、天満（7台）
　　　　　計 1,067台
　　　　　小型車（60台）、増車分 128台（木炭車）
　被買収業者（134社、955台）
　　難波駅構内タクシー株式会社（14台）、佐野栄三郎（6台）、井口巳之助（6台）、細川幾太郎（8台）、安原太郎（2台）、合資会社小西自動車商会（2台）、梶川幸雄（9台）、森田藤松（7台）、松田楠松（2台）、合資会社岩村タクシー（6台）、共同タクシー株式会社（24台）、武田信夫（13台）、北音次郎（6台）、庫元晃（6台）、広進自動車株式会社（14台）、都鳥自動車株式会社（27台）、城北タクシー合資会社（2台）、富士自動車株式会社（50台）、合資会社丹田タクシー（8台）、合資会社阿倍野タクシー照会（10台）、合資会社本田タクシー（4台）、合資会社オーギタクシー（12台）、西川久治（12台）、山脇孝治（2台）、合資会社伊勢屋タクシー（4台）、合資会社松島タクシー（3台）、金剛タクシー中原茂雄（4台）、帝国タクシー株式会社（42台）、合資会社柳タクシー（4台）、佐々照吉（3台）、甲陽タクシー商会（2台）、新谷シズエ（5台）、合資会社北浜タクシー（10台）、井上弘（4台）、合資会社南海タクシー（9台）、齊藤顕三（6台）、合資会社同志タクシー（4台）、藤田タクシー（14台）、宝上熊之進（74台）、福田専太郎（2台）、井戸末一（8台）、合資会社ミツワ・タクシー（5台）、合資会社国分タクシー（4台）、合資会社三木自動車部（4台）、合資会社相和タクシー（9台）、合資会社文華タクシー（4台）、勝山タクシー（3台）、株式会社鉄タクシー（11台）、井上周一郎（4台）、合資会社熊沢タクシー（6台）、堀江利三郎（4台）、浅井栄一（4台）、合資会社天王寺タクシー（9台）、合資会社東洋タクシー（4台）、相良佐々二郎（4台）、吉田忠次郎（4台）、吉村由太郎（4台）、株式会社合同自動車商会（50台）、前川松之助（50台）、合資会社三和タクシー（4台）、天長自動車合資会社（3台）、合資会社大礼タクシー（6台）、合資会社伊藤タクシー（6台）、昭和自動車合資会社（19台）、原田清二郎（4台）、合資会社大朝タクシー（23台）、杉田宗吉（9台）、仁本治郎（7台）、合資会社河内屋タクシー（6台）、山川治美（2台）、木元峯雄（2台）、吉村銀次（2台）、合資会社カスミ・タクシー（4台）、合資会社宇城タクシー（2台）、松田幸雄（4台）、豊田惣右衛門（2台）、田端孫治郎（6台）、合資会社生田タクシー（4台）、合資会社共立タクシー（10台）、原田銀次郎（2台）、合資会社松竹タクシー（4台）、合資会社喜多タクシー（4台）、田中勇（2台）、合資会社生野タクシー（5台）、吉井菊三（4台）、中江大吉（3台）、合資会社アビコ・タクシー（2台）、好井安太郎（6台）、共進自動車合資会社（16台）、大上忠二（2台）、合資会社神有タクシー（3台）、合資会社琴水タクシー（4台）、合資会社三日月タクシー（15台）、彦田幸吉（4台）、益田タクシー合資会社（11台）、合資会社ユニオン・タクシー（4台）、合資会社横関タクシー（2台）、中沖寿美（2台）、合資会社広瀬タクシー（3台）、合資会社自栄タクシー（7台）、国本自動車合資会社（4台）、合資会社築山タクシー（4台）、篠原タクシー（4台）、合資会社真砂タクシー（3台）、市川タクシー市川清郎（2台）、合資会社光城タクシー（12台）、合資会社金神タクシー（4台）、合資会社ヒサゴ自動車商会（4台）、逢業タクシー商会（3台）、ツリガネ・タクシー三宅甚吉（6台）、合資会社国産タクシー（4台）、大恵タクシー合資会社（4台）、合資会社立花タクシー（2台）、鈴木勝次郎（4台）、新陽タクシー商会（4台）、合資会社金光タクシー（4台）、合資会社杉山タクシー（4台）、合資会社八島タクシー（5台）、合資会社中尾タクシー（6台）、千歳タクシー佐藤鶴之助（2台）、合資会社大石自動車部（1台）、合資会社佐藤タクシー（6台）、湯川ツネノ（3台）、大山藤五郎（4台）、合資会社山蔦タクシー（4台）、合資会社石屋タクシー（2台）、良東タクシー（5台）、栗山栄二（4台）、小間タクシー小間伝次郎（4台）、一博タクシー（2台）、水田三次郎（2台）、河堀タクシー（2台）、合資会社坂口タクシー（4台）、合資会社福寿タクシー（6台）
　ガソリン配給のため中間的に認められた統制体（残存業者）

■相互タクシー自動車株式会社　2社（201台）
　相互タクシー自動車株式会社多田清（161台）、ローヤル自動車株式会社池田朝一（40台）

■大阪タクシー統制株式会社　30社（180台）
　合資会社初風均一タクシー木曽隆市（6台）、西門タクシー森本亀次郎（4台）、堀江タクシー小野重治（4台）、中本タクシー中本重貞（2台）、綱島タクシー株式会社佐々木金一（9台）、合資会社イズミ・タクシー湯川信一（4台）、合資会社島タクシー上島銀之助（5台）、中村自動車合資会社牛島竹次郎（4台）、合資会社鳴門タクシー遠藤磯吉（16台）、三国タクシー松島松三郎（2台）、大和タクシー木村彦太郎（8台）、仙波タクシー仙波亀次郎（8台）、藤原タクシー藤原義重（4台）、合資会社梅花タクシー商会山川幹一（8台）、合資会社旭タクシー岸本茂三郎（8台）、合資会社明光商会（12台）、合資会社堀川タクシー商会松下安太郎（4台）、山本タクシー商会山本喜太郎（5台）、合資会社錦城タクシー夏井　茂（22台）、合資会社三共タクシー藤田政治（6台）、合資会社吾妻タクシー中井善次郎（4台）、合資会社栄タクシー石原熊一（2台）西村タクシー西村重左衛門（2台）、南部自動車合資会社山本半次郎（12台）、加藤タクシー加藤貞三（2台）、山下タクシー山下勘四郎（2台）、鶴二タクシー向井福松（2台）、合資会社北港タクシー染菱賢一（7台）、合資会社今里タクシー中川幸太郎（3台）、此花タクシー山崎雪松（3台）

■信興タクシー株式会社　21社（122台）
　合資会社玉造タクシー大川順蔵（4台）、合資会社日章タクシー賀川文吉（9台）、金時タクシー青木徳次郎（4台）、英タクシー近藤和男（4台）、松木タクシー松木徳次郎（4台）、山川タクシー山川貫（4台）、合資会社万歳タクシー竹久金一（10台）、合資会社極東タクシー原田千賀一（13台）、合資会社大野タクシー大野又一（13台）、合資会社大黒タクシー小山源太郎（4台）、合資会社東陽タクシー松本一友（4台）、合資会社紅葉タクシー高田清治（8台）、合資会社丸三タクシー三田芳太郎（4台）、合資会社平和タクシー後藤峯吉（4台）、合資会社角タクシー角捨三（6台）、合資会社寿タクシー西願太（5台）、合資会社美保タクシー美保正義（4台）、三笠タクシー合資会社児玉久之裕（6台）、末広タクシー英賀多喜（2台）、合資会社昼夜タクシー上田正作（2台）、合資会社菱屋タクシー商会関口寿須武（8台）

■日本交通株式会社　8社（123台）
　トキワ・タクシー中西善吉（10台）、合資会社多川タクシー多川佐市（20台）、大安タクシー安本慶三郎（3台）、丸寿タクシー柴谷佐吉（3台）、丸甲タクシー甲本勇（21台）、沢タクシー株式会社沢春蔵（50台）、合資会社堂島タクシー藤本善蔵（12台）、合資会社協和タクシー中西進（4台）

第20章　国際自動車を通して見る終戦直後のハイ・タク業界

終戦直後のハイ・タク業界

　終戦直後のハイ・タク業界については、東京地区の企業統合で生まれた大手4社のうちの国際自動車株式会社の社史『感謝をこめて五十年』が詳しいので、以下にそれからの引用を示す。

　同社は戦前からハイヤー専門業者であり、官公署やホテル等を顧客としていた関係で、終戦直後はとくに進駐軍やその家族、外務省関係のバスやハイヤー業務を通じて貴重な資料を残している。

　昭和20年（1945）8月14日、日本はポツダム宣言を受諾して、無条件降伏した。翌15日、正午終戦の詔勅がラジオを通して全国民に伝えられた。そして8月28日から連合国軍の進駐が始まり、9月22日には日本管理方針の大綱が発表され、東京に連合国軍総司令部（GHQ）が設置され、マッカーサー最高司令官が着任した。

　以後GHQはわが国の行政、経済、文化、教育などすべての機構を従属させ、政府への指令というかたちで、非軍事化と民主化を強力に推進していった。10月11日には婦人参政権の付与、教育制度の民主化、専制政治の廃止、経済機構の民主化、労働者団体権の付与を内容とする民主化5大制度の改革が指令された。

　11月6日には財閥解体、12月22日には労働組合法、1月3日には主権在民と平和を原則とする日本国憲法の公布と、短期間に民主日本の体制づくりが進展していった。

　占領下にあって国民は食糧難とインフレの猛威にさらされた。戦時中からの食糧不足は深刻の度を強め、20年が農産物の大凶作であった上に、軍人の復員や移住者の引き揚げによる人口の増加が重なって食糧事情は一層悪化し、各地で主食の遅配や欠配が続いた。

　終戦処理にともなう莫大な政府支出と極端な物資の欠乏から、終戦と同時に生活物資を中心に物価がはね上がり、インフレは高進した。政府は21年2月、金融緊急措置を中心とする綜合的なインフレ対策を打ち出し、従来の円流通を禁止して「新円」を発行し、さらに3月3日には物価統制令を公布して、3・3新物価体系を実施したが、これらの効果も一時的なものでしかなかった。

労働組合法の制定と国際自動車労働組合の結成

　労働の民主化は、財閥解体と独占禁止、農地改革と並んでGHQによる日本経済民主化政策の3つの柱の一つであった。昭和20年10月、GHQの指令を受けた政府は直ちに立案作業を開始し、12月には労働組合法を公布、翌21年3月から施行した。同法は団結権、団体交渉権、争議権を認め、不当労働行為や労働委員会を導入するなど、わが国労働界に画期的な変革をもたらすものであった。

　その気運を背景に20年10月5日、戦後初の労働組合—全日本海員組合が結成され、続いて全国労働組合結成懇談会が開かれた。その後全国各地で組合の結成が相次ぎ、20年末までに850余の組合が誕生した。

　こうした情勢のなかで、運輸業界にも労組結成の動きが高まり、東京の大手4社では21年1月13日の大和自動車交通労働組合を皮切りに、次々と労働組合が生まれた。国際自動車でも従業員の代表がGHQに日参して、労組のつくり方、運営の仕方などを学び、それを所長クラスによる準備委員会と検討を重ね、21年1月27日に国際自動車労働組合が誕生した。初代執行委員長に安藤悦二が就任した。

次いで4月1日には日本交通、大和自動車交通、帝都自動車交通と国際自動車労組によってハイヤー・タクシー産別組織の東京旅客自動車労働組合同盟（全自交労連の前身）が結成された。初代執行委員長に池谷日朗（帝都）、副執行委員長に安藤悌二（国際）、粂敏夫（日交）、書記長に池田作之助（大和）の各氏が就任した。

会社の復興とタクシー部

戦前の国際自動車株式会社はハイヤーによる輸送サービスの専門会社であったが、終戦後の数年間ハイヤーとタクシー車を合わせて300台ほどが、どうにか動き得る状況で、会社再建の主役をバス部門に委ねざるを得なかった。

ハイヤー部門では、焼け残った車両の更生、代燃車両の改善、燃料や部品の調達などに24時間体制で臨んだ。終戦直後の営業所は本社、赤坂（葵橋含む）、山王下、芝、麻布、呉服橋、日本橋、飯田町、牛込、四谷、中野、代田橋、浅草、江東、小石川の15ヵ所であった。

ガット（GATT・関税貿易一般協定）が誕生した昭和22年（1947）の夏、わが国は戦後初めて制限付き民間貿易が許され（日本のガット加盟は1955年）。22年8月1日、貿易庁は普通旅客自動車事業を東京で営む4社に対して「外国貿易代表団用自動車」の東京及び横浜地区における運営を委託した。この運営委託にあたっての契約条件は次のとおりである。

1 政府はその借上げ及び所有に係る自動車を受託経営者に対して提供すること
2 政府は一定の予算の範囲において自動車の維持経営費を負担し、これを超える部分は受託経営者の負担とすること
3 運転士の傭入れ、自動車管理及び修理の実施等は受託経営者の責任において実施すること
4 燃料は政府がこれを供給すること
5 料金は弗建てにて直接政府の収入となるよう措置すること
6 政府は一定の雇上料を実務担当者に支払うこと
7 政府は受託経営者を不適当と認めたときは何時にても契約を解除し得ること

そして運営に際しては次の要領で実施するように指示した。

1 国営ホテルとの連携
　地区毎の実務担当者は国営ホテル支配人の指示の下に自動車の運営を為すこと
2 運営の説明
(1) 資格制限　自動車は貿易代表団又はその家族以外の者には配車しない。但し貿易代表団がその料金を負担した場合は貿易代表団以外の者に配車しても差支えない
(2) 距離制限　日帰りで往復し得ない場所に対する配車は原則として為さない
(3) 料金制限　自動車の料金は必ず弗建て（チケットによる）にて支払を受けるものとし、現金の支払を受けない

この業務を遂行するために用意された現在のパレス・ホテルの向かいの一角にあった東京都所有の約870坪に事務所、配車デスク、乗務員控室、車庫、給油と修理などの施設がつくられ、東京大手4社は乗務員と20台ほどの最優秀車を集結させ、共同で輸送サービスを始めた。総合的な管理は国際自動車株式会社に委任されたため、管理系統とディスパッチャーという配車任務はすべて「使節奉仕部」が担当した。

経費と管理費は貿易庁から支給された。従って使節奉仕部に働く従業員の給料も貿易庁から支給されるのだ。22年12月24日、8月から11月までの東京地区の初回の運営費が月額75万円也（但し8月分3分の2）と決定した。これに運営委託費手数料としてドル収入1ドルに対し10円を交付された。12月から3月までの4ヵ月は総額400万円を限度として支弁された。外国人バイヤーからの運賃はドル建てで支払われた。こうして4社による共同の輸送サービスが1年間ほど続いた頃、GHQから1社で運営せよという指示があったため、総合的な管理にあたっていた国際自動車が受託経営者となった。

23年8月1日には認可運賃が改定され、貸切制運賃の1日貸し8時間2800円を基準にして、同日付けで借り上げ料金が1ヵ月1車につ

いて2万9千円あがり、6万9千円となった。

このあと、東京地区では各ホテルとの間に私設の直通電話を敷設するなどして、さらに営業体制の整備、強化をはかり、当時の貴重なドルの獲得事業としての役割の一端を担った。この頃の横浜地区ではPD関係の大型バス12台を配車して、富士屋ホテル、なぎさホテル、米第8軍、APL（アメリカン・プレジデント・ラインズ）、PT（制限付き一般外国人観光客）を対象に、観光用、連絡用に奉仕していたところ、国際貿易活動の発展に伴い、大型バスのほかにセダンが一般外国人観光客から強く要望されて、これに応えて24年にシボレーのガソリン車5台を増やし、その後も逐次増車して、同地区の外人向けセダン・サービスの運営強化をはかった。

両地区を合わせた運賃収入（24年6月1日から11月30日までの6ヵ月間）は7万7355ドルで、この時の円レートは360円であったから、およそ2785万円であった。

外国人客輸送サービスの当社への移管

昭和25年4月、貿易庁からの委嘱が解除され、その運営が当社に移管された。この時期に外国人専用車として使用することを条件に業界全体に1949年式フォードの新車145台が払下げられた。国際自動車ではその新車50台を購入した。これによって保有台数が439台になった。

受託営業から独立経営となり、外国人旅客の輸送サービスは貿易促進の一助という使命を担って、この新輸入のフォード50台を加えて約100台の車両で営業を続けた。取扱い旅客は連合軍軍属、商業用来日者及びその他指定外貨を正当に所持し得る者、となり、車両前部と後部、見やすい所に「外国人専用・Foreigners'Cab」と明記することが義務づけられた。通称「外人タクシー」と呼ばれ、昼夜を通じて3人1組の配車係（ディスパッチャー）が主としてホテルからの外国人の需要に応じて配車した。

26年9月にサンフランシスコ平和条約が調印され、27年4月にGHQが廃止された。連合軍施設の移転、接収解除、連合軍人の異動など、めまぐるしく変動した。これに先立って同年1月には大手町営業所の9台の「取扱い旅客は外国人に限る」という条件が解除されたのを皮切りに、一般用としての使用が認可された。

終戦直後の22年、わが国の復興を目指して、さまざまな施策が行われたなかで開始された貿易庁委嘱の「外国貿易代表団用自動車」、「外国人タクシー」は、このような移り変わりをして一般旅客も乗車できるハイヤーへ切り替えられていったのである。

タクシー・メーターと認可運賃

昭和27年（1952）10月24日に、東京陸運局長から「一般乗用旅客自動車運送事業」の運賃及び料金の認可基準が通知され、ハイヤーとタクシーの運賃についての考え方が示され11月13日付でタクシー運賃の認可がなされた。

それまでの基準は23年に物価庁の管轄下にあった東京都長官が認可した全車種一本の運賃で、輸送の形態によってさまざまな設定があったが、これによってタクシーとハイヤーとの区別をした考え方に立った定額制の運賃が統一的に決まったのである。

終戦後、メーター器による運賃の授受が行われたのは国鉄の構内タクシーくらいで、ほとんどの車両にはメーターが装備されていなかった。当社に残っている運賃の認可資料で最も古いのは、昭和22年5月1日付けの東京都長官による認可料金（運賃とは表現されていない）で、戦前の自動車交通事業法にもとづく「普通旅客自動車事業」の運賃変更認可である。

これによればキロ制料金は最初の2キロまでが30円、爾後1キロ増すごとに15円が基本で、キロ制料金の実施は「タクシー・メーター」取付けを条件としている。貸切料金は1時間までが150円以内、1日は900円以内であった。

つづく10月15日の認可では、キロ制運賃（初めて運賃という言葉が使われている）は最初の2キロまでが50円、爾後400メートル増す毎に10円加算で、この時もキロ制運賃の実施はタクシー・メーター取付けを条件としてい

時間制運賃は1時間毎に250円で、1日の貸切は1車（8時間就業）で1495円であった。

旧道路運送法の施行によって、ハイヤーとタクシーは「一般貸切旅客自動車運送事業」と呼び方が変わり、23年7月27日付けで2キロまで100円と改定された。

しかし、この当時のメーター器は故障しがちで、乗客とのトラブルも多く、また会社に収めるべき運賃をカットするいわゆる「エントツ」行為をする運転手も続出した。どの社もその対策に頭を痛め、24年に東京4社はすべての車輌にメーター器を取り付けることを申し合わせた。

27年頃には正確な機種が登場するようになり、新メーター器への切り替えが認可されたタクシー運賃及び料金の適用のなかで指示された。そして暫定処置として古いメーター器による授受は陸運局長の承認を受けた換算表によるとされた。こうしてメーター器による授受が促進された。

タクシー部門に本腰を入れる

国際自動車は終戦後の5年間はタクシーには重点を置かなかったから、統合によって保有したタクシー車両の営業は、タクシー事業免許の権利を、取り敢えず確保しておこうという程度に細々と続けていた。

タクシー営業に本腰を入れて取り組もうという考えは、経理部員が昭和25年（1950）頃に大阪相互タクシー株式会社を訪問した頃から芽生えた。すでにこの頃、タクシー輸送人員は戦前のピーク（昭和11年）を上回っており、同社の見事な管理体制に魅せられた経理部員は、それ以来タクシー事業に強い関心を抱くようになった。そして波多野元二社長にタクシー営業への本格的進出を進言した。

28年3月、タクシー部門の営業の拠点が、ハイヤー中野営業所の一隅にあった燃料の薪を保管する小屋の一部に事務所、修理場、仮眠所が設けられて発足した。開所時の台数は19台であったが、4月には32台、5月には42台、8月には81台と急速に増車が行われ、従業員も、事務員6名、修理工場に整備員7名、乗務員は約100名の大所帯となった。

運行はトヨペットが1車2人制、フォードやシボレーなどの外車は1車1人制で、午前8時と午後1時出勤の2部交替制をとった。交代時の混乱を緩和するため洗車場の拡張と設備の充実を行った。さらに修理工場を新設して整備員を20名に増員して、タクシーの迅速な稼働をはかり昼夜何時でも修理できる体制をとった。

29年には班制度を採用したが、その趣旨は漸次規模が拡大しつつあるタクシー営業所では、会社の考え方を誤りなく伝え、また従業員の意向も十分に経理面に反映させる道を開き、更に進んでは、諸種の苦情処理や一身上の問題などにわたって無理のない解決を図るための制度であった。班を5班つくり、班長は従業員の日常生活に精通し、人望と識見を備えた者を民主的方法で選んで任命された。班長は

1　班の所属車輌に対する班員並びに整備
2　班内の事故、違反指導等に関する事
3　班員の身の上及び苦情処理に関する事
4　班の営業成績の向上に関する事
5　班内の秩序及び規律の維持と整理整頓

を担当し、乗務員不足の場合は乗務する。以上に即応した管理系統をつくり、班長会議、班連絡会議、班乗務員会議を運営して成果を上げた。班制度の採用によって納金、現金計算、その他の事務処理が円滑に運ぶようになった。乗務員が人手を煩わせずに自主的に納金する形をとって信頼関係を大切にし、第一線に働く乗務員のサービスに対する知識、技能の向上、教育訓練にも力を注いだ。また家庭とのパイプを強化して生活設計という側面からも努力を続けた。

開所して1年間の運送収入は1億3千658万円で、翌29年には前年比119%の伸びを示した。30年には97%に落ちたが、この班制度は営業成績の向上に寄与した。

第 20 章　国際自動車を通して見る終戦直後のハイ・タク業界

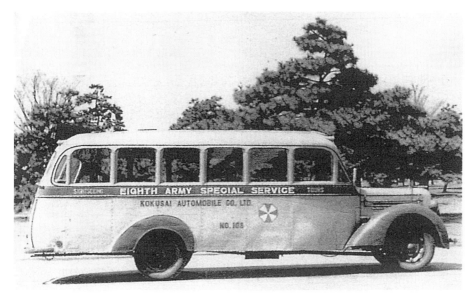

図 20-1　国際自動車が運行していた駐留軍とその家族用の輸送バス

図 20-2　国際自動車大手町営業所のガソリンスタンド

図 20-3　出庫する GHQ 用の国際タクシー・サービス（「外人タクシー」）

図 20-4　トヨタ車の国際自動車タクシー

第21章　大和自動車社長・新倉文郎の論考

　大和自動車交通株式会社社長・新倉文郎は、大正11年（1922）神奈川県高座郡簗瀬村でトラック会社簗瀬自動車商会を設立したのが交通事業に携わった初めで、翌年の関東大震災後に上京して、昭和2年（1927）江東一円タクシー株式会社を設立してタクシー業界に入り、以後彼が関係したタクシー会社は驚くほど多い。東京一円タクシー株式会社、常盤タクシー株式会社、帝国自動車株式会社、第一タクシー株式会社、東京交通株式会社、東京相互タクシー株式会社、大都タクシー株式会社、山手相互タクシー株式会社、そして日本最初のタクシー会社であるタクシー自動車株式会社、東京合同タクシー株式会社代表取締役に就任したこともある。

　彼がこのように多くのタクシー会社に関係したのは、彼の会社経営の力量というよりも、和田喜次郎や柳田諒三、加藤猪三郎らの先輩に頼まれて、上記各社解散時の清算業務や会社再編に関わったためである。彼の本領はタクシー業界と行政当局との折衝の力量にあった。昭和6年（1931）に就任した東京自動車業組合長を手始めに、昭和10年（1935）の東京自動車業聯合会々長、昭和16年（1941）の全国自動車業聯合会々長、昭和20年（1945）の東京都旅客自動車運送事業組合理事長、東京乗用自動車協会々長、21年（1946）の日本自動車会議所副会長などであった。

　『新倉文郎風雲録』（池田書房出版部刊）を書いた池田作之助は、そのあとがきの冒頭で、「新倉さんは自動車界では、一種の英雄であり天才である。ことにモーロー雲助と呼ばれた1台持ち運転手を集めて、これを保護し育成し、タクシー界を今日の隆盛に導いた彼の功績は大きい。しかし、反面、彼ほど多くの敵を作り、誤解を受けた人も少ない。彼の動くところ、轟々たる非難の嵐が湧く。彼はその非難の中心を台風の眼のように突き進んだ……」と評している。出る杭は打たれるというが、難局に出会うたびに業界では彼を矢面に立たざるを得なかったのである。彼ほどの力量を持った人物は他にいなかったのである。

　本章では、業界誌に掲載された新倉の論考を取り上げ、特に終戦直後の混乱期にタクシー業界の代表者であった新倉が成し遂げた数々の業績を理解する助けとしたい。少々長い引用ではあるが、後世の人に是非とも読んでいただきたい資料である。

「この頃のタクシー問題」（『モーターライン』昭和27年8月号より4回連載）
　1、小型電気自動車によるタクシー
　　終戦の昭和20年秋から22年までは乗用自動車の焼け跡整理とも云ふべき苦難の2ヶ年で、云はば無から有を生ずる体の乗用自動車不足時代であった。そして車と、燃料と、タイヤ等の大闇を出現し、労働運動の圧力と併せて経営は容易ではなかった。その不足が呼ぶ必然の結果として燃料に電気と、天然瓦斯とが用いられ、国産乗用自動車が登場する事になった。
　　昭和23年秋頃から東京、大阪に小型電気自動車に依る新規免許の出願があり、普通車も電気装置に変更するものも出たが、当時の新免反対口述で、私は「往年私の関係した常盤タクシー株式会社で、かなり優秀な外国製の電気自動車を以てタクシーを経営したが、1年足らずで失敗した。今日通産省が電気自動車を奨励する近視眼的、その場限りの政策に反対すると共に、之れに依るタクシー事業の危険性を深く認識し、かかる無謀な事業を、国家的損出の立場からも許容したくない」と説明している。

然るに当局は之れに耳を傾けず、相当数の認可を与えたが、僅々2ヶ年にして今日其の姿を消している事実は、何人にも判然とした極めて身近な歴史となっている。そして電気自動車が動かなくなったと同時刻に都内は停電の闇黒が続く事になった。

2、液体代燃と天然瓦斯

続いて液体代用燃料と天然瓦斯に依るタクシーの出願が多くなったが、それもガソリンの不足している一時的の現象で、一は燃料としての粗悪から、一は其の補給の不円滑等から真面目に之れに依存したものは恐らく少なかったのではないだろうか。所詮はタクシー事業免許への方便であったとしか見られぬ。

3、国産小型タクシー時代

昭和25年来、乗用自動車の不足に便乗して国産の乗用車が、追々製作されて、之に依るタクシー事業の出願が目立って来た。車が弱くて、高くて、料金が安い小型タクシーが外国製自動車の輸入を抑え切っている間は存在するだろうが、果たしてどうなる事か、電気自動車程ではないが、危ぶまれるので、之等新免の出願に対して私は「国産乗用自動車に依る事業申請は一応御もっともと見られるが、あまり高価なのと、車の寧弱なのと、而も70％の料金制に依るものに就いては、往年の小型タクシーと同様、業界に対し料金ダンピングの悪因を残すだけで、近い将来に消え失せる必然の結果を信じて反対する。特に三輪車のタクシーに於いて然りである」とした。

三輪が国状から見て、私は小型タクシーに悉く反対するものではないが、国産小型タクシーの滅亡する時、それはガソリンの統制が解除され（既に実現）、米国製の普通自動車と欧州製の小型乗用車が相当数輸入さるゝ時、そして欧州製の小型自動車も料金の競争を始めた時には、国産車に続いて敗北、減少して行く過去のタクシー歴史を何としても否定出来ないのである。

4、タクシーの増加と新規免許

昭和26年夏以来、痛烈にタクシーの新免反対を力説した私の信念は、

（1）タクシー事業の免許に対し、各都市の実情に則して一定の方針が確定されねばならぬ

（2）東京都に於けるタクシー車輛数は近く飽和状態に達せんとしているが、其の限界点を考慮すべきである

（3）公益性を中心とした確実な事業申請に対する反対を敢えてせんとするものでない場合
　（イ）最小限30輛以上の車輛を所有する実力ある法人体であり
　（ロ）事業経営の採点が明確であり
　（ハ）料金制の遵守に対する労務管理がしっかりと裏付けられ
　（ニ）而して事業経営の熱意と能力とが判明せねばならぬ

と説くと共に

（4）名義貸しの内容について
　（イ）1台10万円程度の権利金と毎月4万円内外の名義料を取り
　（ロ）事業を経営しない理由で脱税して徒に車輛数を増加し
　（ハ）車輛主の不安定からタクシーのあらゆる悪条件を生み出す等

過去約3年間に許可された新規免許は其の大部分が名義貸の温床であると断ぜしめた。かくてタクシーの制限（新規免許の阻止と増車制限）と名義処理の問題が必然化し、一方、昭和26年を以てタクシーは全部ガソリン燃料えと還元し、優秀な中古車がボツボツ入手出来る様になる。タクシーの車齢十数年と云うボロ車を順次代替えせしむべき強い要求が所謂、外車問題として現はれて来たのである。

5、往年の名義貸し

昭和7年のガソリン争議の結果獲得した、タクシーの制限は所謂「ナンバー権利」を生じ之に依る権利の所在が争はれる様になった。車庫主であり、営業名義人である業者は連日の新聞に「車輛主募集」の広告を出して車庫を充実する様に努めた。そして名義貸問題が取り上げらるゝに及んで、その権利を主張して譲らなかった。当時の取締官庁である警視庁交通課は営業

の実体は、現実に車輛を所有し、事業の責任ある車輛主に帰属する事を明確にした。

而も此の車輛主の大部分は名義人の営業下にあった自動車を月賦償却に依って買い取ったもので、車輛代金の完済されていない者も相当に多かった。のみならず月々の納金は単に1ヶ月分の公正な車庫料に過ぎなかった。

6、同居営業制度

営業名義人と車輛主との紛争は、遂に車輛主の個々の営業の免許となり、所謂「1台持ちの同居営業制度」を生んだ。その結果、東京市内11,500台のハイヤー、タクシーは約7,500人の営業者となって昭和11年を以て無事に整理が完了した。

昭和12年の秋、私が発起人代表としてタクシー商業組合を創設した時には此の同居営業者5,000人以上の同意と出資を獲得したのであるから、かなり骨が折れた思い出は今なお微笑ましい事実である。此の無統制に等しい自由営業は30銭均一に等しい料金のダンピングとなったが、それでもタクシー統制の根拠がはっきりしていたので、徐々にナンバー権利金が上昇し、支那事変への態勢を整える事が出来たのである。

7、小企業合同に依る相互会社時代

東京タクシー商業組合の理念とは逆に、其の会員を説得して企業合同に依る株式会社（概ね1社50台位）を自発的に結成せしめた苦労は、今日から考えて見ても並大抵の事ではなかった。それでも2ヶ年間に約6,000台、100会社の組織に成功した。反面、タクシー・メーター制を断行したのであるから、車輛主の自覚と協力とは誠に偉大な業績を成し遂げたものだと、驚異的事実を築き上げたのである。その努力と熱意とが戦争への窮乏に耐え、代用燃料への創意工夫となり、タクシーの底力となって、今日への基礎をなしたのである。

之に加えて出来あがった相互会社は其の成績が何れも優秀で、資本形態に依る何れの会社よりも良成績を挙げていたのであるから、その模範的諸数字はタクシーの合理化をいやが上にも推し進めて、あらゆる苦難にも打ち勝つ態勢を整え、大東亜戦争へと持ち込んだのである。

8、昭和27年の名義貸整理問題

第4項で述べた今回の名義貸し整理問題は、かゝる体験と理念から処理さるべき事は当然であるから、之れが根本条件として

　(A) 新規免許の絶対的阻止
　(B) 増車の制限
　(C) 車輛主中心の会社再編成

の3点に要約される不動の信念から割り出さるべきものと確信した私の態度は極めて明瞭であったし、将来共これに狂いはない、と信じているのである。

時の陸運局川原氏はその声明を出す前に、私との会談では、充分此の点を承知していたし、同時に氏の純情な熱意を以て之を迎えた事は間違いない。そして所謂「川原声明」を発表する段階に於いては幾多の雑音に依って、相当の修正を加えらるゝ事になった、と信ずべきものが私には感知される。

とまれ、川原声明は率直に免許の上に安座する者の存在を許さぬ、と共に車輛主による新組織を認めて之れが対策を発表したのであるが、反面、

　(A) 搾取を重ねていた名義貸業者を中心として整理をする事を先議するとなし
　(B) 名義貸車輛の買取りのために相当の期間を与えて之れに努力を傾ける様に奨励し
　(C) 最後に車輛主の新組織はその後日に於いて法に照らして厳重に詮議して之れを行う

と結んでいるので、首尾一貫せぬ此の声明に対して私から「川原声明に応えて」の反対声明を発表するの止むなき事情となったのである。
（念のため姓名を記載する）

川原声明

終戦以来、都内ハイヤー、タクシーの量的増大はまことに目覚ましいものがあるが、運賃の適正、運転の安全、あるいは運転手のサービスの仕方等、その質的内容の点については、必ずしも都民が充分の信頼をもって利用できるまでに至っていない現状である。万全のサーヒー

スを提供し得ない主要な原因は、責任感のうすい営業に陥り易い名義貸行為を禁止する所以は、これに必然的に伴う社会的弊害を防止すると共に、権利の上に安座するものゝ存在を許さないところにある。

当局は昨年末、業務監査を続行し、違法行為の消滅に努力して来たが、未だにそのあとを絶たず、名義貸車輛の総数はなお相当な数にのぼるものと推定される。このような現状に対し、過般来業界内部においても自覚がたかまり、根底から業界の明朗化を図ろうとする機運が熟し、新組織により車輛主を集約して会社を新設することを中心とする業界健全化を提唱するに至っていることは、まことに時宜を得たものと考えられ、当局もその意図するところを積極的に取上げようとするものである。

しかしながらそれは、新組織による会社の設立自体が目的であってはならず、又新組織の名を籍りて、現状の名義貸の行為を是認し、合法化するものであることは断じて許されない。新組織による会社の設立も、いわば手段であり、業界を根底から明朗化し、健全なる企業体により、都民に万全のサービスを提供し得る体制をとゝのえることが目的でなければならない。

したがって新会社の設立については、充分考慮を払うが、既存会社による名義貸車輛の吸収を排除するものではなく、寧ろ既存会社の経営の健全化、合理化が先決問題と見らるべきである。茲に約40日間の期間をおき、先ず会社の実情を当局に明らかにするとゝもに、会社内部において、その名義貸車輛を完全なる会社資産に移すべく努力を傾ける機会を与えたい。

しかも4月1日より、道路運送車輛法第5條（自動車の登録が自動車の所有権得喪についての第三者対抗要件となる）も施行せられるのであるから、この間関係者一同相互に大乗的見地に立つて処理を図り、業界全体としても亦、法の枠内で、この方針に副い努力されることを切に望むものである。

なお、新組織による会社の免許詮議は、右の期間経過後において、適正に法規に照らして行いたいと思う。仄聞する処によれば、新組織を前提として、業界の秩序を乱すような行為を行っているものもあるようであるが、これに対しては厳重に取締ると共に、かかるものは免許の考慮外におく。

また、本健全化方策実施中における増減車の処分は、特に慎重厳格に取扱いたい。従来保有していた名義貸車輛が、新組織の会社に移行した後の会社については、事情酌量の余地あるものに対しては、行政処分の猶予を考慮する。しかしながら特に悪質な経営が露呈せられたものに対しては、免許取消も辞さないつもりである。本方策の施行は、おそくも本年中に完了するものとし、その実施に当っては、関係行政機関、特に都知事（東京都陸運事務所）及び警視庁と緊密な連絡をとって処理する。この期間における業務監査は従来よりも強力に行う。本期間終了後の違法行為に対しては、その都度寸毫も許すところなく、断固たる行政処分を行う方針である。

本方策が有効に成果をあげ得るや否や、健全明朗なる首都の交通が確立されるや否やは、業界関係者の自覚、誠意、又努力に負う処大である。当局もこの成果が1日も早く実現するように、総力をあげて専心処理に当るつもりである。

各位の誠実なる協力により、本方策が円滑に且つ強力に推進せられ、よく終を全うすることを切望する次第である。

　　昭和27年2月20日
　　　　　東京陸運局長　　川原　道正

川原声明に応えて

昭和27年2月20日、川原東京陸運局長が都下のハイヤー、タクシーの健全化方策として声明した所は名義貸整理に対して当局が漸く腰を上げたと見るべきである。然しながら其の内容には、左記の諸点において幾多の疑問があるので、其の根本的な考え方に重ねて所信を表明して根底から業界の明朗化を図ると共に百年の大計を樹立すべきであることを力説したい。

　　　　　　　記

本声明の基盤が新免の大部分を占める名義貸の不正を一応常識として之れに改善を施さんと

しているが、正しい業者が厳として存在している業界全体を忘れている様な感じがする。名義貸の不法行為が過去数年間、常に業界から指摘せられ、安易な免許の上に横暴を極めている。之等悪質業者の排除が叫び続けられ所謂「耳にタコ」の出来ている事実を忘却していると思われるのは、之等事業経営の熱意もない業者に多くの車輛を集結する様に仕向けている誤謬が大きく浮かんで来る。

1、声明の第1項に於て、数年間に亘って反省改善の誠意さへ示さぬ之等違法業者を断固行政処分に付すべき当然の帰結として生じて来る車輛主（事実上の営業者）を救済して不安と搾取から解放し、其の生存権を確保しようとして私共が提唱した新組織による会社設立が積極的に取上げられて居るにも拘らず、其の第2項に於て真に杞憂中の杞憂として取扱はるべき名義貸の変形に化するものあるを恐れると断じて相殺的に述べている点は納得出来ない。

2、前項の杞憂よりも旧不法業者が名義貸を処理したと装い、依然として事実上の名義貸に等しい巧妙な手段に隠れる事の方が如何に多かるべきかは過去の事実が之を物語っている。

3、第3項、第4項に於て既存会社の名義貸車輛の吸収を排除すべきでない事及び之を先決問題とし、且つ40日間の猶予を以て其の名義貸車輛を完全なる会社資産に移すべく努力する機会を与えている点を特に重要視すると共に、第6項に於て新組織による会社設立の詮議を右の期間経過後におく、と明示している真意を質したい。而も「仄聞する云々」の数行は真に特例中の特例とも云うべき噂を以て新組織と対比しているが、既に新組織を確信して其の準備態勢に努めているものを故意に悪く解釈する様な偏見があるとしたら、之こそ厳に戒しむべきものである。

4、更に第4項、第5項は名義貸の違法を継続し、搾取を重ねていて而も今回整理の対象となり、官民に多くの手数をかけている業者に対して、特に多数の車輛を確保する保護策がしのばされている様な感じがするのは、誠に遺憾千万である。

後段、本健全化方策実施中の増減車取扱いにつき、終始一貫して免許申請の通り忠実に事業を経営し、真面目な態度を堅持していた為に、其の増減が僅少である優良業者と同一扱いを受くる様になったとしたら、善悪混同の「正直者が馬鹿を見る」結果となって業界に及ぼす影響が多い。

5、最後の項に於て、名義貸車が新組織に移行した後の会社の整理に就いて述べているが、事情酌量の余地あるものとは極めて特例のもので、一例を挙げれば、僅かに1、2輛の名義貸で全車輛から見て誠に軽少な違反者が考えられるが、これとて其保護すべきであるとの他、面倒を見る特殊の事情がある場合は権利金等もとらず、寧ろ会社の一員として之を完全に保護すべきであると思う。同項に「悪質の経営」とあるが全部又は多くの名義貸をしているものは、勿論事業経営は寸毫も致して居らず、悪質たる事に間違いない事実である。この根本理念こそ今回の整理の大方針でなければならぬ。

6、要するに今回の声明は、声明として前述する様な諸点に徹し、当局の全責任に於て斯業の明朗合理化を断行すべき熱意に燃え、私どもに協力を求むるの真意を披歴さるる事を切望して止まぬ。

昭和27年2月21日

東京乗用自動車協会会長　　新倉　文郎

9、新倉の不信任と3団体の分裂

かくて、名義貸整理に伴うタクシーの根本対策は一頓挫したが、東京ハイヤー、タクシー協会並に東京旅客自動車協同組合は共同声明に於て新倉3団体会長を不信任し、本問題は一応の結論に達したが、特にハイタク協会の声明文の中に「新倉は独断である、名義貸整理に名を借りて、新免業者の弱体化を図り、以て大資本家的大統制への礎石としている」と云ふ様な文意があったが、それはあまりにも反対口実の作文

であって、業界の実情と過去30年間の新倉の名で業界に対する一貫せる信念と、足跡とを観察すれば直ちに氷解する問題である。識者ならずとも少なくとも多く事業を愛し、その将来を憂える方々ならば本日、本問題に新倉の取った態度の正しかった事が判って頂けるものと堅く信じている。

10、其後の実情

昭和23年以来、新規免許の80％が名義貸営業者であった事実は、今回の整理がその線に添ってなされる事になるのは見方によっては当然の因果関係だとも考えられるが、4月末日現在の車輛主に依る新組織出願は左の通りである。

会社名	車輛数(台)	発起人代表者名
日本相互交通株式会社	40	仲丸　照海
睦相互交通株式会社	37	宮本喜久治
共栄相互株式会社	21	松村　光麿
菊水相互交通株式会社	31	沢田　清
西新井相互株式会社	29	藤本　豊
第一相互タクシー株式会社	20	牧　賢治
千葉相互タクシー株式会社	30	椿　克己
都相互交通株式会社	32	粂野　芳郎
オリオン相互交通株式会社	21	入坂　進
国際相互自動車株式会社	20	水原　二郎
大進相互自動車株式会社	33	竹沢　常治
七福相互交通株式会社	26	橋本　武晴
亜細亜相互有限会社	31	玉井　孝造
交友相互有限会社	29	前島　豊郎
福泉交通有限会社	22	藤沼錦一郎

計15社　422台　昭和27年5月8日現在

[日本人に許された外人専用タクシー]

日本の乗用自動車は1938年式で戦争の為に一応その使用を停止されてから、昨年の夏迄（1951年）約13ヶ年外国製の優秀車を見なかった。その間昭和23年暮頃から電気の小型自動車が珍らしい型として路上に現られ続けて、ダットサンとトヨペットがボツボツ出てきて、それに3輪の小型タクシーと併せ、旧来の1934式フォードを中心にとして普通乗用車のタクシー等々、種々雑多なそして大小様々な乗用車が走っている中に、突如として外人専用（観光専用と改む）のタクシーが出現したのは昭和25年の春で、1949年式フォード車である。

戦後わが国に日本人経営による外国乗用自動車が許可された最初のもので、東京の大和50台、国際50台、日交35台と横須賀市の10台で、合計145台がPXと通産省の手で貸与の形式で渡されたものであった。当時は輸入税70％を加算されたからかなり高価なもので、大体1台が146万円と計算され、用途は外国人に限定されて、料金の特別なものを採用した。

11、無為替輸入に依る特免タクシー

その後、間もなくメトロ自動車が外人専用の特別免許を得て（主としてスチュードベーカー50台）で東京、横浜に新車のタクシーを始めた。続いてアロハ、日米、ラッキー等、同様の特免会社が出来たので、東京、横浜は勿論、大阪、神戸等にもその進出を見た。そして此の特殊免許は本年を以て打ち切られる事になったが、此の程、無為替輸入に依る新車のタクシー業者の続出は国内の現存業者を刺激した事は、誠に甚大で、占領政策下の最後的遺物だと云える。

12、外車譲渡規制

昨年、戦後初めて外国人の所有する中古乗用車を譲渡許可する場合の規則が、通産、運輸両大臣の連名で発令されたのは、官庁はもとより一般産業人や、観光用ハイヤー、タクシー方面から承認された結果ではあるが、寧ろGHQの申し入れに原因する所が大きい。

同規則の法文やその内容は、茲に省略するが、大要は政府が400万ドルの支払いを裏付けして、通産、運輸両大臣の発行するクーポンで、その取扱いを許された業者から（その手数料も一定して）円を以て買い取る方法であって、その最初のクーポンが2,000枚（内営業者に385台）発行された時には、さすがに待望久しき外国製優秀車の入手に国民の関心は大きく、クーポンの闇相場は一挙にして50万円を称へた。

之によって市内及び全国主要都市には米国製の優美な車がタクシーとして出現し、講和を迎えた平和日本の姿がタクシーの一角からの感を深からしめた。

13、第8軍払下げ乗用車

第2回目の外車割り当てが発表されたのは本

年2月であったが（この時は一般600台中営業者に50台、他に軍用380台）、その間、昭和26年11月3日、第1回の軍用乗用車1942年型中古者が入札に依って払下げられた。勿論この場合はドル建てであったので、日本人では如何ともする事が出来なかったが、外国人に落札して貰って、円で買い取る方法で、後日これをクーポンに乗せる事によってドル払いとなったのであるが、この払下げがスクラップとしてであったため、種々の不正を生んだが、大和（私）が中心になって取扱った155台は1942年式プリムス、シボレー及びフオードの優秀なもので、これが本年春約1台30万円平均（時価100円と評価された）で全国業者に分配された。

14、金星タクシー問題

これから先、昭和25年度から外国製乗用車に対する不正取引、不正登録は各地の陸運事務所、使用者、ブローカー等の闇取引で行はれていた。その内一番数の多いのは所謂3万番号自動車の不正取引と不正使用で、これは表面に現はれぬ内面的なもので、其の他は公然と白ナンバーや、営業用ナンバーに登録したものであり、それこれに関連して2、3の自殺者さえ出しているのは天下周知の事実である。

タクシー業者にして之れに該当したのが所謂北海道の金星タクシー（社長岩沢靖氏）である。此の問題はそれ自体を詳細に説明しても相当に長文になるので此処ではその要点のみを列挙する。

昭和26年春の全国乗用自動車協会総会（大阪市）で問題を惹起した、北海道の新免業者金星タクシーは昭和25年秋頃までに、1942年式以後の外車をブローカーの手から買い取って、東京、千葉、青森の各府県陸運事務所の偽造廃車証明書によって合計17台を登録したものである。全乗協の調査によって、不正登録は明瞭であったので、昭和26年10月1日運輸大臣に対し建議書を提出して其の処理を要請したが、運輸当局はこれを闇から闇に葬り去ろうとした。司法当局の調査の進行につれて、判明した不正の分は本年春竹田北海道陸運局長退任の際にその登録を取り消す事になったが、小林陸運事務所長は之れを承知せず、遂に金星の自発的廃車になった4台に対し、昭和27年6月（今回の最後の割当て）3台の外車割当てを特別に与えて解決したらしいが、陸運局と事務所、運輸行政の盲点、道路運送法の不信等、後日に尾を引く深刻にして数多くの闇影を残している問題の一つである。

15、不手際を極めた外車問題

本年7月1日から外車扱いが日本人に解放されたので、外車問題は今後は起こるまいとは思うが、外車割当て発行の2,000台はその有効期間6月末を10数日後に控えて、俄然問題化し、参議院、衆議院議員を中心として通産当局に対する不満が起こり、之に官庁分を加えて68万ドルの裏付けによる入手促進となって一応の解決策としたらしいが、600台の割当てを受けた全国タクシー業者はこのドルの割当てより除外されるという差別待遇を受けてケリとするとしたら、外車問題は最初から最後まで、不当極まるデタラメで終始した事になる。通産、運輸両省の対立は、今日始まったことではないにしても、外貨割当てを中心として、独立した日本人は依然として外国製の新しい自動車は殆んど買えないと云うみじめな姿で、当分ジメジメした気分の連続の中で喘がなければならない。

16、通産省機械局の見解

先般通産省機械局佐々木自動車課長から「国産乗用自動車の理解のために」という小冊子の原稿を贈って来て、特に私に判読するよう添書きがしてあった。一読してその要旨は

（イ）国産乗用自動車は戦争のために製造を中止していたので、最近2ヶ年の経験から見て外車に劣るところが多いが、数年後には断じて優秀なものとなる事期待できる。

（ロ）価格が高過ぎるのは、ボデー等の工作過程が手細工の域を脱しないためで、順次機械化することによって、3割程度の値下げを行い得る確信がある。

（ハ）此の際国民は理屈なしに、国産乗用自動車を愛用して、これが発達に寄与し、2、3年後の国産車の出来栄えを見て貰いたいと云う意味のものであった。

註＝この冊子は国産メーカーの某氏の書いた宣伝誌だとの説が高い＝

17、私共の見解を

本誌正月号に、私は「国産乗用自動車の批判」と題する一文を書いて置いたが、茲に重ねてこれを具体的に説明する。

(イ) 悪い小さな車で、高価である事は間違いないが、その高価な国産乗用車の育成過程における最低の価格であるかどうか。

(ロ) 官庁が国民に対して其の愛用を極力推奨しているが、諸官庁や当事者が率先これを使用して愛護、助言、激励しているかどうか。

(ハ) 国産保護の名の下に、行き過ぎた行政が行われていないだろうか。将来は別として現段階に於いてこれが合理化を計っているがどうか。

(ニ) 直ちに出来る、数十万円の値下げをさせてはならぬ理由があるのかどうか。

18、指摘さるる国産乗用車の不当

(イ) 日産自動車を中心として其の生産原価に重大なる関係のある工賃が１人平均2,7000円ベースであり、しかも更に、各方面から賃上げの要求があると聞くが、斯くの如き工賃が我が国の重要産業中、他に類例があるだろうか。果たしてこれが妥当なものとするならば、我が工業界に及ぼす悪影響を看過すべきかどうか。結局は儲かり過ぎるから、つい知らず知らずの内に不当高の工賃を支払う事になるのであると信じる。

(ロ) 工場渡し価格は、日産に於いて70万円（税共）見当と指定されるが、私共の買い値100万円との間に約30万円の開きがあるが、中間手数料が国産なるが故に、かかる不当なるものが容赦されるべきかどうか。

(ハ) 日産自動車本社が最近の決算期に於いて、約５億円の（資本に対し年３倍）の利益を挙げ、しかも３割の配当を行っているが、国産乗用自動車の尋常１年生である貧弱なものを以てして、かる高率の利得は果たして許容さるべき筋合いのものかどうか。

(ニ) 乗用車の利益でないと抗弁するならば、他のバス、トラック等に於いて更に不当利益を独占していると云う結論になるが、それでよいのか。バス、トラックは外車に優るとも劣らないものだと豪語するが、外車を輸入して実際に使用して比較したことは近年１台もないので、相当数の米国製トラックを輸入して見る必要が痛感される。

(ホ) 日産販売株式会社が前記の不当利益をトンネル口銭としてせしめて、しかもどんな配当をしているのか。その上に、月賦金に対して日歩７銭（最近６銭）の高利を貪っているが、興業銀行が国産なるが故に特別に融資している金利と比較して、果たして何を物語っているのか。

(ヘ) 小型タクシーとして日産乗用自動車は新車その儘では使い出せないと聞くが、その改造に数日と相当の費用を加へねばならぬ現状を指摘されて、これが改造の誠意さえないと云うが、果たしてそうか。

(ト) 新聞紙の報道では、日産は価格引き下げの意思なしと放言していると承るが、その真意がどこにあるのか。私共としても何としても「親しめない国産」と云う以外に云うべき言葉がない。

19、輿論は機械局自動車課の態度に不満を持つ

斯くの如き国産乗用車に、保護政策を以て終始している機械局自動車課の最近の態度には、ユーザーとしても、国民としても納得の出来ないものばかりである。

(イ) 現政府の自由経済政策は自動車製造の自由と、その販売並びに価格等に自由であるとする方針に変わりはないと聞くが、自由経済の原則は、特別にこれを保護したり、保護の為の統制を強化したりする筈がない。

(ロ) 然るに我が国の要求する乗用自動車数を極端に少数に見積もり、その内から国産車の製造を年間6,000台と云う最高度に予定し、その残車輛を外国車で保つとするならばそのこと自体が独占禁止法に触れる悪性の統制だと云う外ないだろう。

(ハ) この線に添って、当局の採っている外車

対策は1台でも外車の進出を阻止し、1日でもその実施を引き伸ばし、事実上外車禁止の方途を講ずるため日夜苦労を重ね、卑劣極まる態度と、姑息な手段を講じている事実は、次の諸点で明らかにしよう。

(ニ) 過日第3回目の外車配分を行った際、外貨の割り当て68万ドルは、議員、官庁、報道機関に限定して、これを営業用には裏付けせぬことにしている差別待遇は、この方面こそ国産乗用車を泣き泣き買う私共であるからである。

(ホ) ドルが大切であることは百も承知しているが、そのドルを稼いでいる私共営業者に対し、最小限度に割り当てられたドルによる米国新車は1台も買えない仕組みになっており、若し強いてこれを入手しようとすれば、第三国人の手を経て中古車とし、多額の手数料を支払う止むなきに追い込み、以て泣き泣き国産乗用車を買うことにし、その不当高を庇うこととしていると云うても過言ではあるまい。

(ヘ) 軍人軍属の自動車の譲受けにつき、通産大臣の支払許可証を必要とする所謂第114号告示は、無為替輸入の台数を知りたいという口実であるが、その内容は、これを2,000台程度に打ち切る腹であり、而も届出の程度だと云いながら、特に許可制を強用せんとするのは、その手続きを複雑にすることによって、これが譲受けを抑えながら引き延ばす手段に過ぎないことが見え透いている。

(ト) と云うのは、同告示中の1項に、善意の無償譲渡の場合を「支払許可証を必要としない証明書を受けねばならぬ」と云う笑止千万な条項を設け、これが駐留軍司令部の要望によるが如く偽るに至っては、笑っては居られない不都合な態度と云わねばならぬ。

(チ) 且つ前記告示は日米行政協定に基づく合同委員会の決定の上、はじめて公布すべき筋合いのものであるが、その間の暫定処置としては、余りにあくどいものであるばかりでなく、その告示に基づいて次々と事務処理の方法を発表して、日本政府の方針は、通産省の独自で決定さるゝものとの悪印象を与えていることは許し難い。

(リ) 割当てドルの配分を3ヶ月も故意に引き延ばして、事実上の輸入阻止をしたり、ポンド圏からの輸入ドルを増額することに決定しても、容易にこれを実行する意志のない事など、挙げて来れば枚挙に遑がない。

(ヌ) 斯くまで保護せねば、国産車は滅亡すると当局は云うが、こんな無理をしなければ国産メーカーの利潤が正当なものに落付いて、そこに国産車の生命が生まれて来るのである。

20、全国に勃発せんとする国産自動車不買の機運

斯うした不法が独り国産自動車の私営会社の巨利保護に原因するとしたら「国民の国産車ではない」国産車に対して、期せずして不買の挙に出る全国有志の日々増加する自然の勢いを如何にするか。

21、自動車行政の一貫性

ユーザーとしての希望は8千万国民の運賃、料金を出来る限り低廉にして、その生活安定を祈念する以外には無い。かかる見地から、自動車に関する行政は製造、運輸、整備等は勿論、従業員の養成、営業の在り方に到るまで常に同一行政官庁にあるべきだと堅く信じる。国産自動車の製造のみがいつまでも殿様然として自動車行政の治外法権に安座するべきものではあるまい。私共はかゝる根本理念から自動車行政の一本化に向かって、近く猛運動を開始するであろう。

このように新倉は、終戦間もない混乱した社会情勢の下、タクシー業界の実態を明らかにするとともに、あるべき方向に向けて道標となる提言を示したのであった。

図21-1　大手4社の写真入り広告
上：日本交通　下：帝都自動車

図 21-1（つづき）
上：大和自動車　下：国際自動車

第22章　朝日新聞に報じられた「神風タクシー問題」

　わが国のタクシー界を振り返ってみると、大きく5段階に分類することができるように思う。つまり、1つ目は創業時代、2つ目は円タク時代、3つ目は戦時中の企業統合時代、4つ目は終戦直後の混乱時代、そして5つ目は神風タクシーと個人タクシー認可時代である。

　5つ目の神風タクシー問題について特に取り上げてその悲惨さを報道し、その原因の究明、さらにはその解決はどうすべきかについて真正面から取り組んだ朝日新聞の、5回にわたる連載記事「神風タクシー」は立派である。新聞の使命感というか、新聞記者の正義感というか、筆者は事件に取り組む報道機関の執念を感ぜずにはいられなかった。そこで本章では、この「神風タクシー」を取り上げる。

　本書では雑誌や新聞記事をそのまま引用させていただいたものが多く、なかにはかなり大きな分量になったものもある。特に前章の新倉文郎「この頃のタクシー問題」やこの朝日新聞の「神風タクシー」の記事は相当に長いが、あえて全文を引用させていただいた。2つの記事から、その時代の政治、経済、社会の背景と執筆者の情熱を汲み取っていただきたいと思っているがゆえである。（一部にいわゆる差別的表現が用いられているところがあるが、当時の状況に鑑みて原文のママとした。）

「神風タクシー」（朝日新聞昭和33年2月18日付から5回連載）

　① 「ひかれ損　治っても傷む傷――慰謝料を逃げる会社」

　　一昨日、16日零時から24時までの東京都内の交通事故は53。5人が死亡、13人が重傷、28人が軽傷だった。この月になって16日間に、死亡33人、重傷218人、軽傷375人。毎日毎日、むごたらしい犠牲者が出る。そのたびに本人はもちろん、家族は悲しみのどん底につき落される。東京の自動車はスクーターまでふくめて34万台、そのうちタクシーは1万2千。そして事故の4分の1はタクシーが起している。神風運転、神風タクシーの恐ろしさはあらためていう必要もあるまい。きのうは人の身、きょうはわが身、いつわたしたちが、わたしたちのかわいいコドモが、ハネ飛ばされるかもわからない。――タクシーはなぜ見さかいもなく飛ばすのか、殺人タクシーとなる根本原因はどこにあるのか。

　　9日、夜の11時すぎのことだ。東京台東区御徒町2丁目あたりの昭和通りを、自転車で走っている娘さんがあった。道を曲ろうとしたところを後から来たタクシーが自転車もろともハネとばした。上野署の調べでわかったことだが、タクシーの運転手はその時、わきを見ながら運転していたというのだ。

　　娘さんは頭を打ち、右の太モモを骨折して、気を失い、救急車で松葉町の蛯名診療所に運ばれた。この娘さんは台東区西町のミシンで加工する店の住込み店員、原絹子さん（24）だった。頭を6針縫い、右足はオモリをつけられ、写真［省略］のような気の毒な姿で入院している。全治6カ月はかかるそうだ。1週間うめき通し、付添の人も眠れなかったという。

　　絹子さんは福岡県八女郡立花町原島の原正太郎さん（50）の長女。弟3人、妹3人。まだ小学校に2人、中学に1人通っている。農家だが田が3反、畑が1反半。弟（19）は木工所に、妹（23）は久留米ガスリの織屋で働いている。弟が4千円、妹が2千円の給料、絹子さんも家の手つだいをしたいと、去年の夏親類を頼って

上京した。

　ミシンを踏めるので、台東区西町××〔原文では実際の住所〕の真家ちよさんのところに住込んだ。ハンテンやノレンを縫ったり、暮には徹夜もしたり、食べてお小遣いを2、3千円もらう。千5百円ぐらい家に送る。学校に通っている弟妹の1人分の授業料ぐらいは、と思い、映画もほとんど見ない。休みにはテレビを見るのが楽しみ。けなげで感心な娘だった。

　田舎の親に心配させまいと、15日に「足を痛めたが心配しないで」とハガキを出した。入院費はタクシー会社が払うとしても、これからの半年は働けぬ。いったいどうなるのだろう……痛さと心配だらけ、絹子さんはくらい日を送っている。「どうにかビッコにならないですみそうだ」といってくれる医者の言葉がたった一つの慰めである。

　去年の5月29日、雨の夜、建設省の次官秘書、高岩道資（みちすけ）氏（45）と河川局治水課員南峯三氏（42）の2人が、浦和の自宅へ帰る途中、戸田橋を渡ってすぐ、止まっていたトラックの後部にぶっつけた。居眠り運転だ。車は大破、運転手は軽傷だったが、2人の事務官は警官がとてもダメだろうと思ったほどの重傷。南さんは右耳から頭に24針、高岩さんは左眼の上を7針ぬい、2カ月の入院で一応傷は治った。だが2人とも頭を強く打ったので、9カ月たった今でも頭の具合が悪く、時々クラクラとする。冷たい風に当たると痛む。南さんは左の眼が時々かすむ。

　タクシー会社の事故係がやってきた。「費用はご心配なく、とにかく早くご全快を」ともみ手のあいさつだった。だから2人とも警察が調書をとりにきた時、運転手に同情するようなこともいってやった。ところが、警察の調べがすむと、事故係はさっぱり現われない。入院の費用は一応会社で払った。しかし、それ以外の損害が大きい。

　南さんの場合、奥さんが病院につきっきりで看護したから、留守宅の子供3人の面倒をみるため、手伝いを雇ったり、退院後の通院費などでトラの子の貯金16万円を使い果した。

　高岩さんも同様、役所の同僚たちが慰謝料をとれと判例を調べてくれた。昭和29年の判例に二十数針ぬった事故で30万円の判決が出ているので、南さんがいろいろな損失を含めて50万円、高岩さんが16万8千円の請求を去年の10月、タクシー会社に出した。

　事故係は見舞いに来た時「理由のつく限り支払うから示談にしてくれ」といっていたから2人とも期待していた。しかし、1カ月半たってもウンともスンともいってこない。

　シビレを切らして問合せたら「栄養費が高すぎる。看護費は東京の公定はもっと低い」などと文句をつける。それでもまあ払うつもりだろうと思っていたが、年が変ってもさっぱり。電話で催促すると「まだ上役に話していないので」と一片の誠意も示さない。先月、たまりかねて弁護士を頼んだが、弁護士が呼んでも事故係はなかなか出てこない。交渉は一向に進まない。

　「会社の誠意のなさにはあきれた。私たちは判例を調べたり、弁護士に頼んだり、一応ケンカ出来るからいいが、やり方も知らずに泣いている人が多いだろう」と傷跡をなでながら両氏は怒っている。

　以上2組の被害者は、タクシーにはねられた場合と、タクシーに乗っていた場合とである。特に悲惨なケースをえらんだわけではない。交通事故でやられると、まずこんな風。死に損、ケガのし損、という始末になる。

② 「こわいノルマ　シリたたく会社——運転手をゲタあつかい」

　はね飛ばしたり、ぶっつけてお客にケガさせたりしたとき、まっさきに恨まれるのは運転手だ。なぜ飛ばしたり、居眠り運転をするのか、彼らに聞いてみよう。「会社が"あおる"からですよ」まず例外なくこう答える。"あおる"というのは、かせげ、かせげと会社にシリをたたかれる意味だ。

　タクシーには車に応じて一日のノルマ（最低のかせぎ高）がきまっている。コロナなら9千

円、ルノーなら8千円と決めているところもあれば、その日出動した車全部の平均をとっている会社もある。ノルマ以下のかせぎがつづくと、たちまちスペヤーにされる。スペヤーとは予備運転手、「下車勤」ともいい、車にのれぬ。

ところで、運転手の収入は固定給は少なく3千円—6千円。あとはかせぎによる歩合だ。スペヤーにされると収入はガタ落ち、だからノルマだけはなんとしてもかせがねばならない。そのため、どのタクシーも一日400キロ近く走り回る。これは東京、大垣間の距離だ。朝8時に車庫を出て夜中の2時すぎまで、食事や信号待ちの時間は全然いれないで、平均時速22キロで走り回っている計算だ。食事の時間を入れ、お客をひろう時間も加えると、必ずスピード違反をやっているはず。ある運転手は「厳密にいえば、わたしなど一日に500回も違反やってますヨ」という。

「あおるだけあおって、かせがせておいて、事故でも起そうもんなら、これっぽっちの人情もない」。一流会社なら事故すなわちクビ。一流といわれるある会社では、やんわりと「どうだね、ちょっと旅に出たら」とくるそうだ。旅とはクビと同じだ。

150台もっているある会社の社長は「運転手なんてゲタだよ。ハナオが切れたらスゲかえるより、新しいのを買った方が安上りだ」と放言している。古いのをクビにして新米を入れると、当分の間、固定給なしで使えるから割得だと考えているのだ。失業運転手は東京だけで2千人はいる。"ゲタ"はいくらでもある。

「銀座から渋谷までヨウ、5分でとばした」と自慢する若い神風君もいる。時速80キロだ。物騒千万。ラッシュ時に、車の間をツバメのようにぬって走るのを得意がってるのもいる。たしかに運転手の中には、粗暴で、教養のない困った若者もかなりいる。しかし、違反をやれば罰金は自分で払わねばならないし、第一自分の生命にもかかわる。運転手を"神風"に追いこむきびしいノルマが問題なのである。

墨田区錦糸町の墨田簡易裁判所交通部をたずねてみた。交通違反のスピード裁判をやっている。8人の判事が一人毎日100件を裁いている。

一人1分たらずで判決をうけた運転手は、令状をもらって1階へかけ降り、罰金をはらうとソソクサと出ていく。罰金分だけ余計働かねばならないからますます忙しい。罰金、罰金と考えながら、またすっ飛ばす。また違反で、罰金。そのうち事故を起してクビ。「因果な商売ですよ」裁判所の玄関で一人がいった。

64歳の老判事はいう。「こうして毎日交通違反に罰金を言渡していると、つくづくこわくなる。私は自動車はみんな狂犬だと思っている。いつかみつかれるか分らんものねえ」。

夜中の3時、仕事を終った運転手たちは、なじみの食堂やコーヒー店に集まってくる。そんな場所のひとつ、浅草のある店をのぞいてみた。どの顔も無精ヒゲがのびて、疲れきった表情だ。眠気さましのコーヒーをガブガブのんで、黙々と運転日報を書いているのが多い。

日報というのは、かせぎ高のメモを書き込んで会社に出す報告。本当は客を降すたびに書くのだが、その暇が惜しい。昼間は交差点で赤信号が出ているほんのわずかな間に書くのだが、夜はくらくてダメ。そこで車庫入りの寸前、メーターの数字をみて何とかツジツマを合せるから、彼ら仲間で"作文"という。エンピツを持ったまま居眠りしているのもいる。その中にハンカチ・タクシーをやっているという中年男がいた。「若いうちが花さ。年をとってガキが大きくなるころに収入が落ちてくる。月給取りとは逆だあね。わしら中年者には今のノルマはきつい。だから車を借りたり、ムリして買って、ハンカチをやり出すんだ。戦前の円タクのころ、せっせとかせげば10年で自分の車がもてた。独立すりゃア楽なもんだ。そいつが今じゃできない。若いものも希望がない。赤線業者がタクシー屋に転業すると申請出したってネ。わしらもみんな車を持寄って、30台にして営業許可を頼んでるんだが一向にダメ。わしの今夜の水揚げ（収入）は5千円たらず、ネズミみたいなコソコソかせぎだが、これで結構、一家5

人が食って、車代が浮きまさあ。それにくらべてタクシーのノルマは、8千から1万かせげとくるんだから、経営者はひどいもんだよ」。

③「暴走を生むもの　何より経営方法——飛ばさねば食えぬ運転手」

事故を起した運転手はどうなるだろう？ここである一人を追ってみた。三流タクシーに働いていた伊藤茂雄君（32）は一昨年の夏、護国寺前で婦人をはね、3週間の傷を負わせた。地裁で1万5千円の罰金と40日間の就業停止を言い渡された。

こんな場合、会社で罰金を払ってくれるところと、本人に払わせるところとある。会社で払ってくれても、就業停止の間は、固定給だけしかくれないから、歩合にたよるこの人たちは生活がたたない。伊藤君の場合、罰金は彼の負担にされた。「食ってもゆけないし、イヤ気がさしてやめました」という。

就業停止があけるとすぐ、仲間の口ききでHタクシーに入った。事故がなくても運転手は、ちょっと待遇がいいと転々とする。彼には、妻と8歳をかしらに男ばかり3人の子がある。H社は小型24台、運転手五十余人。翌日から車をあてがわれた。分割払いの罰金も払わねばならず、懸命にかせいだ。400キロ見当走り、一日9千円から1万円の水揚げ。10番目ぐらいの成績だった。給料は本給3千円、家族手当千円、その他いろいろな手当と約2割の歩合で、税込3万3千円ぐらい。

3、4カ月働いたころ、無理がたたったか、胃かいようが悪化した。飯をくってしばらくすると猛烈にさしこんでくる。医者に注射してもらい、また車を走らす。水揚げが6千5百円から7千円に落ちた。たちまち専務の態度がつめたくなった。「おい、水あげが悪いな。スペアに回るか」といわれ、新車からボロ車にかえられそうになった。かえられては都心で働けず、客も少なくなる。

胃の方がどうにもならなくなって、診療所に入院した。歩合はなくなり、会社からは4千円だけ。健康保険の傷病手当1万2千円、いままでの半分近い生活。罰金の分割払いは続けなけ

ればならない。6月から8月まで休んで、9月に会社に出た。無理でも働かなければならない。しかし、車にのせてもらえなかった。「予備運転手」で、20日間に5日ほど、故障車を修理して働きに出たそうだ。この社では「予備」に手当は出さぬ。また、胃が痛み、入院した。

川口市前川町に前につくった家も売った。近くの里村の農家の、文字どおりヒサシの下を借りた一間。納屋といいたいような5畳ほどのところに、5人が移った。家財道具もみんな売った。残っているのはフトンと食器だけ。

半年休んで、やっと胃病も治って、去る12月29日に会社に出た。するとその日に「働きが悪いから、ほかの会社に行ってくれ」と宣告された。「こう押しつまっては、どこにゆけますか。ガンバリます。休んで迷惑かけた分を埋め合わせます」と泣きこんだが、専務は相手にしなかったそうである。労働組合は2つに割れていて、第二組合は彼のことを問題にしてくれない。第一組合と関東旅客自動車労組同盟が交渉してくれたが、ダメだった。

クビを言渡されてからの1カ月、毎日運転手控室に座って、出てゆく車を見送っていた。車がたとえ残っていても、乗せてもらえなかった。会社も意地になっていたようだ。こんなわけでこの1月25日、1万7千円の退職金をもらって、とうとうH社をやめた。

「ドレイです。つくづくいやになりました」こう嘆きながら職を探しているその彼のもとに「収監令状」が来た。2月中に罰金の残り6千円を払わなければ、労役に服さねばならぬ、という通知だ。——彼はまたどこかのタクシーで働くだろうか。

以上の話でわかるように、運転手にとっていちばんこわいのは「下車勤」だ。うまくやっているA級運転手はこういった——

「クラウンの新車で、きのう一日で430キロ走ったネ。水揚げ1万6百円。われながらガン張った。ところが驚いたことに、わたしの営業所で35台のクラウンの平均が1万29円。ボヤ

ボヤシちゃいられませんや。もしも3日つづけて平均を割ると、"下車勤"なんだからネ。毎日毎日、必死でさア。それでもわたしの会社は一流なんですからねェ」

ある会社では、水揚げが悪いと、営業係長、課長、部長、専務とつぎつぎにまわる。そこでいちいち訓示を聞かされ、「あすはガンバリます」と誓わせられる。これを運転手たちは別に"暁にいのる"とよんでいる。"ケッチング"というのもある。かせぎが悪いと、幹部が金を受け取ってくれぬ。いやがらせだ。「けとばされた」という言葉から"ケッチング"と変化したらしい。泣きついて受け取ってもらうが、じつにみじめな気持だそうだ。

こうみてくると、神風タクシーの原因はハッキリする。ノルマや水揚げ平均に追われ、乱暴なスピード運転をやらねばメシが食えぬようにできている。しかも運転手の方は年をとると勤まらぬ。お先マックラだから、いまのうちにすっ飛ばし、エントツもやって、かせげるだけかせげ、というタイプも多い。使うものも、使われるものも、双方の不信の上に成りたつ妙な経営だ。人命軽視を生むこんな経営法が、このまま放置されてよいものか。

「交通問題研究会」という心理学者の集まりがある。18日の集まりで、神風タクシーを生む会社のやり方が問題になった。「経営に立ち入っていろいろいうのは憲法違反だろうか」とメンバーの一教授がいった。警察庁の内海警ら交通課長が即座に答えた「とんでもない。憲法上やらなくてはいかんことだと思いますよ」その通りだ。そして、やるとすれば、それは運輸省陸運局と、労働省労働基準局の仕事である。

④ 「たよりない官庁　"ただいま調査中"──監督指導もお手あげの形」

タクシー運転手は、食うためには400キロ前後は走らねばならぬ。安全な制限速度をもし守ったとすると、関東旅客自動車労組同盟の計算で、せいぜい240キロ。東京陸運局の計算でも288キロだから、ゼッタイにスピード超過をしているのだ。映画の"地獄特急"ではあるまい

し、こんな無理を運転手に課するタクシー会社のやり方がまず第一の問題点。

そこで業界でも有力な経営者、日本交通の川鍋秋蔵社長の意見を聞いてみる。運転手から身を起した立志伝の人物、58歳だ。日本交通はハイヤー、タクシー、バス合せて916台、都内最大の会社で、タクシーは412台。先月の一台平均一日に走った距離は390キロ、一台当りの月間営業収入は30万円だった。

問　"神風タクシー"ということについてどうお考えですか──

「わしは"神風"の意味を最近まで知らんかったナ。景気がいいから世間で"神風"といっとるんかと思うてた。このところ好景気で運転手の収入もいい。衣食足って礼節を知る。運転手はとばしゃあせんよ。会社の信用にもかかわる。えッ？うちの運転手で一日に430キロ走ったって？（朝8時から夜の2時まで18時間、その間食事と休憩に2時間かかったとして、16で割ってみて）1時間26キロ余り、オーバーしておらんじゃないか」。ゴーストップで止まったり、客の乗り降りの時間は？　と聞くと返事はなかった。

問　では、ノルマに達しないと予備にするというやり方については──

「うちではやっていないネ。"平均までかせげ"とはいっとるがネ。わしントこは2千人以上も従業員がおるんだ。平均もかせげないものはルンペンみたいなもんだ。ルンペンやエントツをやる人間を雇っておいたんでは会社がたたん。わしントこは一流の労賃を払っている。アメリカでは機械に人が使われている。それでこそ企業ものびる。うちは固定給がいいんだ」社長はこう答える。

ノルマに達しなくとも予備にはしないというが、それより先に記者が取材のため街で乗った同社のタクシー運転手は「ノルマに達しないとたちまちですよ」と3人もいっている。固定給の方は、社長がいうように日交、大和、国際、

帝都の四大会社は中小タクシーにくらべてグッとよい。それでも日交の場合、歩合と固定給の比率はほぼ2対1、固定給は本採用で1万1千円だ。

　問　1台持ちの個人営業を認めたら、事故は減るでしょうか？

　「むかしのモーローになる。飯さえ食えればいいで、ボロボロのタクシーを使うだろ。客が迷惑だ」。そこで台数を10台にして無理せず、事故を起さず方針でやっている会社のことを話したら。「そんな人は向上心がないんだ」とのお答え。

　川鍋氏は、タクシーが猛烈に飛ばして、カミカゼは都民の恐怖となり、毎日、気の毒なギセイ者が出ていることもまるでご存知ないようである。一台で月間30万円かせがせる。そのためには一日に390キロも走らねばならぬ。川鍋氏にかぎらず、多くの経営者がこの現実を真剣に考えていない。もうかれば、それでいいのか。

　毎日、無数の交通惨事と違反を見ている警視庁の渡辺交通一課長は怒ったようにいう。「経営者が悪い。そういう経営者をほうっている監督官庁はナニをしているんだ、といいたいよ」

　では東京陸運局はどういうつもりなのか、杉本東京陸運局長は「たしかにタクシー業界の経営者の多くは前近代的感覚しか持ち合わせていない。労務管理などいいかげんだ。そこに問題がある」といいながら、いままで陸運局の監督や指導の及ばなかったことをアッサリ認めている。弁解の余地なし、といったふうの恐縮のていだった。

　説明のために局長室に呼ばれた山下監査係長はこういった。「なかには数年前の不景気の負債が残っている会社もあるが、もうかって仕方がないところもあるんです。組合のことでは組合側が相談に来たこともあるが、歩合のことでは当然来てしかるべきなのに一向来ませんね」。知っていても相談に来なければほうっておくのか、お役所というところはまったく、ノンビリしすぎたところだ。

　「毎日、運転手は400キロ走るそうです。これでは事故は当然ではありませんか」と聞いて見た。この役所の調査書にも、ちゃんと400キロ近い数字は出ている。その表を前に、両氏とも無言でまったくタヨリない。

　ややあって「昨年末にタクシー事業の経営の健全化通達を出しました」と弁解をはじめた。この20日までに事務所、営業所、車庫、整備施設ならびに厚生施設などを写真添付で、また給与体系など事業内容を細部にわたって報告させたはず、という。これで指導方針を立て、改善の意思のないものには行政処分でのぞむそうである。

　杉本局長は「経営者の心構えからかえてゆかねばならぬ。その時期に来た」といった。はなはだ遅まきだが、ほんとうにやってもらわねばならぬ。わたしたちは高い税金を払って、役人をノンビリ昼寝させておくほど余裕はないのだ。

　もう一つ、運転手の使い方を監督すべき労働基準局はどうしているのか。海老塚東京労働基準局長はこういった。「たしかに問題なんですヨ。3年ほど前から調査研究はやっています。ところが、現行の労働基準法によれば、労使が協定を結べば男子の場合、ある程度の長時間労働は許されています。タクシー会社の場合、1日おきの勤務でこのうちに入るわけです。固定給、歩合給の場合も労使双方の契約次第。仮眠所などについては私の役所で口も出せるが、カンジンのところはつけません。それに運転手の移動がはげしいので…」

　結局、東京陸運局の方で監督してくれなくちゃあ…というのが労働基準局のいいわけだった。ここもまた、"目下調査中"と法文の解釈で逃げる。疲れはてて眠りながら運転する"死のバク進"の運転手を、なんともできないとは、おどろくほかはない。

⑤「事故を防ぐには　個人営業認めよ——罰則強化、雇主連座の声も」

　警察庁の統計によると、去年一年間に、交通事故の犠牲になった人は、死亡7千5百人、負傷12万5千人。その9割が自動車による。4分間に1人、だれかがどこかで死んだり、けが

をしたりしている。

アメリカ国家安全会議発行の「事故の実体」1955年版でみると、日本では自動車1万台について65人死んでおり、アメリカの約10倍だ。日本より死亡率が高いのはドミニカとコロンビアだけ。人の命を粗末にする点では世界第3位といえる。パリのタクシーが早く走るのは有名だが、そのフランスでさえ、殺人率は日本の3分の1、1万台当り22人だ。

全国の主婦たちをふるえ上らせた"通り魔"桂正義が、殺しましたと自供したのが2人。毎日20人ずつ殺している自動車事故という名の"通り魔"はまだ捕まっていない。役所でも、つかまえようともしていなかった。

「ただいま調査中」と手をこまぬいているだけ。こんなことでいいのだろうか、とだれでも思う。では、神風運転をなくすにはどうしたらいいだろう。

第一に「罰則を強化せよ」という意見がある。いま人をひき殺しても運転手は業務上過失致死。3年以下の禁固でたいてい執行猶予がつく。もっと重くしたらというのだ。しかし、今までわたしたちが見てきたように、運転手だけを責めることはできない。

では、もっと会社を罰したらいいということになる。選挙違反同様、厳重な連座制をしけという人もある。運転手が人をひき殺したら、その雇い主もともに罰せよという意見である。

AP通信の記者に聞くと、アメリカでは人をひき殺して5万ドルの損害賠償というのがあった。もっと高い場合だってあろうという。日本の金で千8百万円だ。日本では自動車損害保険で認めている最高額が30万円。何とベラボウに安い生命ではないか。この連載記事の第1回「ひかれ損」を思い出していただきたい。日本では会社の事故係がモミ手で値切るだけ、入院代も払わぬ場合もある。殺されてはいくらもらっても合わないが、アメリカではこの"経済制裁"を強化して以来事故はめっきり減ったそうだ。日本の役所も考えてみたらどうか。

こんどは心理学者の意見だ。結城綿一北大教授は

「運転手の労働条件をよくすることが先決だ。そのため労組をもっと強く育てねばならない。御用組合は事故のもとだ」という。記者が調べたところでは、タクシー、ハイヤーで都内に313会社、運転手2万8千人、労働組合は80、組合員1万2千人、第二組合が3つ。組合をつくらず親ボク会みたいなものも数社ある。組合は少なく、あっても弱い。組合が弱いといって幹部をせめたら、その運転手はすぐクビになったり、組合幹部になれば次は営業所長のコースになるという有様。運転手の生活を守るにはほど遠い。

中村弘道東大教授は「固定給をふやせば事故は減る。警視庁の協力で運転手の心理テストをやってみたら、事故を起した連中は、例外なくノルマぎりぎりであせっていた」という。

児玉省日本女子大教授は「同じ心理テストで、知能検査をやってみた。事故を起した運転手には、粗暴、ウソつき、根気のなさといった共通性が出てくる。免許を与える時、適性検査をやったらずいぶん効果が上ると思う」と指摘した。タクシーばかりでなく、トラックやオート三輪、自家用車もふくめて考えるべきだ。

現在、会社や運転手を指導する機関がない。指導委員会というのがあって、年間4千万円の予算で、交通安全、事故防止のために働いているという。だが、これはエントツ防止を主とするお目付役にすぎない。運転手仲間では「神風指導委員会」と呼んでいる。

運転手の多くは「神風をなくすのは簡単だ。昔通り個人営業を認めなさい。自分の車なら絶対ムリをしないから」という。

この個人営業案には、現在の経営者はこぞって反対している。さきの、日本交通の川鍋社長の言葉でもわかる。現状のままの経営がいちばんもうかるからである。個人営業とは違うが一人1車がいいと主張する経営者が1人だけあった。この社長は「いまのやり方では車も人も疲れてしまう。一人に1つの車だと10カ月の車の寿命が2、3年もつ。運転手も隔日勤務でな

く、月のうち24、5日は勤務できるから、夜中までアクセク走らなくても生活出来るはずです」という。

　以上がカミカゼをなくすための代表的意見である。ひとつつけ加えたい。この連載の報告を書くため、記者たちが取材している間に、多くの運転手、関係者から聞かされた言葉の中にこういうのがあった。「現在の経営者が、タダでもらった営業用ナンバーが一台2百万円もしている。経営者はこんなにもうけている。運転手はムリなノルマを押しつけられ、あぶない運転もやらぬわけにいかない。それなのに運転手の自由営業は許可にならぬ。運輸省の役人の古手がタクシー会社の重役に天下ったり…これでは経営者を監督できないのはアタリマエだ。カングれば、経営者と運輸官僚と保守政党とがグルになっていやしないかという気までする…」

　これが単にカンぐりにすぎぬことをわたしたちはのぞみたい。そういう疑念さえ、国民の中にあるのだから、それを一掃するためにも、当局や経営者の至急な対策と猛省をのぞみたいのだ。――カミカゼは、いまこの瞬間も街頭を走り、どこかで、血まみれの人を出している！

（おわり）

第23章　新聞記事に見る個人タクシー営業認可問題

　昭和30年代に入ると世の中も徐々に落ち着いてき、後世からみると高度成長前夜となった社会情勢のなかで、タクシー業界においても個人タクシーの認可を求める声があがりはじめた。

　本章では、当時の世相とからめながら、新聞の記事に登場したこの個人タクシー認可問題を取り上げ、どのように展開していったかを明らかにしたい。

■「個人営業許したい・運輸相タクシー問題で語る」（東京朝日新聞昭和34年7月13日付）

　楢橋運輸相は関西、九州地方の運輸行政視察のため13日朝来阪、国鉄関西支社で、タクシーの個人営業問題について、次のように語った。「タクシーの個人営業問題は、その社会性からも取り上げるべき問題で、優良運転手はなんらかの状態で、個人営業させたい。運輸省としても、アメリカやヨーロッパの個人営業の現状を研究している。

　しかし、許可を待たずに白ナンバー・タクシーと、われわれが望む個人タクシーとは別問題だ。法の秩序を犯して走る車は取締るよう通達している。また現在、車を動かしている共済組合制度のタクシーは組合に加入している特定旅客を運ぶ、といっているが、実際には不特定多数の一般客を乗せている向きがあり、明らかに有償行為で違反だ。まじめな運転手が10年以上勤めても、ノルマ制などで、生活が楽にならないことは、私も知っている。既存業者の労務管理を検討して、この問題を解決したい。」

■「タクシー個人営業認める、技術、人物などで資格審査、運輸省で発表」（東京朝日新聞昭和34年8月12日付）

　運輸省は11日、かねて問題になっていた大都市におけるタクシーの個人営業を認めた。個人免許については特に経歴、技術、人物、準法精神などを重視して、相当高度の資格審査を行うというが、タクシー運転手たちにとって長年の夢とされていた個人営業もようやく日の目を見ることになったわけである。

　運輸省自動車局が個人営業について次の審査基準、免許後の指導方針などにつき同日発表したところに依ると、個人から申請が出された場合は道路運送法の規定を適用するほか、

1、タクシー運転に相当の経歴をもつこと
2、運転技術が優秀であること、特に過去に於いて大きな責任事故を起こしていないこと
3、順法精神にとんだ人物であること
4、相当程度の一般教養をもつこと
5、賠償能力のあること

などを充分に考慮するという。また免許は個人に免許するのだから、他人に事業を譲ったり、相続させたりすることや、もう一人別の運転者を雇い入れることを禁止するほか、1日の走行キロ、運転時間を規制する。これは現行のタクシーから換算して、1日8時間、180キロ程度になる見込みだという。楢橋運輸相談話、優良な運転手諸君に希望をもたせるためと、業界に新風を吹きこむねらいで、個人営業を認めるのが妥当だとの結論に達した。

　増車をめぐって間違いを起こさせぬよう事務局にも厳重に通達した。東京陸運事務所に対するタクシーの免許申請は11日までに2,251件、1万5千745台になっており、うち個人免許は1,884件となっている。東京陸運局は11日付けで、申請の締め切り日を9月10日とす

る旨、公示したが、これまで既存の業者の申請が1件も出されていないうえ、今後は個人の申請がどっと出される見通しなので、締切り日までには2万台を軽く超えるのではないかとみられた。

■「増車分を個人営業者へ、タクシー関東促進連盟が決議」（東京朝日新聞昭和34年8月17日付）

タクシー個人営業実現運動をしていた東京都江東区深川白河町4-2、関東旅客自動車自由営業促進連盟（神長実会長）は17日、午前10時から同区大島町の城東公会堂に会員およそ200人を集めて、大会を開き、新らしく増車する分2,800台を全部個人営業に廻すことなどを決議し、運輸省などに陳情した。

■「夢見るタクシー個人営業」（東京朝日新聞昭和34年6月29日付）

東京23区内のハイヤー、タクシーの増車問題は、来月7日の東京自動車運送協議会で大体の見通しがつくことになり長い間運転手仲間の夢であった個人営業許可はやっと日の目を見そうな形勢になった。

しかし「雲助タクシーの再現だ」といった反対論も少なくない。個人営業の過去とこれから当面しなければならない問題を眺めてみよう。昭和11年の統計によると、都内のハイヤー、タクシーは1万4千台で、業者は7千余、平均1人で2台持ちの個人営業者だった。現在「個人営業者を認めれば雲助タクシーがまたぞろ出てくる」と言っている。これら戦前の個人営業者出身者が多い。

雲助タクシーとは、昭和はじめの不況時代に力づくで客を奪い合ったり、客を見ては料金をボルと言ったタクシーで、この後が戦争時代の、ガソリン不足で昭和13年ごろから企業合同が始まり、何回かの統合の末、都区内の車は全部大和、日交、帝都、国際の4社にまとめられ、個人営業は消滅した。

多くの個人営業者は兵隊から帰ってみると、四大会社の一運転者に成り下がっていた。監督官庁も警視庁から運輸省にかわり、24年ころから新規に免許をとるものが出て来たが、この時も陸運局は「個人営業は4大会社と差がひどすぎる」とか「経済規模が小さくては安定性がない」とか言って、個人営業は認めず、持ち車10台以上の会社だけが認められた。

その後、国産車の出回りと共に新規免許業者は増えて、30年にはついに300社に増えた。

ところが、28年のころから景気は下り坂となったので、陸運局は自動車運送協議会の答申を受けて30年4月から新規免許と増車をストップし現在にいたった。

理論派と現実派と

タクシー運転手には夢がない。一流某社でも退職金は26、7年間勤めてたった6、70万円、しかし、退職金が出るのは良い方だ。都内のタクシー会社のうち総評系の関東旅客自動車労働組合同盟に属する労組があるのは40社だが、そこでさえ60社は退職金規定はおろか、労働協約さえない。人間の寿命が伸びて定年の年齢を引き上げようという時に、この業界では45歳に引き下げようという動きさえある。その反面、ある会社では株の配当が年4割だという。運転手の不安、いらだち、そんなものが、タクシー事故の大きな原因とわかったが、「夢」を実現させる方法が2つに分かれた。組織の中で、いまの労働条件を改善して行こうという労組の理論派。これに対して「それまで待てるかい」という「現実派」で、運転手間にも異論、こうしたいきさつで、生まれただけに個人営業は業者ばかりではないく、運転手仲間の一部からも攻撃を受けている。その理由は

1、ガソリン車を買うので高利の借金をする。その結果、運賃ダンピングで事故が増える。
2、個人営業になったら人に雇われずに1人だけでするというが、本人が長い病気になったらどうするのか。
3、タクシー労働者の組織力がようやく軌道に乗って来たというところなのに、個人営業への逃避は労働者の力を再び弱めることになる。

というのである。

これに対して、個人営業の申請を既に出した60近い或る運転手は「定年も過ぎて臨時でやると言われている私なんか、組合の人がいう理想論にはついて行けない」と言い「個人営業者の企業協同組合の形で、完全月給制の優秀な運転手をプールして、長期病欠の同業者を救うようにしては」と考え込んだ。

このように、個人営業の前途は必ずしも免許を貰うだけで開けるというものではないようだ。自動車運送協会の或る委員は、「まだ労組の力で夢を獲得できない現状では個人営業は当然認めるべきだ。しかし、もし免許になったら関係者のひとりひとりが真面目な工夫と、たゆまぬ努力を続けなければ駄目だ」と言っている。

■「個人タクシーに初免許、東京173人、走り出すのは10日すぎ」（東京朝日新聞昭和34年12月4日付）

東京陸運局は3日午後、タクシー個人営業の第1次免許を発表した。大都市における個人営業は戦後これが初めてである。最年少組の東京都豊島区長崎×-××［原文では実際の住所。以下同じ］、吉井一郎さん（40）から最年長、足立区栗原町××××、植村清さん（59）まで172人である。

同陸運局では別項のような運輸省の審査基準が本決まりとなる前から特に「40歳以上、優良マーク所持者」という高い水準の別ワクを決め、これに該当する1061人について先月5日から個別審査を急いでいたもの、第1次免許を受けた173人の平均年齢は47.4歳、2人を除き全部現役のタクシー運転手ばかり。5日朝9時半から免許証の交付式が行われる予定だが、実際に走り出すのは10日過ぎになる見込み。第2次審査はすでに行なわれているが、決定は来春になるようだ。

■『タクシー今昔物語』（城西個人タクシー事業協同組合発行）
序文　元運輸大臣　楢橋渡

タクシー程大衆と密接なる関係があって、又このくらい大衆の無関心なものはない。タクシーがもつ社会的貢献は、流通経済の大動脈を為し乍ら、その割に尊敬されない。

これは色々な点で露呈している。例えば運転者は労働問題の中心たる大都会の真ん中を走り乍らいち番組合も弱く、資本家の搾取に放任されている、と嘆いている。私が個人タクシーを許したのも、私が時々タクシーに乗ると、運転者の苦痛な「なげき」を度々聞いたからである。

「自分は戦前は2、3台の車をもって幸福にタクシー業をやっていたが、戦争態勢の為に企業整備に遭い、今はシガナイ運転者に転落し、ノルマ制度で1万円の水あげをしなければ、現場の監督から車に乗せない、と脅かされるし、車に乗せられなければ妻子を養うことが出来ない。走れ、走れで追いまくられてヘトヘトになった身体は家に帰って新聞を読む気力もない。眼が悪くなって齢をとれば首を切られて路頭に迷うより外ない。私たちの人生は灰色の世界だ」

私はこれを聞いて胸が痛くなった。此の私が昭和34年6月に運輸大臣となった。そこで私が個人タクシーを許そうと考えて、これを発表したが、猛烈な反対が各方面に起こった。一番驚いたのは労働者の味方たる社会党、民社党が猛烈な反対をしたことである。自民党の反対は判るが、社会党や民社党の反対は如何に自動車業者の手が廻っているか、を証明した様なものだ。この状態は本書の中に私の著書から抜粋しているから省略しよう。人間の社会は相身互いである。自己の苦しみは他人の苦しみをも理解せねばならぬ。即ち自己を愛し、未だ人を愛しないのは即ち自己を愛しないのである。そういう人はエゴイストとして孤独となるからである。今日巨大な資本力を有して大事業家となったタクシー業者の大半は運転者出身である。

或る者は不幸にして戦争の犠牲となって企業整備をされ、或る者は運よく整備を免れてトントン拍子に終戦後の恩恵に浴して巨大な資本家となった。これ等のタクシー業者は皇国の恩、社会の恩、労働の恩のお蔭である。これを考えたら、後輩、同輩のタクシー運転者にもノレンを分けてやる親心が欲しいのである。

私は最後の偉大さは、金でもなければ地位でもない。どれだけより多くの人を愛したかによって決まると信じている。これが神に通じる道である。「タクシー今昔物語」は珍しい本である。此の本によって社会から一番密接な関係のあるこの業が、人間疎外から人間の復帰する契機となるかも知れない。著者がコツコツ集めた貴重な文献は現象学の１頁を飾る役をなすものと私は信じている。

　以上のように、当時の個人タクシー認可を求める声は大きなうねりとなり、やがて役所や政治家をも動かして認可が実現されるに至った。その後現在に至るまで、個人営業はタクシー運転手となった者にとって大きな節目をなす目標となり、いまや多くの個人タクシー車が法人営業車に交じって見かけられるようになったのはご存じのとおりである。

個人タクシーに初免許

東京の百七十三人

走り出すのは十日すぎ

東京陸運局は三日午後、タクシー個人営業の第一次免許を発表した。大都市における個人営業は戦後これが初めてである。現年中組の東京都品川区長原町五ノ二八吉井一郎さん（七〇）を最年長、足立区栗原町二四〇柿村鉤さん（三一）まで百七十三人である。同陸運局では別項のような運輸省の審査基準が本きまりとなる前からとくに「四十歳以上、優良マーク所持者」という高い水準の器リワクを決め、これに該当する三千六百十一人について先月五日から個別審査を急いでいたもの。第一次免許をうけた百七十三人の平均年齢は四七・四歳、二人を除き全部現役のタクシー運転手ばかり。五日朝九時半から免許証の交付式が行なわれる予定だが、実際に走り出すのは十日すぎになる見込み。また、第二次審査はすでに行なわれているが、決定は来春になるようだ。

免許者発表に集まった人たち＝東京陸運局で

図23-1 「個人タクシーに初免許」を報じる新聞記事（東京朝日新聞昭和34年12月4日付）

第24章　話題になったタクシー運転手2題

高校の校長からタクシー運転手に転身した豊岡邦太郎氏

　以前タクシーに関する資料を集めていたとき、前の徳島県立池田高校校長・豊岡邦太郎氏が退職後タクシー運転手になられた、という読売新聞の記事を見つけた。「すがすがしい第二の人生」とご自身がおっしゃっており、ぜひ本書に収録したいと思って池田高校に電話してみたところ、ご本人はすでに亡くなられたとのことで、ご家族に連絡して掲載してもよいか伺ってみましょうとご便宜をはかって頂いた。

　間もなく、ご了解を得られたということで、お返事とともに生前のお写真を添えて送ってくださった。まことにありがたいことで、豊岡家のご家族、当時の三好章文同校校長、黒田善克同教頭のご厚意に感謝しつつ、以下に掲載させていただく次第である。

　■豊岡邦太郎（前池田高校校長）「校長からタクシー運転手に……すがすがしい第二の人生」（読売新聞昭和58年5月11日付）

　先ごろ高校野球界で夏、春2連覇を達成し日本一となった池田高校の蔦監督に改めて拍手をおくりたい。「僕から酒と野球をとったら何も残らない」と公言する彼は素朴な自然体の振る舞い、自分の感じたことを率直に語る純粋さを有している。純情な高校生を指導するには純情な教師が必要である。理論や技術ではなく、彼の人柄と人間味からでる生徒に実力以上のものを発揮させ、彼は郷土に素晴らしいプレゼントをした。たくさんの孝行息子を育て上げたうえは、もう一つ史上初の3連覇に挑んでほしい。

　高校野球は、今では全国民的なファンをもっている。それだけに人々に与える影響は大きい。個人的な能力以上にチームの団結力やムードが必要であり、精神力と技術と運が三位一体となった予測しがたい夢とロマンを秘めたスポーツである。努力や忍耐、自制心や協力、公明さや礼節等、今の若者に欠けている人間形成の要素を鍛えることのできる教育の場でもある。私も在任中、野球部生徒の態度や活躍を生きた教材として引用し、全校生徒を激励してきた。今後とも池田高校野球部と蔦監督の活躍を期待したい。

　ところで、昨年3月、定年退職をして一社会人となった私は現在、自由で、すがすがしい日々を送っている。背広やネクタイで身を包み、他人から職名で呼ばれ、人々に説教し、人々から批判され、建前論で保身して生活していたころとは全くことなり、解放された人生を楽しめる境地である。「職業に貴賤はない。教育者とは異質の職業が良い。あらゆる人と親しく接することの出来る仕事、老化防止のため神経と肉体を使う仕事、他人にできることで自分にできないことはない」等々と考えてタクシー運転手を志した。

　「過去にこだわって生きたくはない。未来を見詰めて生きて行きたい。私はお客様から愛される思いやりのある親切な運転手になりたい」と全校生徒に胸を張って宣言し、池田高校を去った。二種免許に挑戦し、悪戦苦闘の末、生徒への公約を実現するまでに6ヵ月かかった。人間は自分の地位や名誉にこだわらなければ、単純明快に世の中を渡っていけると悟っている。

　経済不況下にあって、タクシーの運転手も労働時間の割に報酬は少ない。水揚げをあせれば疲労と消耗もはげしく、事故を起こす可能性もある。それだけにタクシー運転手のマナーにつ

図 24-1　徳島県立池田高等学校と前校長・豊岡邦太郎氏

いてもしばしば批判を受けているが、業界のきびしい現実の中にあって、「お客様は神様である」との商法の基本に徹して、意識の変革をすべき時節だと考える。「遠距離を乗ってくれる乗客には喜んで応対するが、近距離の乗客には余り物を言いたくない」と本音を語る仲間もいるが、私は心の中で言い聞かせる。「近距離の乗客は乗る前から運転手の顔色をうかがい、「すみませんが……」と気を使ってくれる。こんなお客様にこそ語りかけて短時間でも楽しい思いをして頂きたい」と、一期一会とはそうありたいものだと考えている。お客様に緊張感を与えないように、相手に応じた言葉づかいを心掛けている。1人のお客さまには出来る限り、こちらから語りかけ、2人以上の場合には質問以外には口をはさまないよう気をつかっている。

夜の歓楽街の看板が客待ちの退屈をしのいでくれる。交錯する赤、青のネオンにも人世の哀歓がこめられている。出勤時には生き生きと輝いて見えるホステスさんも、午前零時を過ぎて、託児所から子供を引き取って帰宅する時は母としてぐったりしている様子である。みんな一生懸命に働いている。優しい言葉の一つもかけてもらいたいだろう。「ごくろう様でした、お休みなさい」と送り出す。青空のもと、さわやかな風に新緑の香りが漂う田舎道を快走する爽快さは格別である。

幻の黄綬褒章、無事故無違反50年の個人タクシー運転手・鯉島昭雄氏

鯉島氏は、筆者が国際自動車のハイヤー部、有楽町営業所に入社してたしか2年くらい経った頃にタクシー部から移籍してこられた人である。同じ新潟県の出身ということがわかって意気投合し、有楽町界隈で一緒に酒を飲んだ。しばらくして個人タクシー免許を得て退職していったが、毎年のOB会では旧交を温めていた。その彼が、50年間無事故無違反で黄綬褒章を受ける直前に、それを知らずに車輛を譲渡して廃業したので受賞を逸したという話を聞いた。

タクシー、ハイヤーの運転手で50年間無事故無違反などということは、とても考えられないことである。筆者が勤めていた会社では1年ごとに年間無事故の運転手を表彰して無事故賞を出していたが、筆者などハイヤーの運転手をやっていた20年間のうちに、2度しかもらったことがない。組合の有楽町支部長時代には毎月所長と事故審議会が行われた。起こした事故が、やむを得ないものか、運転手に責任があるのかを審議する場であり、ほとんどが外車で60台ほどの営業所であったが、毎月必ず2、3件の事故が審議の対象となった。ある時には6年間も無事故の優秀な運転手が1か月に2度も事故を起こして審議会にかけられたこともあり、所長と顔を見合わせるしかなかった記憶もある。ましてや、毎日毎晩200キロメ

ートルも乗客を乗せて都内を走り回るタクシー運転手が、50年間も無事故無違反などということは、とても信じがたい驚異的な記録である。

　以下は、鯉島氏自身に語ってもらった、運転手時代の回想と無事故無違反の秘訣、そして黄綬褒章を逃した顚末の次第である。現役の運転手諸氏や、今後運転手を志す若い方々の参考になればまことに幸いである。

　我がドライバー人生の始まりは、昭和37年（1962）、小さな運送業者の運転手からである。そして5年後の41年に東京の大手ハイタク、観光バス会社国際自動車株式会社にタクシー運転手として入社し、浅草営業所に配属された。

　この時代には朝鮮戦争が起こって、日本の経済界も好況で神武景気と言われた。タクシー界もその恩恵を受けて、初乗り料金が100円、お客が1万円札を出したが、つり銭がないと、「おつりは要らない、家族に何か買ってやりなさい」と驚くようなチップを頂戴したことも2度ほどあった。

　しかしその後、オイル・ショックなどが起こったが、一日の揚げ高は7千円ほどであった。幼稚園の児童が、100円玉を手に握りしめて1人で手を挙げて乗車して来たこともある。月給とは別に、1昼夜乗務するとチップが妻の母親が働いた日当よりも遥かに多く、勤務を終えて子供たちにお土産を買って帰り、喜ぶ顔を見るのが楽しみだった。私のタクシー時代は3年ほどであったが、その間にタクシー運転手は心身ともに重労働であり、危険なことを先輩や同僚の不幸な事故や交通違反、病気などで知らされるようになった。歩合給の多い給料は事故や病気などがあると即収入の減少、生活苦につながる。

　新人のうちは担当者のスペアーという身分で、スペアー時代はいずれもポンコツ車両で、故障は日常茶飯事、特に某社製造の車は配線系統及びデフの故障が多く、乗務員泣かせで、そのため一日乗務に付き100円のポンコツ手当が支給されたほどであった。心身ともに重労働ではあったが、無事故、無違反で働けば、普通のサラリーマンの7倍ほどの高収入があったからそれが魅力でもあった。仲間で個人タクシーをやる者が増えて、私も将来は個人タクシーをやろうという希望を持っていた。

　私は新潟県の小さな農家の生まれで、小学校、中学校までは一応卒業したが、読み書きそろばんはまったく駄目であったから、運転手を天職と思っていた。子供も4人になって、事故も少なく、給料も比較的安定していたハイヤー部に配置転換を希望した。ハイヤーのお客は一流企業の重役がほとんどで、安全運転に徹することが出来ると考えたからである。昭和44年（1969）にハイヤー部の有楽町営業所に移籍した。それから約10年間、ハイヤーの運転をしながら個人タクシーの目標に向かって勉強に努めた。無事故、無違反に心掛け、道路運送法や関係法令集、地理の勉強に励んだ。妻は勿論よき協力者で幼児を抱えながら組合支部、車庫探しなどをしてくれた。明け番の日には仮眠室が私の勉強場所であった。

　準備万端整って、昭和52年（1977）5月、念願の個人タクシー免許試験に挑戦した。その時の受験者は176名、合格者は24人であった。合格率が極めて低かったが、落ちて元々と挑戦した。地理試験問題を見て驚いた。この試験問題はいったい誰が作成したのか理解に苦しむほどの出題もあった。恐らく実際にタクシー経験のない者が作成したことは歴然としていた。東京では、当時町名の変更が随所にあり、今までの地図でお客さまとのトラブルを避ける為の処置として、国土交通省監修の地図を根拠として作成された問題が出るのではなかろうかと予想して勉強したことが役に立って合格した。

　あれから五十数年、気が付いたら孫5人、祖孫4人（1人死産）、合わせて8人となり、この間の運転は、常に「薄氷を踏むが如し」の運転であった。私は家族を守る一念の小心者であったため、自動車の運転が好きではなかった。車を運転していて楽しかった事など一日もなかった。常に、車庫に帰るまで、真剣勝負であり、気を抜くことはなかった。

　個人タクシーの免許取得後に購入した第1号

図24-2　鯉島昭雄氏（2014年、国土交通大臣賞受賞時）

車両は、3年ほど乗ると故障が多くなって新車を購入しなければ営業に支障をきたしたが［タクシーは使用が激しいので、昭和46年頃までは2年程使用すると新車を購入しなければならなかった。例えば国際自動車株式会社の例でも、使用期間を2年と労使間で協定していたが、46年（1971）に会社が使用中の車両は2年6か月間に、新車は3年に延長しようとしたが、労使紛糾して合意に至らなかった。その後使用期間3年間に合意したのは51年（1976）であった。その際もカー・クーラーを取り付ける条件をつけて合意している──筆者註］、平成8年（1996）頃から購入した車両は性能が良くなり故障がなくなった。その車両には12年間も無故障で乗務した（消耗品は除く）。車両メーカーの改良努力には本当に感謝した。これも無事故に大いに関係している。が、逆に車の性能が良くなったためにスピードを出して、事故多発する者もいる。特にお客さまを降ろした後のスピード運転が危険である。

あれから50年、タクシーも大きく変化して、今ではとても無事故、無違反などは及びもつかない状態になってしまった。それは、警視庁によるタクシー取締り（目の仇作戦）の影響が大きい。特に停車禁止場所違反というのがある。標識は無く路面に赤く塗装しているが、これが最近の禁止標識である。だが、夜間や暗い箇所及び雨で路面上が濡れている箇所の赤色は識別できない。それにもかかわらず私服警官が常に7人から10人編成で取締りをしている。お客様はそんなことは感知なし、降りたい所で指示される。ドアを開けないとドア・ロックを外して勝手に降りて行く人がいるが、その場で運転手は御用になる。最近では盛り場を避けて営業するタクシーが多くなっている為め、盛り場がタクシー不足の現象も起きている。各ドライバー諸氏は「君子危うきに近寄らず」である。

私も既に老人。東京の街は広く、駅は地下鉄を含めて1,000か所以上あるが、その地下鉄駅の建物は出入り口が目立たない。またホテル（ビジネス・ホテル含む）も30年くらい前からやたらに増えて、貸しビルの中にもホテルがあるようになった。また看板が無く、あっても横文字である。一方通行、進入禁止、右折左折禁止、時間帯での通行禁止など、とても覚えきれるものではない。この様な時はカーナビで対応しているが、地方からのお客様には評判が悪い。お客様曰く「札幌市から来たんだが、札幌のタクシー運転手さんは市内のホテルを知らない者はいないが、東京のタクシー運転手さんは、ホテルの名を言っても首をかしげる人が多いね」と苦情があるが、万以上にも増えた簡易ホテルなど、とても覚えられないですよ、といちいち説明するのも面倒である。

また、不況のためばかりではなく乗客が減少した。それは電車やバスなどの交通機関が発達したことも原因である。電車は私鉄と地下鉄が

連絡して、乗り換えなしで相当遠くまで行けるようになった。しかも停滞もなく時間が正確で、安全である。バスは路線を増やしたり、シルバーバスを運行して、東京都内だけでなく、他の府県でも老人は無料の制度を取り入れた地区もあるようになった。地方のバスは停留所以外でも乗り降り自由などと利用者の利便性を重視したサービスを展開している。

こうした業界に、私はとても付いて行けなくなった。平成26年7月31日で73歳となり、個人タクシーを廃業した。この間無事故、無違反、道路運送法などにも一切違反せず無事に引退出来たことに感謝している。

ただ残念なことが一つある。今年秋の叙勲に私が黄綬褒章の候補になっていたそうだが、知らなかったので、譲渡、譲受け契約を交わして廃業してしまった。その後で通知が来たのである。社団法人個人タクシー協会の規約では「受賞者は受賞日までその事業を継続しなければならない」と規定されているという。3ヶ月早く廃業したのだから仕方がない。残念ながら受賞を逸した。

ちなみにこれまでに鯉島氏が受賞した賞状は、国土交通省関係、財団法人全日本交通安全協会、警視庁関係、財団法人東京タクシーセンター、全国個人タクシー事業連合会、社団法人全国個人タクシー協会、東京都個人タクシー協同組合、社団法人東京都個人タクシー協同組合、東京都個人タクシー交通共済組合、東京都個人タクシー協同組合葛飾第二支部、葛飾第二支部無事故、無違反表彰など実に76にのぼっている。

第25章　筆者のタクシー自動車史研究余滴
——結びにかえて

　本書を締めくくるにあたり、本章では、かつて筆者が業界紙『トラモンド』に執筆した数編のエッセイを紹介したい。今からおよそ20年ないし15年前のものであり、現在とは世相もタクシーをめぐる社会状況も異なってはいるが、40年にわたる筆者のタクシー自動車史研究の一里塚であり、思うところを汲み取っていただければ幸いである。

「タクシーの日」（『トラモンド』1998年9月3日号）

　今年は、わが国に自動車が出現してからちょうど100年目にあたるので、トヨタ博物館では特別展を開催した。筆者も招待されて名古屋に出掛けた。地下鉄藤が丘駅前には例によって「8月5日はタクシーの日」と書いたワッペンを窓に貼ったタクシーが、ずらりと客待ちをしていた。

　筆者はこの8月5日がタクシーの日というのが気にかかってしかたがない。というのは、タクシーが東京有楽町で初めて営業を開始したのは大正元年8月15日であるし、そのタクシー会社が設立されたのは明治45年7月10日だからである。少なくとも「タクシーの日」と銘打って宣伝するからには、会社が設立された日か、或いは営業を開始した日でなければ意味がない。いったい、どういう根拠から8月5日に決めたのだろうか。何年か前になるが、朝日新聞の8月5日付「天声人語」欄に、「東京旅客自動車協会によると、辻待ち自動車の広告を出した会社が、フォード6台で発足したのが8月5日なので、それをタクシーの始まりと見立てたのだという」と書いていた。

　で、『東旅協30年史』を見ると、「大正元年8月5日、有楽町の数寄屋橋畔に資本金50円［これは50万円の印刷ミスと思われる］のタクシー自動車株式会社が設立されて、8月15日から営業を開始した」となっている。ということは、東旅協では8月5日は営業を開始した日ではなく、タクシー会社が設立された日と認識しているようである。しかし、タクシー自動車株式会社が設立の申請を警視庁に出したのは明治44年11月28日で、認可されたのが同年12月16日付、そして新橋俱楽部において設立総会が開かれたのは明治45年（1912）7月10日で、その総会の決議で本社を有楽町3丁目1番地、資本金50万円、1株50円、払込み12円50銭の株式会社が設立された。さっそく営業を開始する筈であったが、7月20日、宮内省が天皇陛下［大正天皇］の病状が重体と発表、7月30日に崩御された。そのため国民は喪に服し、タクシー会社も開業を延期して、8月15日から営業を開始した。

　岩波書店が発行した『近代日本綜合年表』にも「明治45年7月10日有楽町にタクシー自動車株式会社が設立され、8月15日新橋駅に3台、上野駅に2台、本社に1台を配備、営業開始」と書いている。

　つまり、東旅協の「タクシーの日」というのは、タクシー会社の設立日でもなければ、営業開始日でもないことになる。昭和60年（1985）に東旅協が「タクシーの日」を制定した時の「東京交通新聞」には、「きょう8月5日はタクシーの日、大正元年のこの日、有楽町の数寄屋橋際（現在の有楽町マリオンの地点）にタクシー自動車株式会社がT型フォード6台にタクシー・メーター機を取り付け営業を開始したが、タク界はこの日をタクシー記念日として鉄道記念日や航空記念日と並び種々のキャンペーンを実施、利用者とのコミュニケーションを図る」と述べ、イベントの目玉として、銀座の日産ギャラリーでパネルを展

示、特別記念行事として交通遺児を励ます募金の贈呈式が行われ、東旅協の新倉尚文会長から500万円が交通遺児育英会に贈られる」と報道している。

その後、毎年全国的に8月5日が来ると記念行事を行っているのに、記念日を変更するのは大変なことだろうが、来年からはぜひ会社設立日か営業開始日に改めてもらいたいものである。

　　　　　[『近代日本綜合年表』に関する記述は
　　　　　　今回の収録にあたって加筆]

「前者の轍を踏む」(『トラモンド』1998年10月5日号)

過去を振り返って、少なくとも2度とあんなことは繰り返したくない、ということがある。タクシー業界でいえば昭和初年の「円タク」時代がそれである。しかし、最近の自由化の動きを見ていると、やれ市場原理の導入だの、活性化のための優勝劣敗だの、料金値下げだの、企業内個人タクシーだのと、「円タク」時代を思い出さずにはいられない。

業界の近代化や世間並みの労働条件など爪の垢ほども問題にされなくなった。また労働組合の弱体化で、心ある者たちがいくら反対しても火の手はどんどん拡大して行くのも、これまた、かつての円タク時代に経験したことである。

大正13年(1924)6月27日、大阪市南区宗右衛門町に設立された「均一タクシー自動車株式会社」が始めた旧市内1円均一タクシーは、あっという間に関西各地に広がった。しかし、わずか3年後には、もう業界紙が「タクシーの本質から言えば不合理なもので、そればかりか、円タクの実施後は前述の如く弊害多く、業者も運転手も競争の結果、疲労困憊の極に達し、これが改善策を講じなければ今や都市交通文化の表徴たるタクシーの発達を阻害する憂いあり、これが対策を審議し、その改善が実現するのも間近いであろう」と数々の弊害を指摘して論評している。

しかし、気が付いた時にはもう手遅れで、自縄自縛どうにもならなくなっていた。東京にも円タクが進出する兆しが見えたので、東京自動車業組合が「反円タク」運動を展開し、料金協定によって阻止しようとしたが、国の政策的に何の規制もなかったから、新たに円タクを始める者が続出して、洪水のような濁流を食い止めることはできなかった。

近ごろ、「企業内個人タクシー」と称するものが現れたが、これも、すでに大正11年に東京麹町区内幸町に設立された小型自動車株式会社が始めたもので、当時は「変態的相互組織」と言われた。円タク時代には料金だけでなく、営業形態もまちまちで、個人経営や会社組織のほかに、変態的個人経営や車庫営業、労使混合経営、相互経営、変態的相互経営、など7種類もあって、その実態は業界ですら把握できないほど複雑だった。

振り返って、戦後わが国のタクシー業界と運輸省が行ってきた、規制政策は、多少の批判はあったにしろ、少なくとも円タクの二の舞だけはしたくない、という歴史に学ぶ賢明さはあった。自由化賛成論者は規制政策を古典的と言うが、タクシーは本質的に個人主義的になりやすく、自制が難しい業種である。ちょっと規制を緩和しただけで、もう円タク時代に舞い戻る兆しが、あちこちに見え始めている。規制なく自制なきタクシー業界の行く手が心配である。

「運転手派遣業」(『トラモンド』1998年11月2日号)

東京に本社や支社を置く大手企業は、たいてい7台から10台ほどの社用車をもっていたが、重役たちが会合や営業上の接待などで帰りが遅くなることが多い。それを待っている運転手の深夜に及ぶ長時間労働の労務管理や、残業手当などで高給になってしまうことなどから問題になった。そこで、昭和53年頃から社用車を廃止してハイヤーに切り替える企業が続出して、ハイヤーはそうした「派遣専属」の需要が急増した。

ちょうどタクシーの無線化が進んだ時期で、夜間の仕事を無線タクシーに奪われて苦境に陥っていたハイヤーにとって、これはまさに干天の慈雨であった。ところが、今度はこの分野に「運転手派遣業」が現れた。ハイヤー業界では白ナンバーでの運送事業は道路交通法違反だとして運輸省に申し入れたが、労働省では自動車が持ち込みでな

く、お客の会社が所有するならば、運転技術者の派遣で、違法には当たらない、と主張して、結局「自家用自動車管理事業」として、派遣された運転手の実態を調査もせずに合法だという見解で意見が別れた。しかし、自家用車を廃止した会社が再び自家用車を所有するという矛盾と前記のような派遣の動機から、派遣された運転手の労務管理や賃金管理がまったく派遣された運転手にまかせているといった実態で、違法なものである。

ところで、歴史的に見ると、この運転手派遣業のルーツは古く、明治時代末にすでに行われている。明治44年（1911）に三井物産機械部が自動車販売をはじめた（現・株式会社ヤナセの前身）。しかし、自動車を販売するには運転手を世話しなければならなかった時代で、運転手がいない。整備や修理をする者もいなかった。そこで、物産では国産車第1号の製作者吉田真太郎の吉田商店に運転手と自動車の整備、販売を委託したのである。委託された吉田氏は物産機械部の中に「自動車運転士同志会」をつくり、そこで運転手の養成機関を設けて運転手希望者を募集した。自動車教習所のはじまりである。応募資格は中学校卒業以上の学力ある者で、修業期間は6ヶ月だった。

同志会では会員や免許をとった者を東京府庁はじめ、三井物産、日本製鋼所、芝浦製作所、服部時計店服部金太郎家、山本達雄家などに派遣した。派遣条件は運転士が1日（10時間勤務）3円（弁当持参）。勤務時間外の臨時早出、遅引き（残業）は別途請求する。心付は直接本人に渡さず、会を通して会から本人に渡すなど、12項目にわたる約款を取り交わしている。また派遣した運転手の給料は月給制で、1等から3等まで3階級に分け、3年以上の経験ある者は40円以上50円までと当時としてはかなり高給であった。

「東京のハイ・タク運転手」（『トラモンド』1998年12月7日号）

東京都内のハイ・タク会社に入り、初めてハンドルを握った運転手が、まず苦労するのは地理である。東京とその首都圏がいかに乱雑に広がり、道路が無計画につくられているかをつくづく実感させられる。夜の銀座が良客の宝庫だといっても、そこに乗り入れる自信がつくまでには相当の経験が必要である。乗り込んだお客から、世田谷のどこそこ、練馬のどこそこと言われて、「はい承知しました」と、コースを頭に描いて、即座に走り出せるまでには、少なくともタクシーで3年、ハイヤーなら5年は必要であろう。いや、それくらいでは未だ不安である。走り出しながら、高速道路の入り口はどこか、高速を出てから右折して、あそこの道は一方通行だから、その先を左折して、……と頭の中のカーナビを縦横無尽に働かせる。前後左右の車に注意をはらい、信号機の3色の変化を読みながら、うしろ座席の乗客の言動、挙動に神経をとがらせる。

筆者など東京の下町に30年も住んでいて、トラックの経験もかなり長かったのに、ハイヤーのハンドルを握った途端にズブの素人に転落した。ハイヤーのお客で下町に住んでいる人など500人に1人もいなかったのである。これには驚き、またまいってしまった。未経験のタクシー運転手に、いきなり「流し」は出来ない。最初は駅待ちして、お客を降ろしたらまた元の駅前に戻るしかない。たまに下町で山の手方面のお客を乗せてもお客を降ろしたら、さっさと元の下町に戻ることになる。稼ぎの効率は悪いが、お客をのせた途端に「この辺は初めてなもので、どう行ったらいいんでしょうか」ではプロとして情けないし、だいいち事故の危険も高いからである。

東京に進出したエム・ケー・タクシーが運転手を150人採用したが、そのうち127人が素人の一種免許所持者で、二種免許を取らせたり、講習するなどに2,583万円かかり、予定の総人員235人の運転手を確保するまでに4,047万円かかるということであった。国際ハイヤーが藤田観光自動車（資本金3億2,300万円、バス68台を含め総台数536台）を買収したが、一度に1,054人ものベテラン運転手を獲得した点からみて、新規営業に比べて買収のほうがはるかに安上がりのようである。

最近は、なんでもかんでも規制緩和で二種免許を取りやすくしろとか、一種免許でハイ・タクの運転が出来るように改定しろ、とかいう規制緩和論者も現れている。心ある労働組合が必死になっ

て抵抗しているが、優良な運転手の養成には時間と金がかかるのである。

「起こし屋」（『トラモンド』2003年8月15日号）

一口に、ハイヤーと言っても地方と東京では営業形態が全く違う。東京のハイヤー運転手は原則として2日間会社に拘束されて明け、公休という1か月14日から15日出番勤務という変則的な労働である。

2日間会社に拘束されるのは、郊外に住んでいる会社の重役を早朝迎えに行くとか、テレビの早朝番組に出演する人を局に送り届けるとか、ゴルフに行く人を迎えに行くとか、そういった翌朝出庫の早いリザーブ仕事があるからである。

お客の大半は一流企業の重役であるから特に仕事のミスは許されない。「アルバイトの起こし屋が寝すごしてしまいまして」とか「手違いがあって遅れます」などという言い訳は通用しない。信用を落とすことはハイヤー会社にとって致命的である。

そこで、運転手は1日の勤務を終えたあと、翌日のリザーブ仕事を貰ったあと、風呂に入って寝るわけだが、大部屋の寝室には何十人も寝ていて、中には大いびきをかいたり、歯ぎしりする者もいて、神経質な運転手はそれが気になってなかなか寝つかれず、翌日の仕事に差し障る者もいる。そこで、安眠できるようにと、最近はカプセル・ホテルにヒントを得て、寝室を改造してカプセルを導入する会社も出てきた。

そういうことから、出庫時間に間にあわせるように、運転手を起こす専門職が必要になる。つまり「起こし屋」である。起こし屋は10分、15分刻みに、順次出庫する運転手を起こして行くのだが、或る日学生アルバイトの起こし屋が、昼間の勉強の疲れで、ウトウトやってしまい起こし忘れる事件が起こった。さあ大変である。お客に「今朝は学生アルバイトが起こし忘れたもので……」などという言い訳は通用しない。

この事件があってから、会社では、仕事の重要性を認識している者でなければ、ということで、会社を定年退職した運転手を起こし屋に採用するようになった。

「駕籠に乗る人、かつぐ人、そのまたワラジを作る人」という言葉がある。ハイヤーに乗る人が要職なら、その人を乗せる運転手も要職であり、その運転手を起こす「起こし屋」も要職である。起こし屋がミスると運転手がミスり、運転手がミスれば重役もミスることになる。世の中はそういう連鎖的な構造になっている。

起こし屋は芝居の「黒子」同様ハイヤーを支える影の要職であるが、あまりにも特殊なために、交通界の通人でもその存在を知って居る人はほとんど居ない。

「雲助裁判とわたし」（『トラモンド』2003年9月1日号）

いまから4年ほど前に為るが、強盗殺人で起訴された元タクシー乗務員に、京都地裁の裁判官が、その判決理由の中で「一般論で言えば、タクシー乗務員には雲助まがいの者や、賭け事などで借財を抱えた者が見受けられる」と明記したことから、ハイタク業界や労組側から厳重抗議される事件が起こった。この件はトラモンド紙にも取り上げられたから、今でも記憶されている方が多いと思うが、実は私が自動車史の研究を始めたのは昭和52年に起こった「雲助裁判」がきっかけであった。後者の雲助裁判は、当時関西漫才界の人気者だった横山やすしが、奥さんと同乗したタクシー内で、酔っていたとはいえ、「お前ら今でこそ運転手と呼ばれとるが昔で言えばカゴかき雲助やないか、人間づらしとるが、わいは人間並みには扱わへん」と長時間にわたって暴言を吐いたことから、運転手の池田さんに告訴されたものである。

はじめ池田さんが地検に侮辱罪で告訴したが、地検では「タクシーという密室内でのことであり、公然性に欠ける」として不起訴になった。池田さんは納得せず、地裁に45万円の慰謝料を要求する民事裁判を起こした。しかし、地裁でも「金で賠償するほど名誉を傷つけられたことにはならない」と却下された。池田さんは納得せず、今度は弁護士を頼んで高裁に控訴した。結果、高裁では「いわれなく池田運転手を誹謗侮辱した」として、横山やすしに10万円の慰謝料支払いを

命じた。

当時、わたしは東京のある大手ハイヤー会社の乗務員をしていたので、わがことのように憤慨した。それは横山やすしは勿論だが、地裁の裁判官のタクシー運転手という職業に対する無理解に対してであった。走る凶器といわれるような危険な自動車を運転して、しかも高速道路を運転中に、人非人とののしられた池田さんの心理状態を考えたら、大きな事故を起こさなかったのが不思議なくらいである。

憤慨する一方、考えてみると、わたし自身、雲助という交通労働者を漠然と知っているだけで、本当はどんな人達だったのかについて、ほとんど知識がなかった。それから、私は国会図書館に通って雲助に関する本をあさった。田中丘隅の『民間省要』、丸山雍成の『近世宿駅の基礎研究』、樋口雪湖の『江戸時代の交通文化』、田村栄太郎の『一揆、雲助、博徒』をはじめ江戸時代の交通史を片っ端から読んでみた。そして、雲助と人力車夫やタクシー乗務員との類似性について調査した。そして『街道筋に生きた男たち』という本を自費出版した。これがわたしの自動車史の研究に入る第一歩となった。いまは亡き、むちゃくちゃな男、横山やすしが「雲助事件」を起こさなかったら、今日のわたしはなかったかもしれない。

「雲助を生んだ政治の欠陥」（『トラモンド』2003年9月15日号）

前号で、横山やすしの雲助裁判や裁判官の判決文について述べた。タクシー乗務員はいまだに世間から雲助視されがちである。では何故、江戸時代のような封建制度の厳しかった時代に、雲助のような自由気ままな交通労働者が生まれ、幕府がその無法を許したのだろうか。雲助の「助」は助郷の助である。つまり浮雲のような助郷さん、という意味である。参勤交代によってできた助郷制度の欠陥を穴埋めするために生まれた交通労働者が雲助である。参勤交代があるのは農繁期で、その農繁期に百姓たちに馬を出せ、農民を出せという地方大名や公用者たちの無理な要求に、やむなく馬や農民を使役に出す代行として、臨時雇いの雲助が生まれた。

ここで詳しく雲助制度について語るつもりはないが、つまり雲助は幕府の交通政策の欠陥が生んだ申し子である。田中丘隅は『民間省要』の中で、雲助について次のように書いている。「およそ、百姓の農の時と往還のかせぎ盛んな時節同じきが故に、往還も渋り、馬駕籠に事欠くの節に、天これを助けて古今雲助の種類を残し、何れの国、何れの所と言うことなく、それぞれに事を勤めしむるこそ有難けれ」「これも国家の調法なり」と、雲助を有り難い国家の調法者と述べている。幕府の交通政策の欠陥が生んだ調法者だったから、幕府もこれを厳しくは取締まって根絶させるわけにいかなかった。

今日でも、政府のハイタク政策に欠陥があれば、雲助乗務員は生まれる。仕事そのものが、ツイタ、ツカナイの運、不運に左右される丁半稼業であることは今も昔も変わっていない。私が大手のハイヤー会社に入った頃は、基本給が大部分で、ボーナスも世間並みであった。労働省の2・9通達が出たばかりで、労働組合もしっかりしていて、労働環境の改善、生涯労働のできる労働条件を会社に要求した。

政府に対しても労使が一体となってその向上、乗客に対する優良なサービスの提供を名目として運賃の改定を認めさせてきたのである。それらはすべてハイタク業界が、そして乗務員が世間から「雲助稼業」とののしられないための至当な改善要求であり、認可であった。わたしたちも、一流ハイタク会社の乗務員であることに誇りをもっていたし、世間も雲助稼業とはみなさなかったと自負している。

いまや、それら総てが時代錯誤だ、護衛船団だとされて、規制緩和、自由化という錦の御旗の前にひれ伏してしまい、暗黒の円タク時代に舞い戻ってしまった。タクシー事業の良し悪しは乗務員の良し悪しにかかっている。優良な乗務員、良質なサービスはもっともである。しかし、乗務員に衣食住を足らさないで、礼節だけを要求するのは無理である。

「運転手という職業にプライドを」(『トラモンド』2003年12月18日号)

　昭和43年に私は東京のある大手ハイヤー会社の運転手になった。毎日が実に楽しく、私の性格に向いていることを悟った。自分に向いた職業、楽しく働ける職業というものはそうざらにあるものではない。それなのに何故か仲間のほとんどが自分の職業にプライドを持っていない。自分で自分の職業を卑下してしまっている者が多い。

　この点は意識革命が必要であり、そうするには運転手の地位向上が不可欠であることを感じて、労働運動にも精を出した。そんなある日、国会図書館で古い新聞を見て居て、運転手という呼び名は先人たちのプライドによって勝ち取ったものであることを知った。

　鉄道では、開業当時から明治31年(1898)まで、機関車を運転する人を「運転方」、「機関方」と呼んでいた。「方」は職業名で、室町時代には建築、土木をつかさどる者を「作事方」と呼び、江戸時代には道中奉行の配下に「道中方」があった。田中眞紀子氏が外務大臣のとき、よく「事務方」という言葉を使っていたが、外務省ではまだこの言葉が残っているようだ。明治時代になって、鉄道が敷設されると外国人技師が運転した。彼等の月給は280円と高額だったが、明治12年4月から日本人の運転方が誕生すると、その給料は日給で66銭6厘、月給にして17円たらずと外国人運転方とは雲泥の差になった。運転方はつまり「土方」や「馬方」と同様に処遇され、何と職場での待遇も最下等の扱いになった。

　日清戦争時には軍人や軍需品の輸送で昼夜を問わず活躍したにもかかわらず、戦後の論功行賞から運転方だけは、まったく除外されたので、運転方たちの不満はついに爆発して、当時最大の鉄道だった日本鉄道会社の運転方たちは明治31年2月、東京＝青森間の列車を全線ストップさせるストライキを起こした。鉄道史に残る日本最初のストライキであった。

　彼らが会社に付きつけた要求は3つあった。第1は職種に見合った待遇改善。第2は臨時増給。第3は機関方を機関手、運転方を「運転手」と呼ぶこと、の3点だった。

　要求書の中で彼等は次のように述べている。「余等これ文明の利器たる運転技手たり、我々の一挙一動は会社の信用、会社の利害にかゝわる責任重大なり、責任に従う名誉即ち書記同等の待遇を受けることは当然なり」と主張した。会社側の弾圧、警察の介入など経営者側の対抗処置は厳しかったが、結果はストライキ側の全面勝利に終わり、以来、運転方は「運転手」、機関方は「機関手」と呼ばれるようになり、書記、地方駅長並みの3等役員としての待遇を勝ち取った。

　運転手という呼び名は、ストライキによって勝ち取ったプライドある呼び名である。運転手は常にこの気概を持っていたいものである。

あとがき

　タクシー自動車史は私の自動車史研究の原点である。私は自営の運送業を解散してから国際自動車株式会社ハイヤー部に運転手として入社し、有楽町営業所に配属された。当時会社にはハイヤー1,000台、タクシー1,000台、観光バス150台ほどがあり、さらに自動車学校、ガソリン・スタンドなども数か所あって、日本交通株式会社と1、2を争う業界のトップ企業であった。

　ちょうど私が入社する前年に、当時の労働省から「自動車運転者の労働時間改善基準」（いわゆる29通達）が出され、労働運動も活発で、私は組合の支部長、中央委員に選ばれて、ハイヤー、タクシー、観光バス従業員の労働条件の向上に夢中になった。会社も東京オリンピック後の不況から脱して、国民総生産が自由世界第2位になるという産業界の好景気を反映して、増車、同業会社買収、企業合同、そして増資を繰り返していたので、労働組合の要求にもある程度余裕をもって応じた時代である。

　ハイヤーの運転手という職業は、私にとってまったく未知の職業であった。お客は我が国の経済を左右するような超一流企業の重役たちばかりであり、乗務する車も、フォードやシボレーはもとよりプリマス、ダッジ、キャデラック、ベンツなど外車ばかり。トラックしか運転したことのない私は、運転はもとより、都内の地理もわからないという状態で、入社当時は失敗談に事欠かなかったが、それもまた営業所内の話題になって、毎日が実に楽しく、充実したものであった。大袈裟な言い方ではなく、これは神様が「お前はハイヤーの運転手になれ」とする"天命"と感じたものである。

　石川啄木の歌に
　　こころよく　我にはたらく仕事あれ　それを仕遂げて　死なむと思ふ
という歌があるが、ハイヤー運転手こそ私の天職だと思う毎日だった。そんな時、関西の人気漫才師横山やすしが、酒に酔っての上とはいえ、深夜奥さんと同乗したタクシーの運転手が、高速料金を立て替えたことから口論となった。いわゆる「雲助裁判」であり、当時大いに話題になった。

　この事件がきっかけで、私は「雲助」という江戸時代の交通労働者について調べてみたり、明け番の日や公休日には国会図書館に通い、雲助労働者について研究した。しかし、さすがの国会図書館にも雲助に関する本などなかなか見つからなかった。やっと川崎宿の名主で、問屋場を経営していた田中丘隅という人が書いた「民間省要」という本が見つかったのである。この本は、当時関東地方御用掛だった大岡越前守忠相を通じて将軍徳川吉宗の知るところとなって、享保8年（1723）丘隅は将軍吉宗に農政、民政の講義をした、という本であった。

　丘隅はその中で雲助について次のように述べている。
　「重き荷を負いて寒き風情もなし、不断色能く打ち笑ふうちに、言い度きことにまかせて通る多し、おかしく言ひもて行けば、大悟徹底の名僧の、樹下石上の境界にひとしきと言はん」「皆人の下端に付きて通る事なれば、驕る心なく、悪事をなさん力な

し、或いは其の所に久しく居りて爰（ここ）に帰り、商いなどに取りつき、妻子を持ち、又相応に人の養子などと成りて身を終わるも有る事なり」

と、横山やすしの雲助観とはまるで違っているのである。私は雲助の研究から始まって、人力車夫、さらに明治、大正時代の自動車運転手について調べた。そして昭和55年（1980）に『街道筋に生きた男たち』という処女作を自費出版。その後『ザ・運転士（ハイヤー、タクシー、プロドライバーの東京）』、さらに日刊自動車新聞に連載した『明治の輸入車』を同社から出版し、日本自動車輸入組合梁瀬次郎理事長から讃辞を頂戴した。そして『日本自動車史』1巻、2巻、さらに『日本自動車史　写真資料集』『都道府県別　乗合自動車の誕生　写真・史料集』などを三樹書房から出版。それらにより平成23年（2011）に「日本自動車殿堂」入りの栄誉を頂くことになったのである。

つまり、私の自動車史研究の原点は「雲助」の研究であり、ハイヤー、タクシーの「運転手」である。その点では、漫才師横山やすしに感謝しなければならないであろう。

本書の刊行に際し、鹿児島県タクシー協会会長・羽仁正次郎氏には、外車販売、タクシー会社経営、自動車学校経営、さらに欧米の歴史的名車コレクションと、ご多忙を極められる中、緒言を書いていただき、感謝に堪えない。さらに本書の作成に関しいろいろとアドバイスを頂いた熊本県の自動車愛好家・松本晉一氏のご援助に感謝したい。

光陰矢の如し。定年退職してから今年で28年が過ぎ、88歳になった。この『日本のタクシー自動車史』が私の最後の本になることであろう。三樹書房の小林謙一社長や編集をご担当いただいたMBエディトリアル・オフィスの作本宏氏には大変ご苦労をおかけした。心から感謝申し上げる。

最後に、米寿の今日まで、変わらず私を支え続けてくれた妻・千代野に、本書を通じて改めて感謝の意を表したい。

　平成29年　米寿の日に

佐々木　烈

年表　新聞記事にみるタクシー業界の出来事（大正14年（1925）から平成15年（2003）まで）

大正14年	2月17日、横浜市緑町4番地に日本フォード自動車株式会社（資本金400万円）設立される。
昭和2年	1月11日、大阪市港区鶴町1丁目30番地に日本ゼネラル・モータース株式会社（資本金300万円）設立される。同社は10月12日、資本金100万円増資して日本フォード株式会社と同額になり、日本国内において日本フォード自動車株式会社と熾烈な販売合戦が展開される。 東京市内ハイヤー、タクシー数5,651台、バス580台 大阪市内ハイヤー246台、タクシー1,983台、バス351台、葬儀車36台 京都市内タクシー625台、ハイヤー350台、バスなし 神戸市内タクシー195台、ハイヤー41台、バスなし 名古屋市内ハイヤー230台、タクシー189台、バス67台
昭和3年	4月23日、日本フォード株式会社資本金400万円増加、6月25日、日本フォード金融株式会社（資本金20万円）設立。10月25日、日本ゼネラル・モータース株式会社も資本金400万円増資する。12月20日、日本フォード自動車株式会社、日本フォード金融株式会社は本店を横浜市神奈川区守屋町2丁目3414番地に移転する。 ▲大阪に50銭タクシーが出現する。大阪のタクシー業界は相互組織（運転手から一定の償却費、手数料をとって経営する形態）が生まれ、やがてこの形態は東京にも蔓延するようになった。また車は車庫主から購入し、月賦で返却し、税金、償却費、修理代、事故費、運転代行者手当はすべて自分持ちの車庫営業タクシーが横行した。営業は届け出制で、免許証さえあれば誰でも仕事が出来たので業界も統制がとれず、タクシー暗黒時代といわれた。 ▲自動車事業の監督権が内務省から鉄道省に移管された。 ▲大阪地区のタクシー会社、組合台数比較

会社名	台数	設立年月日
大阪タクシー自動車株式会社	342台	大正5年10月3日
大阪小型タクシー自動車株式会社	43台	大正12年3月16日
中央タクシー株式会社	46台	大正12年6月28日
第一自動車株式会社	30台	大正14年2月17日
均一合同自動車株式会社	100台	大正15年1月25日
人力車組合　山本徳松	20台	大正15年3月
日本タクシー自動車商会	42台	大正15年6月
大阪均一タクシー商会	125台	大正15年11月4日
人力車組合　橋本留吉	6台	昭和2年1月

▲東京地区のタクシー会社、組合台数比較

会社名	台数	設立年月日
タクシー自動車株式会社	334台	明治45年7月10日
小型自動車株式会社	94台	大正10年1月2日
株式会社東京ツウリング自動車	108台	大正12年2月15日
平和タクシー自動車株式会社	72台	大正12年5月5日
常盤タクシー株式会社	15台	大正14年6月
上野駅人力車組合	15台	昭和2年3月
東京駅人力車組合	20台	昭和2年8月

▲東京日日新聞8月11日付
手を変へて円タク料金改正、今度は3種に分けて是非とも押し通す意気込み、円タク料金をメーター制に改正するため全市組合東京自動車組合では先に基本料金50銭のメーター料金を決定し、警視庁、鉄道当局等の了解を求めたが、値下げの看板で値上げをはかるものとして一蹴されたので、9日鉄道協会で総会を開催し協議した結果、新たに次のような料金を制定して、運動を起こすことになった、改正料金は円タクを車種によって3種に分けて
　　最初の1マイル毎に50銭、40銭、30銭とし
　　50銭のは5分の1マイル毎に10銭
　　40銭のは4分の1マイル毎に10銭
　　30銭のは3分の1マイル毎に10銭

この料金は相当前の案より値下げになっており、これが実現すれば全市1円の円タクは影を没することになる。東鉄堀木旅客係長は、大体料金としては高くなく且つ合理的であるが、どの車種を50銭とし、30銭とするかが問題であろうし、また円タクを完全に無くすことが出来るのか、が問題で、この点を充分考慮して警視庁と相談することになった。

昭和4年　6月、不景気の波は石油業界にも押し寄せ、乱売競争をしていた石油会社6社（ライジングサン、スタンダード、日石、小倉、三井、三菱）が価格協定をして、ガロン当たり80銭～1円の値上げをすると発表した。東京自動車業組合はこれに対抗して、反対運動を起こし、ついに商工会議所が調停に乗り出し、6社協定による値上げは撤回され、今後の価格変更は各社の自由な立場で行う、ということで一段落した。（第1次ガソリン争議）

▲「1日100人平均、運転手の志願者、警視庁交通課が対応策」東京日日新聞6月7日付

最近自動車の激増とともに、自動車運転手の志願者が非常に多くなり、警視庁交通課の統計によると、

　　昭和2年中の出願者2万380名中合格者7千900名、

　　昭和3年中の出願者約4万名で、合格者が1万956名、

今年は1月7日から5月21日までの出願者は既に2万1千502名、内合格者6千748名となっている。1日平均100余名の出願者があり、この有様では今年は出願者の数は5万を超える見込みであるが、従来の試験室では手狭なので、今回新庁舎の被服倉庫の3階に96坪の試験室を設け、明7日から毎週3回づゝ1日300名以上の志願者の試験を行うことになった。

▲市内の方々に円タク停車場

市内1円或いは3マイル1円と看板を掲げて練りまわるモーロー円タクは警視庁管内で約1万台に達し、これはいずれも銀座、浅草をはじめ市郡の至る所を流し、このために交通事故を頻発し、或いは交通の円滑を欠き、一面不体裁でもあるので、これが取締りに警視庁交通課でも頗る手を焼いているが、研究の結果、帝劇わき、三越裏及び数ヶ所の駐車場の外、駐車場の設備がないため、かくは練り歩くことになることが判ったので、市内の適当な場所に駐車場を設け、そこに営業自動車を止め乗客の便に供しようと計画し、1日各署長あて管内駐車場の候補地を選定せしめ20日までに報告をまとめ、これによって新らしい駐車場を置くことになった。

▲11月、「大阪の円タク金線を廃止す」

大阪の自動車運輸業者に対する遵守命令として大正15年2月8日以来大阪だけに実施されていた円タクの車体中央に塗印されている金線が去年11月7日から撤廃するよう大阪府知事柴田善三郎から通告があった。大体同命令が出された当時は大阪における自動車賃金は2マイル1円とか、3マイル1円とか、全市内1円とかまちまちで、区別しにくいので、その間不正運転手が横行し、当局が取締上困難なことから1円均一タクシーは1本の金線、2マイル1円は2本、3マイルは3本線を引いて車体検査を受けることになっていたが、この制度は外観上好印象を与へないばかりか、昨今は殆どのタクシーが1円に統一されているので、この線が無くとも車体前部の硝子に掲げた円タクの標識に1円タクシーであることが判る。1台の金線を書くには8円から10円もかかり、大阪市内の円タク約3千台と見ても相当額に上るところから、保安課では7日以後金線を巻く必要なし、との通告を営業者に発した。

昭和5年　大阪で新規タクシー営業と増車が禁止された。

6月、警視庁は次のようなタクシー基本料金を公示した。

　　初乗り2マイルまで50銭、爾後3分の1マイルを増す毎に50銭

昭和6年　4月1日自動車交通事業法公布

▲新財源捻出に苦慮していた若槻内閣はガソリンに着目し、6月5日、大蔵省がガソリン税の創設を提案したことから、石油6社は再び協定して値上げを発表した。自動車業者、運送業者は大恐慌を来たし、日本自動車業組合連合会は全国の関係団体を動員して、ガソリン税反対運動を起こした。まず数十台の自動車に赤旗を翻して首相官邸で閣議中の閣僚に反対陳情を行い、各政党、新聞社を歴訪し、さらに飛行機から反対ビラを撒布、市内の各ガレージには一斉に反対の立て看板を立てるなどの示威行動を展開した。しかし、大蔵省の新税創設に刺激された東京市も9月からガソリン税の徴収を計画、さらに商工省までがガソリン輸入関税引き上げを画策したので、自動車業界はもとより石油業界も反対運動を計画した。この猛烈な反対運動に、大蔵省が10月10日の省議で決定したのは1ガロン10銭の値上げ案であったが、11月27日の省議では7銭となり、これを原案として議会通過をはかったが、日に日に猛烈となる反対運動のため12月9日には、結局1銭5厘の増税に落着した。しかし、それから3日後に内閣不統一の責任をとって、若槻内閣が解散し、代わって犬養内閣が登場すると、ガソリン税新設を中止する声明を出したので、この問題は一件落着したかに見えたが、10月、スタンダード石油を中心として1ガロン3銭の値上げが発表された。自動車協会は、値上げの急先鋒と見られたペガサス石油の不買運動を展開したが、再びガソリン税の値

上げが発表されたことから、自動車業界は矛先をガソリン税に向けられたので、ガソリン税も沈静化するかに見えたが、しかし、これは第2次ガソリン争議の前奏曲であった。若槻内閣に代わった犬養内閣が12月14日、金輸出再禁止を断行したため、対米為替の暴落を招き、スタンダード石油は、ガロン当たり3銭の値上げを発表したため、再び業界は熾烈な反対運動を展開する。（第2次ガソリン争議）

▲東京府では、自動車税の未納額が90万円にものぼり、徴収に手古摺っていることから、今後は滞納者の車を見つけ次第、運転中でもナンバー・プレートを取り上げることに決定した（来月から実施）。東京府管内の自動車数は自家用、営業用、乗車、貨物車を通じて1万9千3百余台もなるが、最近は不景気の影響で税金滞納が著しく増加し、総税額125万7千円に対し4年度は20万円、5年度はドンと増して70万円という驚くほどの滞納者が出ている。市当局ではその対策に苦慮した結果、今度自動車の後部に貼りつけている番号札を、納税と同時に一見して見分けが付くようにするため、納税締切日後旧番号札で走っている車を見付け次第、検税吏や交通巡査が、片っ端からその札を取り上げ、事実上運転を不可能にするという思い切った滞納防止法を案出し、来月中旬頃から実行することになった。26日正午から警視庁の杭迫交通課長、鈴木技師及び府下各区税務課長、茅場東京市収納課長等を参集して、実施に関する打合わせを行った。今年度の札は大体中央にくっついている押印の色を替えると同時に番号のあたりに白線で焼きを入れ、今までのような付替えなどは絶対に出来ない様になるので、納税どころかその日暮らしに四苦八苦の円タク業者等は大恐慌を来すことになる。右につき府の堀庶務課長は語る、結果から言えば税金の滞納防止になるが、そのためにのみやるのではありません、過去2ヶ月間取替えを行わなかったので、今度取替えるついでにに模様替えをして取締りの便をはかることにしたのです。番号札を全部作り替えると約4万円の金がかかりますが、之れによって90万円の滞納税金が納まるとなると、4万円も生き金ですと。

昭和7年	自動車業界が石油各社を牽制しながら共同購入を武器にガソリン販売店の切り崩しを行ったので、市場は益々混乱して販売合戦が激化した。そこで石油協会は各販売店にガロン3銭値上げの厳守を通達する一方、乱売防止に厳重な監視体制を敷いた。しかし、自動車業者と石油会社の板挟みになった販売店で混乱が起きた。ところが、不買同盟の一斉射撃を受けたスタンダード石油は何を思ったのか、1月に入って突如ガロン当たり5銭の値下げを発表したため、ここに石油各社の陣営は総崩れとなり、第2次ガソリン争議も消費者側の勝利に終わったかに見えたが、石油各社は次の値上げ策を画策して虎視眈々としている。

8月25日、石油6社は協定してガロン10銭の値上げを発表した。これまで1ガロン33銭だったものが、一挙に43銭と大幅な値上げであった。東京自動車業組合連合会は、この値上げの本丸がライジングサンであることから、貝印ガソリン不買同盟を起こし、新倉文郎を争議委員長として反対運動を起こした。第3次ガソリン争議である。組合本部は10月15日を期して東京をはじめ関東一円の乗合自動車を除くハイ・タク全車両の一斉休車を指令した。この険悪な情勢を憂慮した警視総監藤沼良平は10月14日、一斉休車の前夜、強制調停に乗り出し、商工省岩切政務次官と共に消費者代表として柳田諒三、新倉文郎、石油会社代表として日石社長橋本圭三郎外1名を招致して次のような覚書を交換した。

1、昭和4年の覚書の解釈に関し双方その意見を異にするのは甚だ遺憾とする所なり
2、6社は常に市中販売ガソリンの品質、数量の正確を期し、之れが完全なる実現に関し最善の努力を払うべし
3、現在の値段は尚原価に達せざるを以て此の上之を値下げするが如きは遺憾に堪へるざる処なり、但し目下考慮中の値上げについては自動車業と共存共栄の関係に鑑み即時実行は之を延期す。尚本月中は1ガロンに付き2銭の割り戻しを為す
4、値段の変更に際し、官庁並に消費者に対して予告を為す

組合本部に戻ると、一斉休車の指令が発せられた後だったので、組合員の意気軒昂で、強制調停何ものぞと、一部の役員は承知せず、テーブルに土足のまま上がって、「幹部は腰抜けだ」と糾弾する者もあり、多感な新倉委員長は男泣きする場面もあった。

▲ガソリン市価変遷一覧（1ガロンは4.546リットル）

昭和元年	64銭	昭和5年	45銭	昭和9年	38銭
2年	59銭	6年	45銭	10年	43銭
3年	57銭	7年	39銭	11年	46銭
4年	54銭	8年	45銭	12年	56銭

松方幸次郎と柳田諒三らが会見して、ソ連からガソリンを輸入して、市価1ガロン38銭のガソリンを35銭で販売する話が密議されていたという。松方氏の眼目とするところは、わが国は石油自給国でないので、非常時の石油国策を樹立して、国内油田の開発と、英米2ヶ国に独占されている

べきでなく、平時から英米以外の産油国を通じている必要がある。わが国現在のガソリン総供給量高を2億2千万ガロンとすれば、純国産は僅かに1割強の2万2千ガロンに過ぎず、2億ガロンを外国に頼っている。従ってガソリン価格がガロン当たり1銭値下がりすれば、総額で200万円の対外支払い勘定を現金で経済することが出来る。ということだった。昭和7年8月、松方氏はソ連に向けて出発し、交渉は順調に進んで、松方氏は9月25日モスクワで調印を終えて帰国した。10月10日、松方氏を東京駅に迎えた業界関係者の出迎えは熱狂的で「救世主万歳！」の声が叫ばれる程であった。

10月、東京市が郡部を合併して人口500万人の大都市になったため、市内1円という円タク料金も、旧市内、新市内となり、距離、時間の料金に混乱が生じた。第3次ガソリン争議を受けて警視庁はタクシー料金を次のように公示した。

  基本 最初の1マイル30銭、爾後1マイルを増す毎に10銭加算
    一般流しタクシーは東京市内 最低50銭、最高旧市内1円
    新市内2円、待ち時間5分毎に10銭、市外5分毎に50銭

しかし不況のドン底時代では公示料金も結局守られず料金は乗客との「掛け合い談合」で決められていた。その上、東京では新免許増車を保留したため、ナンバー権が生じ、当初50円が、1年足らずのうちに10倍の500円に跳ね上がった。

昭和8年	自動車交通事業法実施

  ▲警視庁は名義貸し営業を根絶し、同居営業を確立するため「名義貸営業要綱」を発表した。

8月6日、日ソ・松方ガソリン1万999トンを乗せたノルウェーの傭船「ノーレ号」が入港し、9月1日から販売を開始した。入港と同時に、当時時価1ガロン49銭は直ちに5銭の値下がりし、さらに38銭、36銭、33銭、30銭と惨落し、再び市場は大混乱を来たした。米英資本は原価を無視した値下げによって、日ソ・松方ガソリンを太刀打ち出来なくする対抗手段に出た。一方ガソリン価格が暴落すると、情けないことに自動車業者の中には、面倒くさい日ソ・ガソリンの共同購入をしなくても安いガソリンが買えるので、約束に反して勝手に近くのガソリン・スタンドを利用する者も出るようになった。昭和11年10月、石油業法実施を前にして松方氏は7社協定に加入して、昭和11年10月、内地会社に買収されてしまった。

昭和9年	大阪自動車組合は解散し、トラック部会と対立してタクシー会を結成した。

  タクシー料金改正する
   初乗り2キロまで30銭
   爾後800メートル増す毎に10銭加算
   郊外2割増し

昭和10年	大阪でガソリン値上げ反対の一斉休車を実施する。

東京では営業者数7,337名、内1台持ち営業者5,302台、72.3％、2台持ち営業者1,201名、16.4％、両者合わせて86％という状態であった。

昭和11年	小川商工大臣の命令で、自動車営業改善調査委員会設置される。

タクシーの燃料節約と交通秩序確立の目的で、東京日本橋、銀座、丸ノ内、新橋など14地区で流し営業が禁止された。

昭和12年	7月7日、盧溝橋で日中両軍衝突し、日中戦争はじまる。
昭和13年	3月7日、商工省、揮発油、重油販売取締規則を公布、5月1日から配給制となる。4月1日、「陸上交通事業調整法」（法律第71号）施行される。

この法律によって、個人タクシーを統合して相互組織のタクシー会社が続出した。また鉄道会社が小規模会社を買収して新たにタクシー会社を創立するところもあった。

昭和14年	9月22日、商工省、石油配給統制規則を公布、石油統制本格化し、3割規制、さらに5割規制が実施された。代用燃料の使用が奨励され、営業用乗用車の製造はほとんど禁止状態となる。
昭和15年	4月9日、法律第106号「自動車交通事業改正」施行される。第1章中「自動車運輸事業」が「旅客自動車運輸事業」に改正される。

東京の第1次統合で、約5千台のタクシーについて、1台持ち、2台持ちの営業者を最低30台以上の所有会社を基準とする資本統合が指示され、年末には173社に集約された。

昭和16年	自動車運輸規程が改定された。

大阪のタクシー料金2キロ60銭、爾後640キロ増す毎に10銭加算に変更
「東京タクシー商業組合」を「東京旅客自動車運送事業組合」と改正。

昭和17年	「改正自動車交通事業法」の施行で、「全国旅客自動車運送事業組合」が設立される。
昭和18年	ハイ・タク料金一律にメーター制となり、2キロ80銭、爾後650メートルを増す毎に20銭に改定。しかし、もう当時は一般人の使用はほとんどなく、僅かに軍部しか使用できなかった。
昭和19年	東京に残存していたタクシー173社4,700台は、第3次統合で1社1,000台以上の4社に強制統合

| 昭和20年 | が推進された。
全国旅客自動車運送事業組合連合会解散、全国乗用自動車協会が設立される。 |
|---|---|
| 昭和23年 | 「道路運送法」が1月1日から施行された。ハイ・タク業界は車輌不足のため、新規営業免許が認可され、その後増車の一途をたどった。
当時のタクシー料金は2キロまで100円、爾後400メートル増す毎に20円加算、小型車は普通車の3割引き。
▲11月自動車取締令に代わって道路交通取締法が公布された。 |
| 昭和25年 | 細川清「ハイヤー、タクシー料金の巻」(自動車新聞)
運転手の華やかな黄金時代は大正の大震災まで続き、其の後ツーリング時代、市内1円時代、50銭タクシー時代と三転した。50銭タクシーの出現は、あらゆる交通機関へ脅威を与え、市電を使用するものまでがタクシーを利用するようになった。中には「指3本」だして30銭くらいで近いところは乗ったり、乗せたりした。5人乗って30銭では1人当たり6銭で、電車より安く、市民の便利な足になった。横浜の根岸競馬場から東京まで、5人乗って1円で帰ったこともあった。もっとも帰り車だったが、汽車賃よりも安いので、遠乗りにも利用した。汽車の客もタクシーに食われた時代だった。その代わり運転手の方は1日25円を稼ぐのが大変で、2人の運転手が昼夜交代制で1日走行200マイル、乗客を4、50回も乗せなければならない過重労働だった。車の傷みもひどかった。1日200マイルとして1ヵ月6千マイル、1年7万2千マイル(約14万4千キロ)走行するので、どんな新車でも1年使ったらガタガタになってしまったから、また新車を買わなければならず、結局車の月賦金や頭金を稼ぐためには無理な働きをしなければならなかった。しかしガソリンも安く、今は1ガロン120円するが、当時は1ガロン23銭から30銭ぐらいで、5ガロンも買うと景品にバット(タバコ)やキャラメルをくれた。ガソリン・スタンドも競争時代だった。熱海まで5人乗って、シトロエン車で6ガロン、1円80銭で行けた。1人前30銭という夢のような話である。 |
| 昭和27年 | 戦時中から続いた代用燃料も終戦5年目を迎えて殆どがガソリン車になり、11月に戦後最初の運賃改定がなされた。
改定料金
　普通車で41年式以降のもの2キロ100円、400メートル増す毎に20円加算
　普通車で40年式以前のもの2キロ80円、500メートル増す毎に20円加算
　4輪小型車で2キロ70円、570メートル増す毎に20円加算
　3輪小型車で2キロ60円、666メートル増す毎に20円加算
タクシー業界では輸送秩序の確立を目指して、5月に東京旅客指導委員会を発足させた。全車に料金メーターが取り付けられたので、料金メーター不倒(エントツ行為)などの街頭指導が主な仕事だった。 |
| 昭和28年 | 東京のハイ・タク業者が289業者、車輌数1万220台に増加した。その内名義貸車輌が3,000台を超えた。車輌は輸入車のフォルクスワーゲン、ルノー、オースチン、などが使用された。特にルノーの全盛期だった。
10月、北海道交通株式会社(本社札幌)が超短波無線の実験局として許可を受けタクシー5台に無線を取り付けた。大都市でも同年暮に大和自動車交通株式会社(本社銀座)がハイヤー7台に試験的に取付け、タクシーではグリーン・キャブ(本社新宿区)が33年11月に全車130台を無線車にした。 |
| 昭和31年 | 警視庁は神風タクシーなどの事故多発を重視して、ハイ・タク、バス旅客自動車を運転する場合は、それまで運転免許証があれば誰でも運転出来たものを、今後は第二種免許を取得した者でないと運転出来ないことにした。
▲警視庁は東京銀座地区をタクシーの流し禁止地区と定め、夜の銀座に集中するタクシーの空車を摘発、交通規制を行った。
この年、社団法人東京旅客自動車協会(会長・新倉文郎)が設立された。 |
| 昭和32年 | 銀座などの盛り場でハンカチ・タクシーとか、古本タクシーと呼ばれる白タクが横行した。法律で自家用車をタクシーに使用できないので、摘発されると、品物を買ってもらったお客に、帰りの車代をサービスしているのだ、と言い訳するもぐりタクシーである。 |
| 昭和33年 | 茅東京大学総長が朝日新聞コラム欄に東大生の交通事故死を悼む一文を載せたのがきっかけで、朝日新聞で2月8日、同紙の「神風タクシー」キャンペーンが始まった。3月10日には運輸大臣が「神風タクシーについて善処方を要望」通達を出し、4月17日には内閣交通事故防止対策本部が「タクシー事故防止対策要綱」を出した。
▲運賃改定が実質的に10年余り据え置かれたため、タクシーは収入増を走行キロの増大に頼らざるを得なかったため、1日400キロ以上の無謀運転をする者が多く、神風タクシーという世論の批判を浴びていることから、6月運輸省より運輸規定を改正して、1日の最高走行キロを365キロに |

規制した。

昭和34年　運輸省はハイ・タク事業は公共的な交通機関であるということから、零細な資本による個人営業を禁止して来たが、運転手の自営を認めてくれ、という要望が高まり、楢橋運輸大臣が「永年にわたって無事故、無違反の優良な運転手に希望を与え、業界に新風を吹き込む」という政治的決断をして、10月からタクシーの個人営業を認めることにした。東京では173名に最初の免許がおりた。

▲「乗せないタクシー横行、理由もなく客選び、師走の町に取締まり」朝日新聞12月19日付
タクシー運転手が正当な理由もないのに乗客を断るという乗車拒否が都民の間で高まっており、暮になってこの傾向はひどくなるばかりなので警視庁交通第1課は取締りを行ってきたがこの結果が19日まとまった。取締の網にかかったのは、日本交通、志村観光、関東交通など20社の運転手24人、取締を行ったのは、先月28日から去る17日の間の6日間、場所は渋谷駅前、蒲田駅前、新橋、銀座などの盛り場12ヵ所、違反運転手が客を断る口実は「近いからダメ」「ほかに空車がある」「荷物があるからダメ」「道が混んでる」「方向が悪い」など、ほとんど理由にならないものばかり。警視庁ではこの違反者24人のうち悪質な19人を道路運送法15条違反で書類送検、5人を説諭処分にした。交通1課では運転手の給料の一部が歩合給のため、稼ぎを多くしようとして「良い」客を撰ぶのが乗車拒否を行う原因になっていると見ている。今度の取締りは、主として午後5時ごろから9時ごろまでの間をねらったものだが、乗車拒否は夜更けにつれて多くなるので、同課ではこれからの取締は夜更けに重点を置くといっている。なお乗車拒否については運転手と同時に会社も処分の対象になるが、今回は20社に対して警告するにとどまった。これについて同課では「これからも同じ社の運転手が乗車拒否を続ければ会社も処分するという強硬方針で臨む」といっている。都内の或るタクシー会社の話によると「うちでは指導班というのが街に出て客の苦情などを聞き、運転手から始末書をとっているから、乗車拒否などということはない。夜遅くなると認可走行認可の365キロが切れてくるから、乗車拒否のような形になり勝ちだが、年末年始はお客の景気もいいので、……」ということで、結局はタクシーが足りないという口ぶりだった。

昭和35年　歴代首相は、その就任時のスローガンやキャッチフレーズを発表しているが、その最高傑作は何といっても、この年に池田勇人首相が口にした「所得倍増論」であろう。安保闘争で世情騒然としていた時期に、前途に希望を与えるキャッチフレーズであった。タクシー業界も30年まで新しい免許や増車は認めなかったが、この年を第1次として、東京オリンピック開催に到るまで5次にわたり大幅な増車が行われた。第1次は法人1,840台、個人983台であった。この増車で法人事業者数336社、車輛数13,950台、個人事業者、台数975人、同台数合計14,925台となった。更に同年12月には2,000台の増車を公示したが、増車申請が余りにも多かったので、36年4月、既存法人330社にのみ1,205台の増車を認可した。この増車に関しては、大企業に偏ることのないように、公平に処するべきである、という答申の趣旨を受けて、慎重に割り当てが行われた。

昭和36年　8月、東京陸運局が「本年度中に3,500台を追加増車、新規事業者1,000台、既存事業者2,000台、駅待ちタクシー500台の増車が公示され、個人も含めほぼ公示した台数が認可された。

▲この当時、タクシーのナンバー権が発生して、ピーク時には1台当たり300万円とも400万円とも言われる世評があった。その後、わずか数年のうちに営業権の譲渡が頻繁に行われ、大手業者を中心に買収による業界再編へと進んだ。
大日本自動車交通の海田健次社長（日本LPGガス自動車研究会専務理事、全乗連車輛資材委員長）がブリジストン・ガス（後の三菱液化ガス）がLPG用タンカーで輸入を開始した。プロパン・ガスは家庭用に普及したが、ブタンの使い道がなかった。科学技術庁は資源の綜合利用の見地から自動車燃料に着目した。当時はボンベごとに交換したが、37年10月、ガス漏れで最初の爆発事故が発生した。改善するには固定式ボンベにする必要があり、同年12月、東京乗用自動車LPG研究会（海田健次郎会長）が発足し、対策に乗り出したのが、最初である。
昭和48年の第1次オイル・ショックに海田会長が運輸省に毎日詰めた。最も被害を受けたのは東京の個人タクシーだった。入れるガスがなかった。スタンド業界は同年12月に登録制を実施し、利用実績に基づいてガスを配分したが、実績がなかった個人タクシーには配分が少なかった。同業界では流通経路を見直し、元売りからの直接購入を増やして対応した。

昭和37年　LPG車の登場（『全乗連30年のあゆみ』より）
▲昭和37年初頭よりガソリンの大幅値上げが全国的に一方的に実施され、10月には通産省が石油審議会の答申をうけて、ガソリンの標準価格をキロ当たり11,000円にすると告示した。全乗連では死活問題だと連日、通産省をはじめ政府、国会筋に陳情を繰り返し、値上げ反対の業者大会も3度にわたって開催したが、事態は一向に好転せず、石油連盟は12月1日からリットル当たり39円に値上げする（従来34円）、また同月12日までに了承しなければ納入拒否も辞さない、と通告して来た。これに対して全乗連は12月7日、石油連盟を独占禁止法違反の疑いがある、として公正取引委員会に提訴した。これに対し石油連盟は12日から先ず東京都内のハイヤー、タクシー向けの

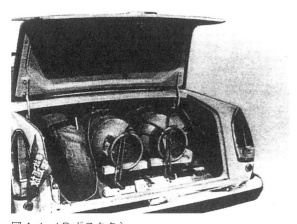 

図 A-1 LP ガスタクシー
左：昭和30年代のボンベ交換式　右：現在のLPガス車

納入拒否を実施した。通産省が両社の調整に乗り出し、同月22日、広瀬通産政務次官の斡旋が実って、「運賃改正が認められるまで値上げ幅を半分に抑える」ということで、一応収拾された。この値上げ騒動はLPガスへの転換に拍車をかける格好になった。LPガスはガソリン価格のほぼ半分であること、車輌の改造が比較的容易で、しかも廉価であること、運輸省への手続きも届け出で済むなどの理由で、37年春頃から大阪をはじめとして東京、そして全国へと燎原の火のように普及した。当時、LPガスは国内においても増産され、中近東からの輸入も始まり、沸点の高いプロパン・ガスは家庭用として盛んに使われていたが、沸点の低いブタンガスはあまり用途がなく過剰気味であった。元来ブタンガスは自動車の燃料としては、オクタン価が高く、エンジンの損耗が少なく、排気ガス中の一酸化炭素が少ない等、自動車燃料としても優れた特性を持っており、欧米の一部の国では実用化されていた。日本でも化学技術庁等によって、かねてから実用化の検討が進められていた。

▲LPG車は上記のように技術面、管理面からの安全性に対する十分な検討が行われないうちに、急速に普及し始めたので、ガス漏れによる火災事故が発生し、乗客と乗務員がやけどを負う事故が数件発生した。運輸省では、この事態を極めて憂慮し、東京の業者に対して自主的な保安態勢の確立と抜本的保全対策の検討を強く要請した。業界はこれに応えてLPガスを使用している業者42社と、自動車製造業者、販売業者、LPガス機器製造業者、LPガス販売業者等が共同し、12月に東京乗用自動車LPG研究会（海田健次会長）を設立し、直ちに活動を開始した。

▲当時、車両に積載していたLPガス容器は、いわゆる「交換式容器」と称するもので、ガスが少なくなると車庫に帰って充塡済みの容器と交換する方式であった。これでは、容器の取り替えによる結合部の金属金具の損傷摩耗或いは走行中の緩みは避け難く、点検整備に努力しても、完全にガス漏れを防止することは不可能であった。また、交換のためのLPガス容器を車庫内に多量に保管することは危険でもあり、高圧ガス取扱法からしても違反する疑いがあった。この様なことから抜本的な保安対策として「固定式容器」を採用すべきであると、運輸省に上申した。固定式容器を採用するとしても、それにLPガスを充塡するLPガス・スタンドはまだ皆無であったから、その建設促進から手を付ける必要があった。LPガス・スタンドの建設に最も障害になっていたのは、広大な敷地を要することであった。LPガス・プラント協会の種々の実験の結果、通産省において保安距離、制限距離の緩和が認められるようになった。

▲全乗連では、LPガス・タクシーの保安対策も緊急を要する問題であるとして、38年5月、LPG車専門委員会（海田健次委員長）を設置し、これらの安全対策を一気に促進させた。このような状況のなかで、6月にガス漏れによる火災事故が再発した。しかも燃料変更未手続きの車両であったので、運輸省は事故を重視し、前例のない「臨時車検」を全国のLPガス・スタンドに対して実施した。その結果を踏まえて、9月18日、道路運送車両法の保安基準を改正して

1、昭和39年1月1日以降登録されるLPガス車輛は全部固定式容器を使用したものでなければならない
2、昭和39年6月1日以降は交換式容器を使用したものは禁止する、

と発表した。懸念されていたLPガス・スタンドの建設は、自家用スタンド、商業用スタンドとも各地で順調に進んだ。固定式容器を積載したLPガス専用車両も、各自動車メーカー形式認定を受けて発売されるようになり、抜本的安全対策である固定式容器への転換は、最初の事故発生以来1

年6ヶ月で完了した。

相次ぐ増車で需給アンバランスが著しく、一部運転手による乗車拒否、不当料金請求などの違反行為による苦情が後を絶たず、マスコミの批判が激しくなったことから、業界でも8月27日に「タクシー乗車拒否撲滅業者大会」を実施し、さらに12月15日には「年末年始タクシー交通事故・乗車拒否追放運動推進大会」を開いたりと営業の正常化に総力をあげた。

タクシーの実車率が60％にも達して、近距離客は敬遠され、乗車拒否が横行した。駅のタクシー乗り場には乗客が長蛇の列ができるようになった。そこで、2月から一般の流しの駅構内営業を禁止した「駅構内専用タクシー」（カナリヤ・タクシー）が導入された。この駅構内専用タクシーの導入については、労働組合側から駅専用タクシーでは稼ぎが一般の流しより不利であるとして、賃一保証（駅配車手当）を要求する一面もあった。

また、この年にタクシー車輛として「いすずのディーゼル・エンジン車」が登場した。しかし、エンジンの音が大きく、振動が激しく、1日中走行していると健康に影響があること、故障が多いこと、お客から敬遠されることなどから、ガソリン車に比べて問題が多いとして、労働組合では300円の手当を要求するところもあった。その後あまりにも評判が悪かったので、2年を経ずしてベレル車はタクシー業界から姿を消した。

昭和38年　第4次増車は、翌年に東京オリンピックを控えて、今後の1年間に2,000台を増車する、として3段階に分けて実施された。また、前年に申請したタクシー運賃は、2年近く経った12月にようやく認可され、39年の1月1日から実施された。

タクシー運賃認可（15％）
　　中型車　基本　2キロ100円、加算500メートルを400メートルに20円
　　小型車　基本　2キロ90円、加算570メートルを550メートルに20円

昭和39年　オリンピックの開催年として、第5次の増車が行われ、8月以降3回にわたって計2,791台が増車され、この年末には

　　法人事業者　　392社、車輛数24,613台
　　個人事業者　　　　　　　　　4,455台

となった。

無線タクシーは移動局が2万となり、極超短波の400メガ・ヘルツの2周波が割り当てられ、普及していった。

東京の大手4社が初めて共通利用のチケット・クーポンを発行した。これが最初で、その後61年には東旅協が「東京タクシー共通乗車券」を発行、クーポン共通化の時代を迎えた。

昭和42年　2月9日、労働省は「自動車運転者の労働時間の改善基準について」の通達を出した。これは自動車運転労働者の長時間労働をなくし、過労運転や不規則労働による事故防止という観点から実態に即して、

　　1、労働時間、休憩及び休日
　　2、割増賃
　　3、賃金形態
　　4、年少者の運転禁止
　　5、仮眠施設及び健康診断
　　6、就業規則及び賃金台帳

の6項目からなっているが、労働時間の改善がメーンで、運転者の所定労働時間は2週間を平均して1週48時間以内、1日の所定実作業時間は11時間以内とするなどの労働基準法に加えて、実作業時間による規則を中心として労働基準を策定したものである。賃金面でも累進歩合賃金の禁止を打ち出した。この基準はILO第67号条約及び第51号覚書を基本にして、実態の調査結果を踏まえて策定されたものである。この2・9通達を受けて労働組合の中には午前2時帰庫を厳しく実施する所もあった。例えば

　　組合員各位
　　タクシー2時帰庫厳守推進方通達
　　1、午前2時帰庫厳守について、毎月1回支部会を開き、その趣旨及び帰庫状況を組合員に報告、徹底させること
　　2、午前2時以降の営業中に発生した交通事故に対しては、組合規約第42条第1項による救済活動を行わない
　　3、午前2時以降の帰庫者については、毎日必ずその氏名を所定の用紙に記入して5日目毎に本部に報告すること
　　4、本部は、3項の状況報告をまとめて、各支部に5日目毎にその結果を報告する
　　　　昭和42年5月19日

　　　　　　　　　　　　　　　　　　　　○○労働組合　　執行委員長○○○○

▲走行キロ、帰庫時間オーバーによる労働超過を重視しての当局の厳しい警告と、2・9通達に関連する運転労働者の改善基準に対応する措置として、24時間タクシーが稼働できる態勢として
　A、一般勤務
　B、時差早朝勤務
　C、時差深夜勤務
の3段階シフト制が導入された。

昭和43年　日本のGNP（国民総生産）は自由世界で第2位となった。昭和26年の調査ではアメリカを100とすると日本は4.3％で、西ドイツの8.7％に次いだが、日本の高度成長が急速に進み、ついにドイツを抜いて世界2位となった。タクシー需要も39年から5年間、運賃が据え置かれたため、高度成長時代の社会情勢から見て、低賃金の乗り物で、小中学生が通学に利用するほどで、都民の下駄がわりとして利用された。反面、実車率が65％から70％と上昇したため、空車が少なく、タクシー不足を招来し、運転手もお客を選別するようになって、夜の盛り場などでは乗車拒否が増えて社会問題となった。

昭和44年　イザナギ景気といわれ、3C（カー、クーラー、カラーテレビ）が人気商品になるという好景気が続いて、厚生省が毎年6月に行っている「国民生活実態調査」（調査対象15,000所帯）によれば、初めて年収100万円を突破した。
　この年からタクシーに運行記録計（タコメーター）が初めて装着された。
▲「市民の交通白書、都民のためのタクシー対策」大都市交通問題研究会発行
　都民は安心していつでも、必要に応じて乗れるタクシーを求めている。現在都市生活にはタクシーは不可欠なものとなりつゝある。そのような都民の要求に応えるためには、まず第一に、都市交通のなかでのタクシーの役割を明らかにすることが必要である。公共輸送機関としての各種交通機関の間の調整と適正配置がなされ、その一環としてのタクシー、言い換えれば総合的都市交通体系のなかでのタクシーとして検討しなければならない。
　さらにタクシーのなかでも、ハイヤー、流しタクシーについて、それぞれの役割、適正配置、台数などが検討されなくてはならない。都民の利用形態は地域によって異なっている。都市部では業務交通として、郊外では鉄道との連絡用として、また娯楽設備の中心地である銀座、池袋、新宿などでは夜の交通としてなど、さまざまである。また、必要なことは、タクシーを盛り場の足対策としてではなく、業務交通、郊外交通として十分に機能しうるようにすることである。
　都民に対するサービスが不十分であることは、タクシー企業が収益主義にしていることを考えると法人企業と個人企業との関係も明らかにしなくてはならないが、法人企業に対する取締まりを強化することも一つの方法であろう。
　前述のように、タクシーの問題点を解決することを、より積極的に推し進めなくてはならない。そして、適正配置と適正な機能とを果たし得るようにタクシー事業を推し進めなくてはならない。そのためには、都もまた地方自治体として都民の生活条件を確保する立場でタクシー行政に発言権をもつことを考慮すべきであろう。
　交通行政の課題＝現在、公営交通企業者が交通事業を運営するにあたっては、国と公営交通事業者の間に極めて複雑な事務手続きを行わなければならない仕組みになっている。そのため、行政の執行および企業経営上多くの支障をきたし、都民に対する適切なサービスの提供にも影響をきたしている。百数十種類の関係手続書類が必要であったり、許可までの期間に最低3ヶ月も要する例はしばしばみられる。公、私の交通事業の経営および運行面における中央の指導、監督省庁をみると、公営交通については自治省、運輸省、建設省となっており、ハイヤー、タクシーの場合には運輸省、労働省、警視庁が関係官庁としてあげられる。このことは、私鉄バス事業についてもいえる。
　タクシー行政・道路交通行政、都内のタクシーに対する政策は先に指摘したとおり無政府的放任に近い状態に置かれている。タクシー企業に対する主務官庁は運輸省と労働省であるが、両社のいわゆる指導行政、といわれている「法内指導」と「法外指導」も現在はそれほど効果があげられているとは言えない。特に法外指導は拘束力をもたないため、その実効を期待することは困難である。と同時に本来の監督、指導の基本となるタクシー交通行政は何も見出せないのである。
　最近において、陸運局はタクシー問題解決の一環として、タクシー企業の適正規模の問題に言及し、企業協同化、企業合同促進の方針を打ち出してきている。これは従来の陸運局のタクシー事業の免許基準の不適正を自ら認めたものともみられるのである。タクシー企業は免許事業であり、営業規模の基本となる保有台数は陸運局が決定している。従来は新規免許の多くは申請台数を大幅に下回って決定してきているが、その場合に「経営の適正規模」と「適正基準台数」については、なんら明確な基準をもっていなかった、ことを物語るものであろう。
　現在のタクシー増車免許の現状をみると、個人タクシーに対しては、1ヶ月約150台から200台の

許可をしている。法人タクシーは、いわゆる「オリンピック増車で約3,000台を増車したが、現在ほぼ同数の車輌が運転手の求人難のため休車している現象があらわれている。

タクシーの効率的運行を目的として、無線タクシーは増車の一途をたどっている。陸運行政の面においても、これら無線車の増車を考えているようであるが、結果は大衆輸送手段のタクシーから、ハイヤー的性格に転嫁しつつあるように見受けられる。公用、業務用利用者に対するサービスの向上になる反面において、需要の殺到する時間帯には無線の機能を利用した乗客の取捨選択、「迎車」標識を掲げた合法的な乗車拒否などが目立ち、一般利用者のサービス強化とはなっていない。

次にハイヤー事業の問題点を見てみよう。44年12月現在で、東京23区内のハイヤーは4,600台となっている。法人タクシー2万4,600台に対して約2割弱の比率を占めているほどである。これらは都内340社に所属し、ハイヤー、タクシー合わせて、最大規模の日本交通 (1,748台) から、最小規模約50台の法人企業によって構成されている (個人タクシー6,821台)。このような東京区内にみられるハイヤーは、規模、料金形態、実態的利用状態ともに全国的に他に例を見ることの出来ない独特な存在となっている。ハイヤー運賃は一応、メーター制を採用し、基準が明らかにされているが、最近の企業の好景気とあいまって、メーター料金はほとんど無視されて、いわゆる「談合料金」ともいえる自由料金に近いものになり、認可料金制が無視されている実態である。

大手ハイヤー会社では10車6人制を採用し、1台当たり1ヶ月の営業収入は60万円を突破する好況といわれている。認可料金無視の規則違反が全く放任されているため、最近ではハイヤー部門の増強の動きが強くみられる。しかし、これはいったん不況になると影響の少ないタクシー部門にナンバーを切り替えてゆく傾向が目立つ。これに対する陸運行政は全く無原則といえる。また、免許交付後のハイヤー、タクシー企業に対して指導、監督を充分に行う体制がなく、運輸規制等の遵守も放任状態におかれている。早急に指導、監督体制の整備が望まれる。次にタクシーの乗車拒否などが、社会問題としてクローズアップしているが、その大きな要因となっている企業の側の能率主義と劣悪な労働条件におかれた乗務員の労働問題がある。これら、乗務員の問題は労働者の労働基準監督行政の範囲に入るものとみられるが、実質的にその効果をあげている側を見ていない。陸運行政と労働行政との有機的な関係の強化により問題解決が重要である。このような縦割り行政の不統一は数多く見られ、多くの問題を具現させている。

昭和45年　3月1日にタクシー運賃改定が行われ、時間・距離併用・深夜早朝割増が実施された。値上げ率は22.5%であった。

　　　中型車　2キロ130円　　加算435メートル増す毎に30円
　　　小型車　2キロ160円　　加算530メートル増す毎に30円

この年からタクシー運転者の登録と運転者証の車内表示が義務づけられた。

▲この年に、時間・距離併用メーター器が採用された。(『全乗連30年のあゆみ』)

このメーター器は交通渋滞などで低速 (約10キロ/h以下) 走行になると、規定の距離を走行しない場合でも、低速相当部分の時間料金が演算されて運賃が上がるシステムになっている。この場合のモードは、乗客が通常の状態で利用する「賃走」や深夜・早朝または冬季の「割増」であり、「支払」や「迎車」のモードでは併用運賃は適用されない。当初は大都市で採用されたものだが、現在では大部分の地域で採用されている。このメーター器開発の功績により、車両資材委員長の三浦宏教氏 (東京・毎日タクシー社長) が交通部門賞を受賞した。その後、電子技術、電子部品の発達など、技術革新の進展にともなって、タクシー・メーターも電子化の機運が高まり、47年4月から電気式メーターが発売されだした。翌48年には早くも、それまでの機械式メーターに代わって急速に普及しはじめた。昭和63年に消費税が導入された際、消費税の完全転嫁を果たす電気式メーターが登場した。これは将来的にプリベート・カードや領収書発行機と連結できる四捨五入方式で、消費税運賃改定後の本運賃改定の際までに全運賃ブロックがこれを採用し、機械式メーターは全国的に姿を消した。

昭和47年　駅専用タクシー (カナリヤ・タクシー) が解除され、一般タクシーに切り替えられた。またタクシー運賃が改定されて43.7%値上げになった。

　　　中型車　2キロ170円、435メートル増す毎に30円加算
　　　小型車　2キロ160円、530メートル増す毎に30円加算

▲日本は石油を輸入に頼っているため、激しいインフレに見舞われた。第1次オイル・ショック後のタクシー業界は、不況による乗客の減少により一転して空車タクシーの行列となり、加えて運転手不足による休車が続出してタクシーの減車、タクシーからハイヤーへの車輌用途変更が認められた。

LPガスショック起こる。11月16日、政府は「石油緊急対策要領」を決め、国民に石油の節約を訴えた。業界で普及しているLPガスは直接輸入されているものと、石油精製の過程で製造されるものの2種類があるが、石油不足は当然LPガスにも影響を及ぼし、ハイヤー、タクシー業界もパ

ニックに巻き込まれた。12月に入ると、運輸省はLPガスの割当て規制を発表、東京の法人タクシーは1日1台当たり50リットル、個人タクシーは25リットルとした。燃料確保に狂奔するタクシーはスタンド前に長蛇の列をつくり、燃料の補給困難を理由に自殺する個人タクシー業者が出るという悲劇までも生んだ。また、運転者のなかには給油の順番待ちに4時間以上も費やす人も出て、これが給料の補償問題にまで発展する、という有様だった。この間、LPガスの買入れ価格もスタンドの言い値どおりとなり、ショック前に1リットル当り単価23円であったものが49年1月には最高値の42円となり、わずかな期間に83%も上昇した。ガソリン不足のため、一般車輌も激減し、道路事情は渋滞がなくなったという皮肉な現象を呈していた。もっともLPガスについては、補給困難な状況が続いたのは49年1月までで、以後は徐々にパニック状態から脱却した。(『京王自動車30年史』より)

昭和49年　ハイ・タクの労働組合は、大別して連合系(全自交、交通労連、私鉄総連、新運転)と全労連系(自交総連)、それと中立・無所属に分けられる。その組織率は

　　　　　総評系　全自交　　　　494組合　47,401人
　　　　　　　　　私鉄総連　　　104 〃　　10,597 〃
　　　　　　　　　県評・地区労　328 〃　　16,784 〃
　　　　　　　　　　　計　　　　926 〃　　74,782 〃
　　　　　同盟系　　　　　　　　311 〃　　22,747 〃
　　　　　中立・無所属　　　　　400 〃　　36,591 〃

であった。49年に全自交の定期大会で、政党支持と路線問題から社会党系と共産党系に分裂した。全自交分裂後のハイ・タク労働運動は政策闘争に比重が移り、制度、政策要求を重視するようになった。団体交渉も従来の個別交渉公式に代わって集団交渉方式が採用されるなど、労働運動も変化した。(『全乗連30年のあゆみ』)

11月1日からタクシー運賃の値上げ、33.9%
　　中型車　2キロ280円　410メートル増すごとに50円加算
　　小型車　2キロ270円　495メートル増すごとに50円加算

今回の値上げで6大都市の初乗り運賃は初めて一律となり、中型車で2キロまで280円になるほか、その後の運賃は50円ずつ加算されることになる。値上げ率は東京、大阪が33.9%、その他の都市も32%を超えるという大幅値上げ。タクシー運賃は今年1月末、石油危機を理由に引き上げられたばかりで、今度の6大都市の値上げが引き金となって他の地方都市からも値上げ申請が相次ぐとみられ、全国的な規模でアップすることが予想される。

昭和50年　高度経済成長期から石油ショックの時期を経て、減速経済を迎えた日本の各産業は、厳しい対応に迫られた。また各企業にあっては経費の削減、とりわけ交通費の削減に力点を置いたため、ハイヤーの需要は大きく崩れた。ハイヤー各社では、企業存続の命運をかけて車輌の一時棚上げ、営業所の閉鎖、及びタクシーへの用途変更など重大な局面を迎えたのである。

▲運輸省は49年度から運賃ブロックの整理統合を検討しはじめ、50年度に、6大都市、大都市(人口50万以上)、中小都市(人口30万以上)、その他の地域に区分する方針をきめ、同年度で全国を77ブロックとした。

昭和51年　昭和46年頃からタクシー車輌の使用年限を、従来の2年半から3年にすることが都内各社で行われていた。大手タクシー会社では労働組合が労働条件の低下と事故防止の観点から反対していたが、不況対策による経費節減や自動車緒税の増額に対応するためと、国産車の性能向上にともなって、カー・クーラーの取付けなどを条件に、3年間使用することが多くなった。

昭和52年　5月6日、タクシー運賃の改定が実施された。値上げ率は20.1%であった。
　　中型車　2キロ330円　爾後405メートル60円
　　小型車　2キロ320円　爾後496メートル60円

タクシー運賃改正に伴うサービス改善対策の一環として、タクシー・カードや領収書を発行するようになった。

タクシーに続いてハイヤーも、不況対策の一環として、大手会社では車両使用期間を4年、大型車6年とする会社が多くなった。

昭和54年　▲「大型外車敬遠にアクセル、ハイヤー次々減車、輸入の伸びにかげり」8月27日

今夏の石油不足騒ぎの中で、なぜかガソリンは「量が十分」の出回り状況となっているが、値段の方は1リットル135円が平均と、今年の初めに比べて5割も高くなっている。秋風と同時に「20ドル原油」が小売り段階に降りてくればさらに高値に、といわれる。このため軽油さがしのような悲鳴はないかわりに、ガソリン節約は本格化、とくに「ジョウゴで水を撒き散らして走る」と評される大型外車の敬遠傾向が強まり、順調に伸びていた輸入車にかげりが見えてきた。大型外車から手を引いている代表格はハイヤー会社、東京乗用旅客自動車協会によると、ハイヤー業社が大型外車

の数を減らし出したのは前回の石油ショック以後で、同協会加盟社のうちハイヤーを営業している64社の場合、47年4月で合計816台大型外車を所有していたのが、54年3月現在では半分近い457台にまで減った。「今度の石油不安で外車敬遠はさらに加速される」と見る。というのも、国産車のハイヤーはいま、タクシーと同様の安い燃料のLPG（プロパン・ガス）に切り替え中で、現在64社5,620台のハイヤー中、6割以上の3,400台がLPG化。「燃費もLPG車は6、7キロ走れるのに、大型外車は4キロせいぜい。「その差は大きい」という。加えて、大型外車のハイヤー料金は国産車とほとんど変わらないので、1台のハイヤー当たりで見た場合、安いLPG燃料車と比べて大型外車はそれだけ「持ち出し」となり、「燃料代に換算すると3倍以上もかかってしまう」と強調する。ハイヤーの9割はLPG燃料に切り替えたという日本交通の場合、47年当時は排気量6,000CC級の外車を232台持っていたが、いまは59台。国際自動車は、49年当時の186台が現在は93台に、しかも6,000〜8,000CC級を5,000CC級にやや「小型化」した。京王自動車に至っては、かつて30台あった外車はいまたった4台である。

減らす理由について各社とも燃料費の問題のほかに「お客さんから、大型外車は肩身が狭い感じがするから」との声が多くなったという。それだけ省エネルギー運動が利用者側に浸透している結果ともみられる。企業が保有している車のなかでも大型車は「減量経営」「省エネルギー」の掛け声のなかで減らされていっているようだ。今度の石油不安のなかで「1人1リットル節約運動」を呼びかけている東京電力の場合、4,000台ある営業車を従来の1,400CCから800ccへ「小型化」したのをはじめ、本社業務用車は48年の26台をいま19台に減らし、うち外車は5台から3台に、3,000CCの大型車は8台から5台にした。「社有車は48年以後3分の1削減した」（新日鉄）とか、「社長クラスに3台の外車があるほかは、あとは中型の国産車専門にしている」（三菱商事）というケースが多い。

一方、外車の輸入状況を見ると、ハイヤー会社の企業が「削減」を強調しているのとかかわりなく、石油ショック後も増加の一途となっていた。日本自動車輸入組合やヤナセによると、外車の日本国内保有台数は48年に13万3千台だったのが、いまは35万台。「企業に代わって個人ユーザーが増えている。輸入台数は、昨年5万台が、今年は6万台になる見込み」（水谷巌・自動車輸入組合専務理事）という。しかし、今度の石油不安は長期の石油製品高値になりそうといわれることから、外車関係業界は先行きについて「悲観はしていないが、これまでの順調な売れ行きに影響がないわけはない。まず、商談に時間がかかるようになるでしょう」（ヤナセ）。大型車の人気ダウンに加えて、需要が増えてきたディーゼル乗用車が軽油不足騒ぎの影響を受けている問題もあるという。が、「お客さんの外車好みも小型車に移っており、米車も今秋には小型車切り替えが進むので、外車戦線は小型車の戦いになってゆく」とみている。

12月27日、労働省はILO153号条約の採決にともない「自動車運転者の労働時間等の改善基準」について、新通達を出した。12・27通達と呼ばれるものであった。

▲2・9通達がすでに形骸化して、大部分の事業者や労働者が実際に守れる基準でなければならない、ということで打ち出されたものである。
  1、実作業時間が拘束時間となり、拘束21時間、1日2時間の残業を認め、残業時間賃金の支払いを義務付けたこと
  2、隔日勤務と隔日勤務以外の場合の2つに分けて規制し
  3、休息期間の規定が設けられた。残業時間賃金の支払いを義務づけた。

しかし「ハイ・タク事業は地域により労働実態が大きく異なるため、改善基準の摘用に当たっては、関係労働団体の意見を聴取し、円滑に施行できるよう特段の配慮をすること」と弾力的運用が出来たことで、実態は見なし残業など依然として尻抜けが目立った。

9月1日、再びタクシー運賃が改定された。値上げ率は14.3%で、
  中型車　2キロ380円、415メートル増す毎に70円加算
  小型車　2キロ370円、490メートル増す毎に70円加算

今回のタクシー運賃改定に際しては、初めて個別申請（16.4%から24.3%の範囲）が公共取引委員会の勧告によって実施された。

▲51年6月21日付けで、運輸省と公正取引委員会の間で「タクシーの運賃改定申請手続きについての覚書」が交換され、従来の協会長委任の一括申請方式が独占禁止法に抵触する恐れがあるというもので、個人タク団体を除いて、法人タクシーに適用された。7月、変更に関する指導通達が出され、これにそって54年の運賃改正から「個別申請方式」が実施された。東京がトップに申請し、5大都市が続き、前後して東北ブロックが申請するという状況になった。

昭和55年　新自動車運転者の労働時間等の改善基準に基づく「勤務シフト制」（A、B、C、D、E、F型勤務）が新たに組み込まれた。

昭和56年　タクシー運賃改定が小型タクシーの10%導入を条件に認可され、また、迎車時のスリップ・メー

ターもこの時導入された。値上げ率は15.7%であった。
中型車　2キロ430円、405メートル増す毎に80円加算
小型車　2キロ410円、435メートル増す毎に80円加算
▲「かごかき発言10万円を払え、横山やすしさん逆転敗訴」朝日新聞11月28日付
人気タレント、横山やすしさん＝本名木村雄二（35）、摂津市一津屋＝がタクシー運転手に「かごかきやないか」などと暴言をあびせた、として45万円の慰謝料を請求された訴訟審で、大阪高裁民事10部の黒川正昭裁判長は27日「タクシー運転手をいわれなく誹謗、侮辱したもので、相手に精神的苦痛を与えた」として、タクシー運転手の請求を却下した一審判決を取消し、横山さんに10万円の支払いを言い渡した。横山さん側は判決を不服として上告する構えを見せている。
訴えていたのは、大阪市生野区小路3丁目のタクシー運転手池田斗華さん（50）。判決によると、横山さんは52年4月13日午前4時半頃、大阪市南区内で友人らと飲食した後、妻啓子さん（32）と共に、池田さんのタクシーに乗った時、高速料金の支払い立て替えをめぐっていさかいになった。酔っていた横山さんは、池田さんに対して「いま運転手と呼ばれているが、昔はかごかきやないか、客の立て替えなど出来る身分じゃない」「人間づらしているが、人間並みに扱わない、われわれの利用によって生活しているのやないか」などと自宅に着くまで約20分間、同趣旨の発言を続けた、という。
この日の判決で、黒川裁判長は「タクシー運転手の社会的評価、信用をそこなうものでないとしても発言の内容が、きわめて不当で、しかも相当時間繰り返されている。池田さんの名誉心を傷つけ、精神的苦痛を与えるもので、単なる酔客の道義的マナーの問題を越えた違法なものだ」と述べた。横山さんは「仮に暴言があったとしても、タクシーという密室内の出来事であり、名誉が害されたとは言えない」と主張したが、認められなかった。

昭和57年　4月、国際自動車では交通機関の利用が困難な身体障碍者等に特別な利便をはかるため大手会社では初めての「福祉タクシー」1台を導入した。車輛はトヨタのハイ・エースの改造車で、リフトなど特別装備していた。
▲東京地区ハイヤー会社所有車台数
日本交通　1,050　　国際ハイヤー　924　　帝都自交　594　　大和自交　533
日ノ丸自動車　340　藤田観光自動車　226　イースタン　164　都自動車　106
小田急交通　71　　西武ハイヤー　68　　富士自動車　65　　南部自動車　64
京王自動車　62　　太陽自動車　60　　東京空港交通　56　　京北自交　53
東都観光バス　47　国際興業　45　　宮園自動車　42　　中央自交　40　　三ツ矢観光　40
大成観光　40　　東急サービス　39　　日通ひまり　38　　大洋自交　35
グリンキャブ　35　パレス交通　30　　松竹事業　30　　帝国ホテル　28　公和自交　28
宝タクシー　27　　白樺自動車　27　　都南交通　26　　ヒノデ　25　　こだま交通　25
杉並交通　23　　東京寝台　20　　三陽自動車　20　　大東京タクシ　18　京急交通　16
双美交通　16　　毎日タクシー　15　　三丸交通　14　　平和自交　13　　東京協同タク　13
東都コミタス　13　柏自動車　12　　国際電気　12　　実用興業　12　　大井交通　9
荏原興業　8　　東急京光タク　8　　品川タクシー　5　　ミツワ交通　3　　富士自交　2
盈進自動車　2

昭和58年　▲「タクシーと労働時間の問題・現実性のある対策が無ければならない」交通新聞2月16日付社説
昨年、タコグラフを改ざんして連勤をさせていたとして東京労働基準局から送検されるという事件が起きたことから、東旅協では労務委員会を中心に種々対策を講じており、10日には会社の代表者会議を開き、東京労働基準局の宇野監督課長から説示を受けたのだが、タクシーの労働時間の問題は中々解決出来ないのが現実である。
代表者会議の冒頭に挨拶した東旅協高橋副会長は「タコグラフを改ざんすることや、連勤は絶対にいけないことだが、帰庫時間オーバーを皆無にすることは中々難しい。しかし皆無にするという理想に向かって、少しでも減らして行くことが必要だ」と述べ、帰庫時間オーバーを皆無にすることは絶対に出来ないのが現状だとした。また閉会の辞を述べた高木副会長は「東京は何ごとも矢面に立たされる宿命にある。タクシー業界にはいろいろの体質があって、中々解決出来ない面もあるのだが、一挙に出来なければ何年間かの計画を立てて改善に努力したい」とした。
タクシー業界が他産業に比べて著しく劣っているものに退職金と一時金と労働時間があるが、全自交東京地連のうち主として大手の労組は5ヶ年計画で先ず「娘より少ない」といわれた一時金の引き上げを図ってきた。昨年は80万7千400円となり、ようやく娘より少なくない一時金になったのだが、大手の場合には退職金もかなり改善されてきており、残るのは労働時間の問題ということになっている。大手労組は来年から再び5ヶ年計画を立てて運動に取り組むことにしているが、い

図A-2 深夜の街を営業するタクシー

まのところ労働時間の問題よりは年金等に力を入れていく公算が大きい。それは時間短縮の問題は統一した運動になりにくいからである。大手労組の一つである日交労働組合では、労働時間の問題について大要つぎのように分析している。

ハイタクの労働時間は、一進一退しながら、長期的に月数出番の短縮をかち取り、現在は2、3方式が確立されている。この取り組みは、とりわけ東京の場合は、個人タクシーと法人タクシーがほぼ同数で、タクシーの80％がB型賃金であり、統一した運動にならない。こうした状況のなかで新2・9通達（新労務改善基準）が出され、そこにわずかな期待がもたれたが、悪質企業（個人タクシーは法律に関係なし）は野放し状態が続き、腰の重い行政側も、事故多発などから実態調査もはじめた。一方ある企業は、新労務改善基準順守を労使の合言葉として確認し、帰庫時間オーバー者には厳重警告を出す、体力にものをいわせて働くよりは、頭を使って仕事をするようにと、企業のありかたにも変化が出ているが、根本的解決とはいえない。このような分析の上に立って日交労働組合のタクシー部会としては原則として次のような方針で取り組むことにしている。

　1、公共輸送機関として需要に応じるため、シフトと労働時間を確立し、その責任を果たす。
　2、厳しい経済情勢のなかで、賃金袋の中身もふやさなければならない切実な要求と、労働時間短縮が整合するものであること。
　3、労働時間短縮闘争は、未組織労働者の組織化、有効な産別統一闘争の実現、交通政策闘争の進展状況、政府の動向、業界の動向などを分析し、現実性のあるものとして闘わねばならない。

当面、祭日、祝日の労働時間を再検討して、年間の総労働時間を短縮するよう（正月、ゴールデン・ウイーク、夏休み期間）出番短縮の実現を図る必要がある。

以上が日交労働組合の方針だが、昭和42年に2・9通達が出されてから既に16年になるにもかかわらず、依然として同じ問題をかかえているところに、この業界のむずかしさがある。2・9通達が出された時に、東京の大手では労使があげて遵守しようとした。また運輸省は2・9通達を守らない事業者に対しては運賃値上げを見送るという強い措置もとったのだが、未組織労働者を中心にして、なし崩し的に守られない状態が生れ、遂には全部的に波及して今日に至っているのである。大手の労使が通達を守り、運輸省が運賃にからめて強硬な措置をとっても、なおかつ崩れてしまったのだが、労働時間の問題というものは一片の通達で解決するほど簡単なものではないのである。

▲都道府県別ハイ・タク台数（58年9月30日現在、運輸省調べ）

都道府県	法人事業者	車輌数	個人
札　幌	135	6,142	1,006
函　館	39	1,023	121
室　蘭	41	965	93
帯　広	30	560	37
釧　路	27	791	121
北　見	30	497	28
旭　川	70	1,429	225

青　森	155	3,467	60
岩　手	161	2,640	86
宮　城	218	3,966	651
福　島	183	3,251	45
新　潟	149	3,714	344
長　野	144	3,373	71
山　形	82	1,465	82
秋　田	120	2,315	81
東　京	388	30,162	19,587
神奈川	175	7,943	2,769
千　葉	248	6,790	938
埼　玉	197	5,245	17
茨　城	276	3,793	0
栃　木	111	2,192	0
群　馬	99	2,514	0
山　梨	106	1,243	0
愛　知	170	9,155	1,893
静　岡	162	5,860	306
岐　阜	82	2,864	192
三　重	96	1,730	10
福　井	65	1,123	163
石　川	102	1,842	386
富　山	58	1,240	66
大　阪	173	15,130	4,996
京　都	70	6,398	2,724
兵　庫	259	8,022	1,496
滋　賀	26	1,121	26
奈　良	75	1,237	8
和歌山	91	2,176	125
広　島	256	4,733	1,269
鳥　取	38	725	0
島　根	130	1,261	0
岡　山	196	2,909	259
山　口	158	2,796	189
香　川	116	1,161	134
徳　島	130	1,316	76
愛　媛	228	2,316	224
高　知	177	1,693	170
福　岡	344	10,131	2,892
佐　賀	72	1,356	67
長　崎	158	3,188	467
熊　本	191	4,048	536
大　分	113	2,770	250
宮　崎	58	2,115	130
鹿児島	198	4,561	476
沖　縄	196	3,658	1,412
全　国	7,351	203,804	47,354

昭和59年　臨時行政調査会による行政改革の一環として、運輸省は従来の認可行政から政策行政へ脱皮するとして、運輸政策局、地域交通局など7つの局を設置し、陣容を立て直して7月1日からスタートした。ハイ・タク、バス行政は地域交通局、自動車業務課が主軸となり東京陸運局は関東運輸局として発足した。

この年、再びタクシー運賃が改定された。値上げ率は9.5％であった。

　　　中型車　2キロ470円、370メートル増す毎に80円加算
　　　小型車　2キロ450円、395メートル増す毎に80円加算

昭和60年　労働省は労働者派遣事業の適正な運営の確保及び派遣労働者の就業条件の整備に等に関する法律と

して、労働者派遣事業法を国会に提出し、可決された。事務処理、情報処理、ビル管理、警備やワープロ、旅行添乗員、通訳などの職種が、認定業種として認められることになった。

京都MKタクシーは、昭和56年の運賃値上げ申請に際して反対を表明。最終的には値上げに応じたが、その後値上げに伴い客減りしたとして、運賃値下げ申請を当局に行った。当局が値下げ申請を却下したため、これを不服としてMKタクシーは大阪地裁に行政訴訟を起こしていた。1月31日、大阪地裁は「道路運送法は事業者間の適正な運賃競争を認めている。また同一地域、同一運賃制をとれば、経営内容に関係なく、運賃の値上げを認可することとなり、当局が値下げ申請を却下したことは、利用者の利益を無視して、事業者の保護のみを招く一種のカルテルで、独占禁止法第8条違反の疑いがある」として国側（大阪陸運局）の敗訴を言い渡した。大阪陸運局はこの判決に対し即刻控訴し、全中労や各労働団体、業者団体はこぞって大阪地裁判決は、安全輸送の目的から離れたものであり、今後個別申請や個別運賃ということになれば、神風タクシーの再来を招き、さらには運転者の過労や賃金、労働条件の低下をもたらし、輸送の安全性が損なわれる、など問題のある判決だとして、現行制度（同一地域・同一運賃）は違法とは考えられない、として争い、結局MK側が和解に応じたが、「同一地域・同一賃金」の問題は火種を残した。

▲昭和37年沖縄に出現した軽貨物タクシーは、50年代に入ると本土にも上陸してきた。全国キャブ連などが法の網を潜ってタクシー類似行為をタクシーより4割も安い運賃で全国的に公然と開始した。

これに対して業界、労働組合はハイ・タク産業の基盤を脅かし職場を奪うものとして、軽貨物タクシー撲滅運動を展開し、関係省庁に働きかけ、国会審議にまで持ち込み成果をあげることが出来た。軽貨物タクシー取締を強化するための道路運送法の一部改正案は、3月20日の参議院本会議で可決された後、4月21日の衆議院本会議でも満場一致で可決、成立し、一部都市を除き5月から施行された。貨物タクシー出現が発端となって、一般のタクシーも利用者の利便を図るため、積極的に手荷物携行の旅客を運ぶように、との指導が当局から出されていたが、トランクに積み込むことの出来ない大型の手荷物（旅行カバン、寝具、什器など）は、専用のタクシーを開発、旅客のニーズに応えるべきだ、として関東運輸局は「ワゴン型タクシー」の限定増車の認可に踏み切った。この増車は一社1台で現在218台が羽田空港、東京シティ・ターミナル、東京駅、上野駅の4ヵ所で、乗り場を指定されて営業開始された。なお、大新東に代表される白ハイヤー及び運転代行業などの営業行為については、現行法規では取締りが困難であるとして、今後に課題を残した。

▲「きょうタクシーの日、21世紀に向かって走る、イメージアップへ」東京交通新聞8月5日付
きょう8月5日はタクシーの日。大正元年のこの日、有楽町数寄屋橋際（現在の有楽町マリオンの地点）にタクシー自動車株式会社がT型フォード6台にタクシー・メーター機を取り付け営業を開始したが、タク界はこの日をタクシー記念日として、鉄道記念日、航空記念日と並び種々キャンペーンを実施、利用者とのコミュニケーションを図る。イベントの目玉として銀座日産ギャラリーで、東京のハイヤー、タクシーの歴史や事業の現況などをパネル展示するとともに、相談コーナーを設置、一般利用者の意見、要望などに応える。同所では午後2時から、特別記念行事として交通遺児を励ます募金の贈呈式が行われ、東旅協の新倉尚文会長から500万円の募金が交通遺児に贈られた。この記念日は過去に42年と47年の2回、この日を祝って記念行事を実施し、キャンペーン・テーマである「21世紀に向かって走るタクシー」のイメージ定着化を一般都民に図りたい意向だ。日産ギャラリー1階ショールームでは4、5日（午前10時〜午後7時）、今回導入したワゴン・タクシーやタク無線機を展示するほか、タク輸送人員、法人タクの営業時間、無線タクの仕組み、福祉タクシーの運行など、利用者の普段見慣れない部分をパネルで展示、アピールする。このほか当日、法人タクシーを利用したお客には、ハンカチーフ、ティッシュペーパーをプレゼントしたり、街頭でタクシーのミニ・ヒストリーを記したチラシを配布する。

▲全国ハイ・タク車両数の推移

昭和20年	法人	10,737台			
〃 30年	法人	45,749台			
〃 35年	法人	73,724台	個人	1,887台	
〃 40年	法人	140,686台	個人	10,362台	
〃 45年	法人	187,066台	個人	23,947台	
〃 50年	法人	196,209台	個人	46,431台	
〃 55年	法人	202,954台	個人	47,101台	
〃 60年	法人	205,777台	個人	47,177台	

（60年は7月現在）

昭和61年　12月末の、近畿圏、東京地区車輛数ランキング10位までを示すと

▲近畿圏タクシー会社
1、相互グループ　　　　2,104 台
2、日交グループ　　　　1,061
3、阪急グループ　　　　1,012
4、近鉄グループ　　　　 982
5、ヤサカ・グループ　　 912
6、国際グループ　　　　 867
7、三菱グループ　　　　 683
8、朝日グループ　　　　 661
9、ユタカ・グループ　　 650
10、MK グループ　　　　 643

▲東京、武三地区タクシー車輌数ランキング 10 位まで

会社名	60 年	63 年
1、日本交通	2,387 台	2,421 台
2、国際自動車	1,914	2,009
3、東都自動車	1,565	1,714
4、大和自動車交通	1,223	1,260
5、帝都自動車交通	1,131	1,147
6、グリーン・キャブ	1,015	1,052
7、日の丸自動車	955	1,000
8、京王自動車	905	927
9、安全興業	547	587
10、日月東交通	412	429

昭和 62 年　4 月、東京大手 4 社の春闘妥結状況、国際自動車（中立系）の決着に続いて、大和、日交、帝都の全自交系 3 社の賃上げが 6 千円（昨年 7 千円）で妥結した。年間一時金では、国際がハイタク乗務員 5,200 円のほか、ハイヤー乗務員臨時給 100 万円。

昭和 63 年　個人タクシーの高齢化が問題になっている。全個協が全国 46,388 人の個人タクシー事業者の年齢をまとめたところ、平均年齢 57.1 歳で、任意譲渡制度の対象となる 68 歳以上の事業者は全体の 1 割を超えていた。

4 月、東京大手全自交系 3 社の春闘は賃上げ 6 千円（定昇、ハネ込み）、臨時給は昨年に 4 万 2 千円の上積み、国際（中立系）は 6 千 300 円（定昇・ハネ込み）、臨時給は昨年に 4 万円上積みで妥結。

平成元年　4 月、東京大手 4 社の春闘は国際が 8 千円（定昇、ハネ込み）、臨時給は昨年学に 4 万円上積で妥結。日本交通ほかの 2 社は 1 万円（定昇、ハネ込み）、臨時給は昨年額に 4 万 8 千円上積みで妥結する。

平成 2 年　昭和 61 年 3 月、中央労働基準審議会は労働省から委託されていた労働時間の答申に対して、12 月に、週 40 時間制を目標に掲げて法制整備を建議した。これを受けて労働省は 62 年 9 月、労働基準法を 40 年ぶりに改正し「週 40 時間」を目標にかかげ、平成 2 年 12 月、政令改正を行い、法定労働時間を 46 時間から 44 時間に短縮した。これに対して、ハイ・タク業界は現行 48 時間制の維持か、或いは 5 年間の適用猶予期間を強く要望した。その結果、ハイ・タクを含む運輸交通業は 46 時間を実施している企業が極めて少ない現状から、3 年間の適用猶予措置がとられた。

▲ハイ・タク事業は、昭和 31 年以前は 1 昼夜交代制をとる場合に限って 1 日 10 時間、週 60 時間の特例が認められていたが、労働基準法施行規則第 26 条の改正により、31 年 7 月 1 日からは一般原則である 1 日 8 時間、週 48 時間労働を実施してきた。従って、平成 3 年 4 月 1 日から週 46 時間制実施まで三十数年間 48 時間制の勤務ダイヤが定着していたので、この改正は業界にとって、当面の大きな問題であったばかりでなく、さらに引き続き 44 時間制実施に向けての改革が要望された。

5 月 21 日、東京のタクシー料金値上げされる。

　中型　距離制　初乗り 2 キロ 520 円（従来 470 円）、
　　　　　　　　加算　355 メートル 80 円（従来 370 メートル）
　　　　　　　　時間、距離併用　時速 10 キロ以下　2 分 10 秒　80 円
　　　　　　　　　　　　　　（従来は 2 分 15 秒　80 円）
　小型　距離制　初乗り 2 キロ 500 円（従来 450 円）
　　　　　　　　加算　380 メートル 80 円（従来 395 メートル）
　　　　　　　　時間、距離併用　時速 10 キロ以下　2 分 15 秒　80 円
　　　　　　　　　　　　　　（従来 2 分 25 秒　80 円）

平成 3 年　▲東旅協調査による 5 月分の輸送実績（原価計算対象 35 社）
　　　　　中型車の実動 1 日 1 車当たり営収　5 万 7 千 696 円（前年同月比 69％ 増、実働率 87.8％ で、前年同月比 3.4 ポイント減）

平成 4 年　関東運輸局はタクシー業界の労働時間短縮（週 46 時間から 44 時間に移行）に伴う労働条件改善と、サービス改善の実行を指示して、新運賃を認可する。5 月 26 日から実施
　　　　　中型車　初乗り　600 円（従来 540 円）
　　　　　　　　　加算　347 メートル 90 円（従来 355 メートル 80 円）
　　　　　　　　　時間距離併用　2 分 5 秒　90 円（従来 2 分 10 秒 80 円）
　　　　　小型車　初乗り　580 円（従来 520 円）
　　　　　　　　　加算　371 メートル　90 円（従来 380 メートル 80 円）
　　　　　　　　　時間距離併用　2 分 15 秒　90 円（従来 2 分 15 秒 80 円）

平成 5 年　大和自動車交通（新倉尚文社長）と大和自動車交通労働組合（小林勉委員長）は、タクシー部門で原則 45 歳以上の中高年乗務員を対象に、現行の A 型賃金以外に歩合給を主体の賃金が選択できる新制度導入に合意した。日本交通が先月から実施しているのとほぼ同じ内容で、実施は 5 月 16 日以降。中高年乗務員の加入促進、定着を図る狙い。「タクシー D 型賃金制度」として、選択制による A、B 型賃金を部分導入したもので、基本賃率は月間営収に対して 56％（試採用 54％）、これに賞与を加算（算定 4 ヵ月ごとに月間営収ランク別、65 万円以上 3％、75 万円以上 5％、85 万以上 7％、最高賃率は 63％ となる）。15 年勤めた場合 96 万 7 千 500 円、現行 A 型の場合は勤続 15 年以上 55 歳以降退職が要件の特別退職金（定年退職）の適用で、15 年で 215 万 5 千 200 円となる。原則として定昇 500 円以外の昇給はない。年齢の線引きは日本交通より 5 歳低い。
　　　　　▲全自交系では京王、日本交通に続き都内大手がすべて現行 A 型に加えて AB 型を部分導入したことになる。
　　　　　6 月の実車率、記録的な低水準、景気落ち込み深刻。49.1％ と、前年同月比較で 4 ポイント・ダウンする。
　　　　　▲青木定雄氏（タクシー運賃自由化の推進者、MK タクシー会長）のインタビュー記事「タクシー運賃自由化は当然、選ばれるサービス競争を」5 月 19 日
　　　　　タクシー運賃の原則、鉄則であった「同一地域・同一運賃」が崩れだした。運輸政策審議会が同一地域同一運賃の見直しをはじめ、料金多様化など、タクシーの規制緩和の答申を運輸大臣に提出、運輸省はタクシー運賃自由化の準備を開始した。ただ、依然、多くのタクシー事業者、乗務員組合が反対の姿勢を打ち出している。そこで、自由化の旗頭である MK タクシーの青木定雄氏に、タクシー運賃の自由化に関して聞いた。
　　　　　青木氏の悲願ともいうべきタクシー運賃自由化に向け、運輸省が重い腰を上げますね。「タクシー運賃の自由化は当然のこと。本来料金の設定は利用者の承諾が求められる。公共性が高ければ尚更である。従来のタクシー運賃は同一地域同一運賃制度の中で運輸省とタクシー事業者が決めてきた。此の種の制度では、とかく事業者の方に都合のいい料金になりがち。結果は見ての通り、利用者のタクシー離れ、利用者不在で、タクシー料金が高くなりすぎた」ただ、細かく答申をみれば、自由化というよりも、規制緩和の方です。「自由化は望ましい料金体系だが、これまで規制で縛られてきた業界だ、一気には難しいだろう。それでも、小さくてもいいから穴が開きさえすれば、徐々に広がっていくもの。あくまでもタクシー利用の選択は利用者である。当然、料金も利用者の乗車意欲を減退させる金額では通用しない。これまでの制度では事業者側のコスト計算に偏り、市場原理というか、利用者を無視して来たともいえる。自由化の動きは止められない」しかし、完全な競争原理の導入は、タクシー運賃の二重構造を生み、利用者が混乱しませんか。特に老人や子供に影響が――「現実には、市場原理が働いてそれほど大きな料金の幅はないと思う。それよりも、各タクシー事業者が利用者に選ばれるサービス競争を展開、今よりも安くて、いいサービスを受けられるようになる。この形態が普通である。お役所の数々の規制は、即ち、これまでタクシーが昔の雲助的に扱われてきた証しでもある。もし、老人や子供さんという交通弱者に迷惑をかけるようなタクシーがいれば、それこそ徹底的に行政が取締ればいい」では具体的に運賃の目安はありますか。「バブル経済の崩壊後、一連のタクシー運賃の値上げは、利用者を減少させている。価格的に高いという利用者の判断である。一つ目安として経済成長率（実質 GNP）の伸張率を越える値上げ率は利用者離れを引き起こす。タクシーの運賃は、利用者の利用可能な範囲で設定が適正である。その金額に向け、事業者は経営努力を行う。勿論、市場経済は競争社会でもある訳だから、怠け者は脱落するだろう」タクシーは公共輸送の一翼を担っています。ある程度の秩序は必要では。「その辺の不安は、まさに、タクシー事業者、乗務員のモラルによっている。タクシーを取り巻く数々の規制が事業者、運転手のサービス精神も駄目にして来た。自由化になれば、悪質なタクシーが増えるという発想はまず、タクシー業界を誤った業種という色眼鏡で見ている。そんなことはな

い。運輸省も規制の中で秩序など必要ない。自由化を背景に、お客本位の経営、お客本位の接客態度が芽生え、タクシー業界は新たに生まれ変わるだろう」
　一つの大きな目標必達には、気が変になるぐらいの努力と忍耐が求められる。青木会長のタクシー事業の30年は自由化の闘いである。司法の場に規制の不当性を持ち込み、同業者の中傷、妨害にも耐え、乗務員、社員と共にタクシーの自由化を叫んできた。規制の中でも、サービス向上に努め、数々のアイデアには定評がある。韓国・南海島出身。立命館大学法学部中退。65歳。

平成6年　近畿運輸局は先月28日、MKタクシー（青木定雄会長）の運賃値下げ継続申請を認可した。4ヵ月間の実験結果では、運送収入がマイナスになったのをはじめ、乗務員の賃金も落ち込んだが、全体の収支は均衡が見込まれると判断し、6月から12月31日まで申請通り10％の再値下げを認めた。これに対して京都ハイタク共闘会議（東広好議長）など労働団体は「実験は明らかに失敗なのに、道理のない不当な認可だ」といっせいに抗議声明を発表、1日には近畿運輸局に押し掛けて認可取り消しを申し入れた。また他社は「労働強化は明らかなのに、当局は苦肉の策を撰んだ」との見方を示した。

平成7年　関東運輸局は東京、横浜地区のタクシー運賃改定申請を21日、物価問題に関する閣僚会議の了承を得て即日認め、来月18日から実施する。改定率は東京都区別区、武三区が9.4％、同多摩区が9.1％、横浜9.2％と大幅に圧縮、新制度として遠距離割引、時間指定料金、ワゴン配車料金、時間制運賃（個人タクシーのみ）が新設され、多様化へ踏みだした。同閣僚会議は労働時間短縮（週44時間から42時間）を含む労働条件の改善、利用者サービス向上、徹底した営業合理化について指導強化を指示し、関東運輸局は賃金水準上昇の目的を明確にして「時短を実施しても賃金が下がることのないように」と踏み込んで業界に通達し、実効を検討している。

▲東京地区
　　初乗り　2キロ650円（従来600円）
　　加算　280メートル80円（347メートル90円）
　　時間距離併用　1分40秒　80円（2分5秒　90円）
　　時間制　初乗り1時間4,200円、加算30分1,900円
　　無線待ち　50秒80円（1分10秒90円）
　　時間指定　ワゴン指定　1回400円
　　遠距離割引　9,000円超の場合　1割引き

▲関東運輸局通達要旨
1、労働条件改善
（1）原資となっている運転者の人件費アップ分は賃金水準を上昇させることを目的としており、確実に運転者に還元する
（2）所定労働時間短縮は、平成6年3月7日の東京労働基準局長通達と今回の査定趣旨に基づき、改定後の確実な実施に遺漏なきを期す、時短が運賃原資に含まれており、時短を実施することにより運転者の賃金を下げることのないようにする
（3）労働条件改善を通じ、良質な労働力確保に努め、適正、効率的な事業運営を図ること
（4）労働条件改善が不十分と認められる事業者は必要に応じ個別に実情を聴取する
2、輸送効率向上等
（1）保有台数は自らが市場動向を的確に把握し、曜日、季節、変動に即し段階的に機動的な運用を図る
（2）新たな市場開拓のため、創意工夫を凝らした需要喚起策を講ずる。救援事業等多様化する利用者ニーズに的確に対応し、事業拡大、発展に取り組む
（3）生産性を高めるため、運転者と旅客との出会いの場を増やすことが重要であり、無線タクシー配車システムの一層の高度化、効率化を進める
（4）都市中心部、繁華街にタクシーが集中する傾向が見受けられ、事業区域全般の輸送、需要を満たし、地域的偏在が生じないように配慮する
（5）深夜のタクシー需要の実情を踏まえ、引き続き計画配車等で利用者利便を確保する
3、サービス改善
（1）基本的接偶、動作等に関する苦情等の根絶のため運転者教育の充実、徹底を図り、一層サービス向上に万全を期す
（2）特に新任運転者の指導、教育は旅客サービスを中心に強化する
（3）乗車拒否等の利便阻害行為を防止し、輸送秩序改善を図るため街頭指導を講じる
（4）利用者との意見交換、広報活動を拡大、活用し、一層のサービス向上を図る
（5）点字シールを常時点検し、社内表示を徹底する
（6）障碍者割引制度の運転者に対する周知徹底、トラブル防止を図る

(7) 東京タクシー近代化センター負担金は原価計算に算入されており、同センター機能強化、事業推進に協力、機能の有効活用を図る
4、安全確保
　安全な輸送確保は公共輸送機関の最大の使命であり、引き続き事故防止に万全を期す
5、実施状況（割愛）
▲5月末現在タクシー運転者の賃金体系別適用者
　A 型賃金　　　　18,897 人　（28.9％）
　AB 型賃金　　　34,254 人　（52.4％）
　B 型賃金　　　　10,481 人　（16.0％）
　新運転賃金　　　 1,027 人　（1.6％）
　その他の賃金　　　717 人　（1.1％）
▲大都市と地方のタクシー運賃比較（地方の割高感拡大）

地域	初乗り額		3キロ	5キロ
東京	2キロ	650円	970円	1,530円
仙台	1.7キロ	650	1,130	1,770
新潟	1.5キロ	650	1,090	1,650
群馬	2キロ	650	970	1,530
山梨	1.8キロ	650	1,050	1,690
静岡	1.5キロ	610	1,090	1,650
奈良	1.5キロ	600	1,050	1,680
山口	1.5キロ	560	1,040	1,520
福岡	1.6キロ	600	1,000	1,560
九州B・C	1.5キロ	580	1,060	1,620

人件費や諸物価水準が高く、人件費の原価に占める割合が8割に達し、1車2人制の労働力を投入している東京のタクシー料金よりも地方のタクシー料金が高いという現象を呈している。これは東京などの大都市と地方との2極分化が顕著になっている現れで、今後、需給（増減車）、運賃政策を2本建てに転換、対応する必要がある、という意見も出た。
▲「カーナビ・タク使用OK、デンソーナビラ」東京交通新聞7月24日付
「あれば便利なカーナビが必要不可欠な戦略武器」に変身、タクシー市場で当初、興味本位の対象にすぎなかったカーナビが、今では高率営業には欠かせない必需品になった。これまで言われていた「新人の地理教育用やハイヤー顧客サービスの一環」の域を脱して、積極活用の方法を探る法人タクシーも出てきた。サービス多様化が叫ばれている中、「他社との差別化を図るのにもってこい」「営収が思うように伸びない昨今、効率走行や考える営業の原点に帰るには格好のアイテム。むしろベテラン乗務員が欲しがっている」等の声。個人タクシーとなると活用術はもっと具体的になる。キャリア5年、10年、20年といった一番あぶらが乗った世代が、ためらいもなく買っている。平均して経験10年前後の人に売れている。共通するのは高率走行のためなら金に糸目をつけないこと。ロングの客を反復して獲得するには、いかにスピードアップするかにかかっている。モニター付き平均30万円強の買い物は必要経費と見て居る、とは或る代理店の分析だ。さらに3,000CCクラスのガソリン車に代替えするケースが増えているが、この位の車格になると、あらかじめモニターが装備済みで、自然にカーナビにも食指が動くようだ、としてさらにカーナビ人気がふくらむと読んでいる。勿論、プロが使うに耐える実用機が投入されて来たことも人気が高まった理由だ。とかくメカは苦手だとされるプロドライバーのこと、操作に手間ひまかけていると、とても効率どころではなくなる。ナビラはタクシー業界とカーナビの隙間を一挙に埋めた。

平成8年　▲迎車無料認可
岩槻タクシー（埼玉県岩槻市、吉田八郎社長、116台）は昨年11月2日に、迎車回送料金の無料化を埼玉陸運支局を通じて関東陸運局に申請していた。理由は岩槻地区の事業者間に迎車料金収受をめぐる見解の相違が出ていたことを背景に「回送距離によってメーター運賃額に差違が出るため、利用者利便を損なう」とし、料金無料化という独自行動に出たもの、岩槻タクシーは岩槻市の本社営業所に66台、大宮市の2営業所に21台、春日部営業所に29台の計116台を所有して、50％のシェアがある。
消費税が3％から5％に値上げされるのを受けて、関東のタクシー業者は2％アップ分に相当する10円を基本料金に加算して、現行初乗り650円を660円にするか、爾後距離2キロを1.9キロにするか、議論されたが、大手では基本料金を660円とした。
初乗り1キロ340円が東京のイースタン・モータース、三和交通、宮園自動車、公和自動車交通など10社から運輸省に出され、さらに日の丸交通は初乗り100円を検討していることに対して、全

乗連副会長の薬師寺大阪タクシー協会会長は激しく抗議、MKの東京進出発表、消費税転嫁方法に関する運輸省通達が出た途端に、今度はイースタン・モータース（全乗連顧問）、東京コンドル・タクシー（東旅協理事）、宮園自動車（全乗連労務委員長）などの有力会社が、40年以上にわたる現行制度の「初乗り2キロ」を根底から覆す、として厳しく批判した。特にタクシー運賃制度研究会や規則緩和小委員会で「同一地域、同一運賃が望ましい」と主張して来た同氏は、正副会長会議で日の丸交通の富田氏が「市民に評価されるタクシー」などと構想の背景を述べたのに対して「全乗連がこの方針を転換していないのに、役職にあるものが、これを否定するような発言は困る」と糾弾し、これに対して富田氏が「役職は関係ない、全乗連の議題に上げたのに議論されなかった」などと反論したが、薬師寺市は「いつ議題に上げたのか、詭弁を使うな」、かつて青木定雄・京都乗協会長（当時）が役職を辞任して独自の企業戦略を推進した点を例に挙げ、「青木氏が立派に見える」と追及し、事実上の辞任を迫った。これに対して新倉会長は「私的には、運輸政策審議会の方針が決まってからでもいいのでは、と言って来たが……」と述べるにとどまった。会議後薬師寺氏は「副会長は会長を補佐する立場にある、富田氏の行動は関西では考えられない、来月の正副会長会議までには出処進退が明らかになっているだろう」と述べて、徹底的に追及していく構えを強調した。

▲「ゾーン運賃制、4月1日実施可能」自動車交通局長表明

運輸省の荒谷自動車交通局長はタクシーの「ゾーン10％の範囲内の運賃申請があれば、自働認可できるよう4月から6月の間に地方運輸局で行政の枠組みをつくるよう通達する」との考えを明らかにし、初乗りの距離短縮タクシーについては、利用者に分かりやすい内容であれば、弾力的に認める、距離があまりバラバラでは分かり難いので、概ね半分（東京は1キロ）なら認められる、将来的にはいろいろ考えられるが、取り敢えず半分程度の距離でスタートすることが妥当、と述べた。

▲初乗り1キロ340円タクシー

高木イースターン・タクシー社長、富田日の丸交通社長、岩田コンドル・タクシー社長は、自動車会館で会合し、それぞれ初乗り340円タクシーを申請することを発表した。東京コンドル・タクシーが申請するのは

　　中型車　初乗り　1キロ　340円
　　　　　　加算　2キロ未満250メートル（時間距離併用・時速10キロ以下）
　　　　　　1分29秒　80円、2キロ以降274メートル（1分38秒）80円
　　小型車　初乗り　1キロ　320円
　　　　　　加算　2キロ未満250メートル（10キロ以下1分32秒）80円
　　　　　　　　　2キロ以降293メートル（1分48秒）80円
　　　　　　迎車、回送料金は固定方式で300円　であった。

▲女性タクシー運転者

全乗連が3月末現在でまとめたところによると、全国の女性タクシー乗務員は7,195人で、前年同期に比較して721人増加した。増加率にして11.1％増加で、1昨年の1,039人増加、昨年の839人増加と比較すると多少少ないが、女性乗務員の採用事業者も2,407社と、183社増加し、東京70人増加、埼玉の51人増加などが目立ぶ。全国50協会の殆どで増加し、多い順では

　　1、北海道742人、2、東京597人、3、神奈川547人、4、福岡452人、5、埼玉342人、6、広島308人などで、100人を越えているのは23協会もある。

運転者総数の割合では比率で高いのは

　　富山県の7.4％、山口の5.6％、大分の4.7％、長野の4.6％、宮崎の4.6％、山形の4.4％である。

平成11年　10月18日、京都地裁の山本和人裁判官が、強盗殺人で起訴されたタクシー運転手に言い渡した民事訴訟の判決文の中で、「一般論で言えば、タクシー乗務員の中には雲助まがいの者や、賭け事等で借財を抱えた者がま、見受けられる、（顕著な事実といってよいかと思われる）」と記した。この問題に対しては、東京足立区の個人運転手が「タクシー運転手の名誉を傷つけた」と主張し、国に記述の取り消しと謝罪を求め、東京簡易裁判所に提訴した。さらに全国自動車交通労働組合連合会が同地裁に対して抗議文を提出した外、民主党も抗議の声明を発表、また京都旅客自動車協会は公開質問状を京都地方裁判所長官宛てに提出した。同協会の宮田吉三会長は「期限までに回答がなければ、こういう差別的な裁判官は国民のために良くないので、国会へ裁判官弾劾の手続きを取る」としている。また同日京都京都タクシー・ハイヤー協会、京都乗用自動車協会、京都タクシー連絡会の業界3団体も京都地裁に抗議文を提出した。

▲京都地裁の田畑豊所長は、11月4日、「判決書に差別的と受け取られる不適切な表現を用い、裁判所に対する国民の信頼を傷つけた」として、山本裁判官を所長による省庁の監督権などを定めた下級裁判所事務処理規則第21条による司法行政上の処分を行った。裁判所が判決の表記を巡って処分を出すのは異例で、田畑所長はタクシー業界に対しても遺憾の意を表明した。

平成12年　5月31日、国土交通省はハイ・タクの需給調整規制の廃止、運賃規制緩和を目的とした道路運送法改正案を国会に提出して可決成立し、平成14年2月1日
　　　　　　1、事業参入については、免許制を廃止して許可制にすること。
　　　　　　2、事業計画については、許可基準に基づいて審査を行い、営業区域の追加等の重要事項の変更は認可を要することとし、弾力的な事業運営を可能にするため、事業用自動車の数の変更は事前に届け出制とし、車庫の収容能力を超える届け出などについては事前改善命令によって是正する。
　　　　　　3、タクシー事業の供給が著しく過剰となり、輸送の安全及び利用者の利便を確保することが困難になるおそれがある地域については、国土交通大臣が期間を定めて、緊急調整地域として指定し、新規事業許可及び増車を認めない緊急調整措置を講じる。
　　　　　　4、運賃及び料金の設定、変更は認可制（利用者の利益に及ぼす影響が少ない時間指定配車料金及び車輌指定配車料金の設定、変更は事前届け出制）とする。
　　　　　　（1）その認可基準は、能率的な経営のもとにおいて適正原価に適正利潤を加えたものを越えないもの
　　　　　　（2）特定の利用者に対し不当な差別的取扱いをするものでないこと
　　　　　　（3）他の事業者との間で不当な競争を引き起こすおそれがないこと
　　　　　　（4）運賃及び料金が対距離制による場合であって、国土交通大臣がその算定の基礎となる距離を定めたときは、これによることとする。事業者はこの認可を受けた運賃等の上限の範囲内で事前届出による運賃等を設定、変更できる。ただし、国土交通大臣が一定の事由に該当すると認めるときは、運賃及び料金の変更を命じることが出来ること
　　　　　　（5）運行管理者については、新たに資格試験制度を導入し、事業者は運行管理者資格証を持つ者の中から運行管理者を選任しなければならない。なお、運行管理者試験の実施に関する事務は指定法人が行うこととする
　　　　　　（6）輸送の安全確保及び利用者の利便確保に関して、事業者及び運転者等が遵守すべき事項は、引き続き省令で定めるが、事業者が遵守すべき事項に、運転者に対する指導監督を加える。また、国土交通大臣は、これまでの輸送の安全の確保に関する事項のみならず、利用者の利便の確保につき事業者が遵守すべき事項についても規定し、事業者がこれらの事項を遵守していないときは、是正措置を講ずるように命じることが出来る
　　　　　　（7）タクシー業務適正化臨時措置法については、需給調整規制廃止後の競争状態に対応するために臨時措置法を恒久法化し、法律名を「タクシー業務適正化特別措置法」とする
　　　　　　（8）業務が適正に行われていないと認められる一定の地域を政令で指定し、指定地域においては、指定登録機関による運転者の登録、運転者の登録要件の一つとして地理試験、適正化事業実施機関による適正化事業、タクシー乗場及びタクシー乗車禁止地区の指定の措置を引き続き実施する

平成14年　▲タクシー乗務員の低賃金、労働基準法違反8割を越す
　　　　　厚生労働省の調査によれば、ハイ・タク事業場労働基準法関係法令違反率が83.7％で、改善基準違反率も58.6％に達し、近年3年間で最も高い違反率になった。
　　　　　地方のタクシー業界を中心に、地域別最低賃金を割り込む事態が相次いでいる。賃金基本構造統計調査で、タクシー運転者（男子）の推定年収が、325万円までダウンし、年収200万円台の都道府県が前年度より大幅に増加するなど、賃金ダウンが深刻化した。不況によるタクシー輸送実績の悪化に加えて、企業合理化に伴う賃金体系見直しが影響している。
　　　　　最低賃金割れでは労働局へ違反申告するケースも出ている。「賃金崩壊」に歯止めがかからない状況である。全国各地で地域別最低賃金を割り込むケースが発生し、宮城県では同一法人タクシー事業者の乗務員20人が最低賃金法違反を申告し、労働基準監督署が不足分の支払いなどの是正を勧告している。同社ではB型賃金の基本賃率が36％で、申告した乗務員は時間外手当などを含めても、賃率は41％程度だという。
　　　　　▲伊藤弘之（社団法人全国乗用自動車連合会理事長）「福祉タクシー、例外規定の適用、安易では」
　　　　　朝日新聞10月27日付
　　　　　自分の車で家族や友人を輸送することは、運転免許があれば誰でもできる。これがお金を受け取って他人を輸送する、そしてそれを繰り返して行うとなると大変なことになる。まずタクシー事業の認可がいる。許可を受けたタクシー事業者は、2種免許を持った運転者を採用し、適正診断と最低10日間の教育をする。毎年車検を受け、5台以上車があれば法定資格を持った運行管理者や整備管理者を置いて安全への配慮をする。対人8千万円以上、対物200万円以上の賠償保険に加入する。その上身障者や高齢者の輸送を行うときは、そういう輸送に適した車両を配備する。業界団体はケア輸送のための研修も始めた。5年間で5千人の運転者に受講させることを目標にしている。運転

者に2級ホームヘルパー講習を受けさせる事業者もいる。

　ところが、9月30日付けの朝日新聞によると、国土交通省は福祉タクシーについては道路交通法の例外規定を適用し、事業許可がなくとも自家用車の有償運行として認めるとのことである。確かに身障者や高齢者の輸送に対する需要は多い。タクシー事業者が十分に対応できないため、「ボランティア輸送」がすき間を埋めている。タクシーより料金が安くて気軽に利用できるため、利用者には歓迎されている。しかし、法律の例外を安易に認めて良いだろうか。アマチュアの運転では、事故の際に十分な対処や補償を受けられない恐れがある。運転者の健康管理も行われていない。身障者や高齢者は安いけれど安全が保障されないボランティア輸送でもいいというのは差別であり、身障者や高齢者の方々に失礼である。身障者や高齢者の輸送こそ、タクシー事業者に委ねるべきである。タクシーの運賃が高いという点が問題であれば、福祉車両の購入への補助や、利用者に対する運賃助成を行えばいい。ボランティア団体が輸送を行うのであれば、せめて運転者に2種免許を取らせる、保険加入を義務付ける、など最低限の安全確保の必要がある。ノーマライゼーションとは、身障者や高齢者にも、一般の人と同様に、万全の態勢の輸送を提供することだと考える。

平成15年　2キロ500円、迎車・回送料無料、京浜交通圏で、新規に許可された「ワン・コイン・タクシー」（金丸三雄社長・車輛10台）は認可運賃枠を下回る、中型初乗り2キロ500円で営業開始した。関東陸運事務所が8月27日、同運賃申請を半年間の期限付きで認可した。同署管内では東京のアシスト（小型、初乗り2キロ500円）に続き2社目である。2キロ500円、加算238メートル50円、時間距離併用制が1分30秒50円、迎車回送料金は適用せず無料、深夜早朝3割増しは通常通りである。

参考資料

単行本

パトリック・ロバートソン／大出健訳『世界最初事典』講談社
池田作之助『新倉文郎風雲録』池田書店
川鍋秋蔵『流れる銀星』自動車之日本
川鍋秋蔵『くるま人生』文友社
島田光衛『クルマ人生65年』埼玉トヨタ自動車
国際自動車社史『感謝をこめて五十年』
国際労働組合『国際労組二十年史』
自動車工業会『日本自動車工業史稿』
交通問題研究会『日本自動車業界史』
尾崎正久『日本自動車発達史（明治篇）』オートモビル社
全国自動車交通協会同人会自友会『日本自動車交通事業史』
日本交通株式会社『日本交通株式会社社史』
『日本工業要鑑』工業之日本社
『日本商工営業録』日本営業録発行所
目次正一『山口福則氏を偲ぶ・タクシー回顧録』山口福則氏顕彰会
『平和記念東京博覧会出品物写真帖』同出品物写真帖発行所
『東京大正博覧会審査概況』記念帖刊行会
ジャーマン・ピアマン編纂『東京大正博覧会出品目録』
『東京案内』実業之日本社
財団法人公明選挙連盟『衆議院議員選挙の実績・第1回から第30回』
橋本貞藤編『辻待自動車』
『東京地下鉄道史（乾）』東京地下鉄道株式会社
『躍進九軌の回顧』九州電気軌道株式会社
『東京自動車総覧』日刊自動車新聞社
『東横百貨店開店五周年』百貨店日日新聞社
タクシー問題研究会『タクシー発達変遷史』
落合浪雄『タキシ物語』平安堂書店

塩原又策『三共思い出の四十年』三共
帝国秘密探偵社『大衆人事録』
大正東京府市名鑑編纂会『大正東京府市名鑑』
『日本商工営業録』日本営業録発行所
柳田諒三『自動車三十年史』山水社（復刻版　柳田勇彦）
『自動車及付属品目録』三井物産株式会社機械部
『自動車ハンドブック』日刊自動車新聞社
細川清『自動車セールスマン物語』三栄書房
細川清（溜池仙人）『自動車漫歩』自動車新聞社
高橋佐太郎『草分け運転手』平凡社
『自動車事業と人』自動車情報社
『自動車関係者大鑑』交通問題調査会
片桐以直『新東京遊覧案内』
『東京案内』実業之日本社
『全国乗合自動車総覧』公論出版部
『全国乗合自動車業社名簿』日本乗合自動車協会
戸塚庫次郎『全国自動車界銘鑑』ポケット・モーター社
永田詮『日本自動車業界史』交通問題研究会
『全国自動車所有者名鑑』東京輪界新聞社
『運輸行政50年の歩み』運輸省
『各種自動車取扱の最新知識』日本交通機関研究会
『東旅協30年史』東京乗用旅客自動車協会
『全乗連三十年史』全国乗用自動車協会
『社団法人日本乗合自動車協会十年史』社団法人日本乗合自動車協会
『開国八十年史』萬朝報社
『開国文化八十年史』信濃毎日新聞社
『画報近代百年史』日本図書センター
三橋信方『横浜成功名誉鑑』有隣堂
『横浜近代史辞典』横浜通信社
『石川県人名鑑』北国新聞社出版局
北畠道龍師口述・長晴登『告政治家及宗教家』

福沢研究センター編『慶應義塾入社帳』
高橋昌郎『中村敬宇』吉川弘文館
佐藤正巳『平清水の窯場いまむかし』雪国社
『大阪商工大鑑』大阪新聞社
『大大阪画報』大大阪画報社
『復興帝都アルバム』丸ビル商店連合会
金井武一『飛行機及自動車講義録（全）』金井家
　　出版部
『東京大正博覧会要覧』産業評論社
『近代日本綜合年表』岩波書店
『幕末遣欧使節団』講談社
望月小太郎『鶯渓演説集』大日本社
森山守次『欧米商業実勢』博文館
『世界に於ける明治天皇（上・下）』英文通信社
望月小太郎『英文現時の日本』英文通信社
望月小太郎『華府会議の真相』慶文堂
『郷土史にかがやく人々』青少年のための山梨県
　　民会議
『建碑記念鶯渓遺稿』春光社
『京都自動車史』社団法人京都自動車整備振興会
西村正雄『最新事務法』実業之日本社
『南満洲鉄道株式会社　社史』
『衆議院議員総選挙一覧』財団法人公明選挙連盟
『新選代議士列伝』金港堂書籍
『職員録』印刷局
細呂木宏『タクシーよもやま話』ナツメ社
『タクシー今昔物語』城西個人タクシー事業協同
　　組合
『丸ノ内百年の歩み　三菱地所社史（上巻）』
『ともいき200年の歩み』鈴与株式会社
諏訪武骨『山形名誉鑑』
『山形県紳士録』山形県議会
稲のやみのる『山形演説家評判記』
菅野彦吉『山形県政史』県政研究会
『山形県議会歴代議員名鑑』山県県議会
『会社四季報』東洋経済新報社
加藤文平『木炭自動車の研究』交通教育会
『木炭自動車』薪炭瓦斯普及協会
菊池洋四郎『木炭自動車取扱法』国防科学知版識
　　普及会
中根良介『国民自動車読本』山海堂
田中丘隅『民間省要』大鎧閣

児玉幸多『近世交通史料集』吉川弘文館
田村栄太郎『一揆雲助博徒』三崎書房
樋畑雪湖『江戸時代の交通文化』臨川書店

雑誌

『自動車』日本自動車倶楽部
『日英実業雑誌』日英実業雑誌社
『太陽』東京博文館
『モーター』モーター雑誌社
『経済雑誌』実業之日本
『乗りもの』龍洋社
『工業之大日本』工業之日本社
『工業』工業改良協会
『工業界』須原屋書店
『工業雑誌』工業雑誌社
『電機及瓦斯』電気及瓦斯社
『日英実業雑誌』望月小太郎
『自動車之日本』東京自動車用品組合出版部
『自動車及交通運輸』帝国自動車保護協会出版部
吉永鉄太郎『刑法刑事訴訟法釋義』田中宋栄堂
『刑法実用詳解』自治会出版
神谷健夫・神原甚造『刑法詳論』清水書店
『大宅壮一文庫　雑誌資料』
『アサヒ・グラフ』朝日新聞社
『サンデー』週報社
『財界』
『交通世界』
『商と工』
『歴史写真』歴史写真会
『写真通信』大正通信社
『文芸倶楽部』博文館　週刊現代
『大坂タクシー協会々報』
『風俗画報』東陽堂

新聞等

東京日日新聞
東京朝日新聞
東京日報
やまと新聞
報知新聞
萬朝報
国民新聞

中央新聞	米沢新聞
中外商業新報	米沢日報
二六新報	両羽日日新聞
都新聞	山陽新報
毎日新聞	福岡日日新聞
読売新聞	満洲日日新聞
人民新聞	交通ニュース
東京交通新聞	交通日日新聞
大阪朝日新聞	北国新聞
大阪朝日新聞北陸版	北陸タイムス
大阪毎日新聞	富山日報
大阪時事新報	山梨日日新聞
トラモンド	官報
京都日出新聞	商業登記簿
新愛知	「記念絵はがき」タクシー自働車株式会社
名古屋新聞	
大正日報	**ご協力者**（敬称略）
海陸運輸時報	錦三郎（山形県南陽市市史編さん委員）
鐵道時報	永瀬弘子
法律新聞	長由紀雄
山陽新報	山形県赤湯町烏帽子山八幡宮
THE JAPAN TIMES	西村宣子（藤沢西村家系図）
THE JAPAN CHRONICLE	土佐町教育委員会
山形自由新聞	有森眞子
山形新聞	中島一成

佐々木　烈（ささき・いさお）

昭和4年（1929年）3月新潟県佐渡郡佐和田町に生まれる。旧制府立第七中学校中退、慶應外国語学校英語科卒業。佐々木梱包興業自営、解散後、国際自動車株式会社入社。国際ハイヤー株式会社を経て、平成元年定年退社後、日本の自動車史研究に携わる。
（著者連絡先：〒273-0013 千葉県船橋市若松2-8-15-401）

　著書など
昭和55年11月『街道筋に生きた男たち』出版、綜合出版センター
昭和60年 6月『ザ・運転士』出版、綜合出版センター
昭和63年 8月『車社会その先駆者たち』出版、株式会社理想社
平成 6年 4月『明治の輸入車』出版、日刊自動車新聞社
平成11年 1月『佐渡の自動車』出版、株式会社郷土出版社
平成16年 3月『日本自動車史』出版、三樹書房
平成17年 5月『日本自動車史Ⅱ』出版、三樹書房
平成24年 6月『日本自動車史　写真・史料集』出版、三樹書房
平成25年 2月『都道府県別 乗合自動車の誕生　写真・史料集』
　　　　　　　出版、三樹書房
その他、「軽自動車情報」全国軽自動車協会連合会機関誌、
「トラモンド」株式会社トラモンド社、「日刊自動車新聞」など
自動車関係記事多数執筆。

日本のタクシー自動車史

2017年12月24日　初版発行

著　者　佐々木　烈
発行者　小林　謙一
発　行　三樹書房

〒101-0051
東京都千代田区神田神保町1-30
TEL 03(3295)5398
FAX 03(3291)4418

印刷・製本　株式会社　精興社

©Isao Sasaki/MIKI PRESS　三樹書房 2017

本書の全部または一部、あるいは写真などを無断で複写・複製（コピー）することは、
法律で認められた場合を除き、著作者及び出版社の権利の侵害になります。
個人使用以外の商業印刷、映像などに使用する場合は
あらかじめ小社の版権管理部に許諾を求めて下さい。
落丁・乱丁本は、お取り替え致します。
Printed in Japan

三樹書房の刊行書

都道府県別 乗合自動車の誕生 写真・史料集

自動車歴史考証家
佐々木烈 著

現在のバスのルーツである乗合自動車。明治から大正にかけて誕生した乗合自動車（バス）について、車種や会社の設立経緯など、全国都道府県別に丹念に検証。当時の写真や広告の他、貴重な史料約300点を収録し解説する。

B5判／定価：本体2,800円＋税
■ ISBN978-4-89522-604-2

日本自動車史　写真・史料集
明治28年（1895年）—昭和3年（1928年）

自動車歴史考証家
佐々木烈 編纂

明治28年から昭和3年までの日本の自動車産業に関する写真などを地道な調査で蒐集し、1300点以上を収録した類のない写真・史料集。今後の日本自動車史研究にはなくてはならない決定版。

B5判／定価：本体4,800円＋税
■ ISBN978-4-89522-591-5

日本自動車史
日本の自動車発展に貢献した先駆者たちの軌跡

自動車歴史考証家
佐々木烈 著

自動車が伝来した明治から大正、昭和初期にかけて全国に多数の自動車産業が生まれ現在に至っている。これらの先駆者の成功と失敗を、当時の正確な資料を中心に考証し、まとめた労作。

A5判／定価：本体2,800円＋税
■ ISBN978-4-89522-372-0

日本自動車史II
日本の自動車関連産業の誕生とその展開

自動車歴史考証家
佐々木烈 著

日本初のガソリン・スタンドの誕生や自動車専用道路のはじめなど、日本の自動車草創期に起きた様々な史実を、当時の新聞や会社登記などを用いて丹念に調べ上げ、その実像に迫る。

A5判／定価：本体2,800円＋税
■ ISBN978-4-89522-454-3

人力車の研究

博士（文学）
齊藤俊彦 著

人力車は明治8年頃から各地に普及し、保有台数は爆発的に急増した。本書は元NHK資料部主査で自動車史家の著者が、人力車の発明、生産過程、当時の暮らしへの影響などを調査し、多面的に検証した大著。

A5判／定価：本体3,800円＋税
■ ISBN978-4-89522-625-7

日本の自動車レース史
多摩川スピードウェイを中心として　1915-1950

トヨタ博物館元館長
杉浦孝彦 著

戦前のレース活動は、自動車大国・日本において「礎」となっているが、その舞台となったアジア最古の常設サーキットの多摩川スピードウェイは、1936年の開設から80周年を迎えた。本書は、当時の関係者や博物館に保存されていた史料を整理して分析し、貴重な未発表写真や報道資料を収録して当時の様子を解説。洲崎埋立地でのレースの時代から、当時の驚くべき活動の軌跡を紹介する。

B5判／定価：本体3,800円＋税
■ ISBN978-4-89522-667-7

カタログでたどる 日本の小型商用車 1904-1966

歴史考証家
小関和夫 著

戦後に隆盛を極めた小型三輪トラックに代わるべく登場した、トヨエースSKB型に代表される四輪の小型商用車が、日本の高度成長を支える大きな役割を果たした。本書では、現在では自動車博物館でも見ることのできない貴重なモデルを始め、歴史上重要なモデルを中心に、当時のカラーカタログ400点以上、120車種以上を収録して詳細に解説。巻末には年表・スペック表・生産台数表を収録し、資料性を高めている。

B5判／定価：本体3,800円＋税
■ ISBN978-4-89522-668-4

国産三輪自動車の記録
カタログで知る　1930～1974

歴史考証家
小関和夫 著

日本初！　戦前から日本の高度経済成長時代を縁の下で支えた、軽三輪を含む国産オート三輪の全貌を、各メーカーの当時の貴重なカタログを中心に解説。2009年刊行の同書の新装版。

B5判／定価：本体2,400円＋税
■ ISBN978-4-89522-559-5

全国の最寄りの書店やアマゾン等のネットショップからもご注文できます　　三樹書房販売部（03-3295-5398）